黒いヨーロッパ

ドイツにおけるキリスト教保守派の「西洋(アーベントラント)」主義、1925〜1965年

ITABASHI Takumi
板橋拓己

吉田書店

黒いヨーロッパ

ドイツにおけるキリスト教保守派の
「西洋（アーベントラント）」主義、1925 ～ 1965 年

目　次

略語表　5

序　章 ……………………………………………………………………… 9

第1節　ヨーロッパ統合と近代　11

第2節　「西洋（アーベントラント）」とは何か　13
　　「西洋」というトポスの始まり／「政治的な闘争概念」としての
　　「アーベントラント」

第3節　「暗いヨーロッパ」　17
　　──ヨーロッパ統合史の「暗い遺産」をめぐって

第4節　「黒いヨーロッパ」　19
　　──キリスト教民主主義・保守主義勢力とヨーロッパ
　　　　統合

第5節　先行研究と本書の位置づけ　23

第6節　本書の構成と射程　29

第1章　キリスト教民主主義の国際ネットワークと
　　　　　ヨーロッパ統合 ………………………………………………… 35

第1節　1945年以前の国際協調の模索　37
　　キリスト教民主主義政党国際事務局（SIPDIC）／亡命者のネット
　　ワーク

第2節　NEIとジュネーブ・サークル　44
　　──ヨーロッパの平和と反共と統合のために
　　NEI（1947〜1965年）／ジュネーブ・サークル（1947〜1955
　　年）

第3節　ジュネーブ・サークルとアデナウアー外交　57
　　──「西側結合」の貫徹

第4節　キリスト教民主主義の「ヨーロッパ」　62
　　──「西洋」へのドイツの再統合

第2章　第一次世界大戦後の「西洋」概念の政治化 ················ 67
　　　　──雑誌『アーベントラント』とヘルマン・プラッツを
　　　　　中心に

　　第1節　雑誌『アーベントラント』（1925～1930年）　69
　　　　雑誌『アーベントラント』とその背景／『アーベントラント』
　　　　の編集責任者／『アーベントラント』の主筆／『アーベントラ
　　　　ント』の編集方針
　　第2節　ヘルマン・プラッツの「アーベントラント」思想　80
　　　　ヘルマン・プラッツとは誰か／フランスへの眼差しとライン愛
　　　　郷主義／宗教と生の有機的な結合としての「アーベントラント」
　　　　理念／近代批判とフェルキッシュ批判／ナチ政権とプラッツ／
　　　　小括

第3章　「アーベントラント」とナチズム ································· 97

　　第1節　反ヴァイマル共和国派による「アーベントラント」
　　　　　概念の拒否　99
　　第2節　ナチ体制下の「アーベントラント」概念　104
　　　　ナチの政権掌握と『アーベントラント』関係者／ナチによる
　　　　「アーベントラント」・イデオロギー
　　第3節　「抵抗」の証としての「アーベントラント」？　109
　　　　レジスタンスと「アーベントラント」概念／1930年代のオー
　　　　ストリア的「アーベントラント」理念

第4章　第二次世界大戦後のアーベントラント運動 ·············· 115

　　第1節　第二次世界大戦後の再出発　117
　　　　　──雑誌『ノイエス・アーベントラント』
　　　　戦後ドイツの精神状況／雑誌『ノイエス・アーベントラント』
　　　　の刊行／初期『ノイエス・アーベントラント』の傾向／連邦主
　　　　義論の展開／『ノイエス・アーベントラント』の政治化・右傾化

第2節　アーベントラント運動の組織化　134
　　　　──アーベントラント・アクションとアーベントラント・
　　　　アカデミー

　　ゲルハルト・クロルと「アーベントラント・アクション」／「アー
　　ベントラント・アカデミー」

第3節　アーベントラント主義者の世界像　146
　　「アーベントラント」の「復興」／重層的な政治秩序像──ゲルハ
　　ルト・クロルの議論を中心に／補完性原理と連邦主義／反共と反
　　米／「アーベントラントの担い手」としてのドイツとフランス／
　　「中欧」への追憶──オットー・フォン・ハプスブルクの夢／イ
　　ベリアへの憧憬

第4節　アデナウアーとアーベントラント運動　170
　　アデナウアーの「アーベントラント」言説／アーベントラント
　　主義者によるアデナウアーへの積極的評価／アデナウアー政権
　　とアーベントラント運動

第5節　アーベントラント運動の衰退　181
　　レヒフェルトの戦い千年祭／アーベントラント運動に対する批
　　判の波／アーベントラント運動の終焉

第6節　アーベントラントの再生？　199
　　アトランティカー対ゴーリスト論争／「ヨーロッパへの逃避」

おわりに ……………………………………………………………………… 205

　　ヨーロッパ統合というプロジェクトの複合的性格／1950年代
　　のドイツ連邦共和国における「西側結合」の歴史的・世界観的
　　基盤をめぐって

あとがき　211

史料・参考文献一覧　219
人名索引　250
事項索引　255

略語表

ACDP	Archiv für Christlich-Demokratische Politik
ACSP	Archiv für Christlich-Soziale Politik
ARP	Anti-revolutionaire partij （反革命党［オランダ］）
BArch	Bundesarchiv （ドイツ連邦文書館）
BHE	Bund der Heimatvertriebenen und Entrechteten （故郷被追放者・権利剥奪者連合［ドイツ］）
CDU	Christlich-Demokratische Union （キリスト教民主同盟［ドイツ］）
CE	Council of Europe （欧州審議会）
CEDI	Centre Européen de Documentation et d'Information/Das Europäische Dokumentations- und Informationszentrum （ヨーロッパ文書・情報センター）
CHU	Christelijk-Historische Unie （キリスト教歴史同盟［オランダ］）
CSU	Christlich-Soziale Union （キリスト教社会同盟［ドイツ］）
DC	Democrazia Cristiana（キリスト教民主党［イタリア］）
DHEI	*Documents on the History of European Integration*
DP	Deutsche Partei （ドイツ党）
DVP	Demokratische Volkspartei （民主人民党［ドイツ］）
EAK	Evangelischer Arbeitskreis （［CDU/CSU の］福音派作業グループ）
EC	European Community （欧州共同体）
ECSC	European Coal and Steel Community （欧州石炭鉄鋼共同体）
EDC	European Defense Community

	（欧州防衛共同体）
EEC	European Economic Community （欧州経済共同体）
EPP	European People's Party （欧州人民党）
EU	European Union （欧州連合）
EUCD	European Union of Christian Democrats （欧州キリスト教民主主義者同盟）
FDP	Freie Demokratische Partei （自由民主党［ドイツ］）
ICDU	International Christian Democratic Union （国際キリスト教民主同盟）
JAA	*Jahrestagung der Abendländischen Akademie*
KVP	Katholieke Volkspartij （カトリック人民党［オランダ］）
MOC	Mouvement ouvrier chrétien （キリスト教労働者連盟［ベルギー］）
MRP	Mouvement Républicain Populaire （人民共和運動［フランス］）
MSEUE	Mouvement socialiste pour les États-Unis d'Europe （ヨーロッパ合衆国のための社会主義者運動）
NA	*Neues Abendland. Zeitschrift für Poltik, Kultur und Geschichte*
NATO	North Atlantic Treaty Organization （北大西洋条約機構）
NEI	Nouvelles Equipes Internationales （新国際エキップ）
OBA	Oberbundesanwalt （連邦行政裁判所付連邦検察官［ドイツ］）
OKW	Oberkommando der Wehrmacht （国防軍最高司令部［ドイツ］）
ÖVP	Österreichische Volkspartei （オーストリア人民党）
PCS	Parti chrétien-social （キリスト教社会党［ルクセンブルク］）

PDP	Parti Démocrate Populaire （人民民主党 ［フランス］）
PPI	Partito Popolare Italiano （イタリア人民党）
PSC-CVP	Parti Social Chrétien-Christelijke Volkspartij （キリスト教社会党－キリスト教人民党 ［ベルギー］）
PSChD	Polskie Stronnictwo Chrześcijańskiej Demokracji （ポーランド・キリスト教民主党）
SIPDIC	Secrétariat International des Partis Démocratiques d'Inspiration Chrétienne （キリスト教民主主義政党国際事務局）
SKVP	Schweizerische Konservative Volkspartei （スイス保守人民党）
SPD	Sozialdemokratische Partei Deutschlands （ドイツ社会民主党）
TPEC	Michael Gehler und Wolfram Kaiser (Hg.), *Transnationale* *Parteienkooperation der europäischen Christdemokraten.* *Dokumente 1945–1965/Coopération transnationale des partis* *démocrates-chrétiens en Europe. Documents 1945–1965,* München: K.G. Saur, 2004.
UEF	Union européenne des fédéralistes （ヨーロッパ連邦主義同盟）

序　章

コンラート・アデナウアー（左）とロベール・シューマン
出典：コンラート・アデナウアー財団のウェブサイト
http://www.kas.de/wf/de/37.8327/

> …もしわたしたちが西洋[アーベントラント]の文化とキリスト教的ヨーロッパを救おうとするならば，ヨーロッパを統合せねばなりません。ヨーロッパ統合は，キリスト教的西洋[アーベントラント]を救済することができる唯一の策なのです。
> —— 1951 年 9 月 14 日，NEI の大会におけるアデナウアーの演説[1]

第 1 節 | ヨーロッパ統合と近代

　ヨーロッパ統合と「近代」はいかなる関係にあるのか。この問いは，ヨーロッパ統合というプロジェクトの世界史的意味をどう考えるか，あるいはヨーロッパ統合の歴史をいかに叙述するかに深く関わっている。

　これまでヨーロッパ統合の歴史は，単線的な近代主義史観の延長線上で把握されがちであったように思える。たとえば，しばしばヨーロッパ統合は「ポスト・ナショナル」あるいは「ポスト国民国家」の試みと呼ばれるが，「ネイション（国民）」や「国民国家」が近代の産物であることに鑑みるなら，この場合さしずめヨーロッパ統合は，ポスト近代のプロジェクトと位置づけられるだろう。あるいはハーバーマスに倣って，ヨーロッパ統合を近代の「未完のプロジェクト」の一つと位置づける論者もいるかもしれない。現在の欧州連合（EU：European Union）にまで連なるヨーロッパ統合の成果を考えるとき，かかる近代主義的な語りは至極妥当なものにも思える。とはいえ，ヨーロッパ統合の歴史は，単線的な進歩史観のみで

---

1) Konrad Adenauer, "Deutschland und der Friede in Europa," Ansprache vor den Nouvelles Equipes Internationales in Bad Ems, 14. September 1951, in：Adenauer 1975：224-232, hier S. 230. NEI については本書第 1 章を参照。

は捉えきれない。欧州石炭鉄鋼共同体（ECSC：European Coal and Steel Community）に始まり，現在のEUに至る制度発展の歴史に依拠した「正史」，あるいは「公式史」のみに寄りかかっていたのでは，いかなる政治力学や政治理念から，ヨーロッパ統合というプロジェクトが歴史的に推進され，支えられてきたのかを説明することはできないのである（この点につき，遠藤・板橋編 2011 を参照）。

　些か抽象的な表現だが，ヨーロッパ統合は，反近代と近代とポスト近代，これら近代をめぐるそれぞれのベクトルがせめぎ合うなかで進められてきたと筆者は考えている[2]。そこで本書では，かかるヨーロッパ統合の複合的性格の一端を明らかにするために，これまで見落とされがちであった反近代的なアクターの一つ，すなわちキリスト教保守主義に着目したい。世俗化をはじめ近代が齎す政治的・社会的諸帰結に対し，ヨーロッパにおいて最も正面から格闘したのが，「政治的カトリシズム」や「キリスト教民主主義」，「キリスト教社会主義」，「キリスト教保守主義」など，キリスト教系の政治諸勢力であった。そして同時に彼らは，本章第4節で述べるように，ヨーロッパ統合の歴史においても独特の存在感を示し続けてきた。本書では，そうしたキリスト教系の政治勢力のなかでも，最も保守的で「反近代」的なグループを中心に，20世紀におけるキリスト教系政治勢力とヨーロッパ統合の関係を考察する。

　具体的な検討対象は，第二次世界大戦後のドイツ連邦共和国（西

---

2) 無論「近代」自体，周知のように，極めて論争的な概念である。たとえば，ドイツ史学においても「近代」をどう理解するかは重要な争点となっている（ドイツ史学における「近代」概念については，シルト 2004；熊野 2002 などを参照）。かかる論争性を承知のうえで，本書では，些か単純ではあるが，経済領域における資本主義，歴史意識における進歩志向，社会領域における個人主義化と世俗化，政治領域における国民国家という単位の是認，自由主義・民主主義の浸透，これら複数の要素を内包したものとして「近代」を捉えたい。

ドイツ）において，「アーベントラント（Abendland：西洋）」という
スローガンを掲げて，ある種のヨーロッパ統合を支持してきたキリ
スト教保守派の人びと，いわゆる「アーベントラント主義者」に連
なる思想と運動である。

　本書は，これまで余り積極的に扱われてこなかったヨーロッパ統
合とキリスト教，あるいは保守主義との関係を，「アーベントラン
ト運動」という一つの具体的事例から討究することによって，ヨー
ロッパ統合の複合的性格の一端を示す。かかる作業は，再保守化・
再宗教化しつつあるかのような現代を背景に，「キリスト教の共同
体」というレッテルを安易に貼られがちな現在のヨーロッパ統合を，
歴史的な視座から問い直すきっかけを与えるだろう。

第 2 節 ｜ 「西洋（アーベントラント）」とは何か

「西洋」というトポスの始まり

　では，そもそも「アーベントラント」とはいかなる概念だろうか。
まずは，この概念の由来や含意を確認しよう。

　通例「西洋」と訳されてきた Abendland は，ドイツ語で「晩」
「夕方」「夜」を意味する Abend と「土地」を意味する Land が組み
合わされた語であり，「陽の沈む土地」を意味する（英語の Occi-
dent に対応する語と言える）。よく知られているように，「陽の沈む
土地」というのは「ヨーロッパ」の語源（とされるものの一つ）と
重なっており（遠藤・板橋 2014：22），実際 Abendland は「ヨーロ
ッパ」と互換的に用いられもする。日本語でも Abendland は，「西
洋」だけでなく，文脈によっては「西欧」とも「ヨーロッパ」とも
訳されてきた。

　Abendland というドイツ語自体は，16 世紀初頭にその原型が登

14

場する。現時点で確認されうる最古の用例は，ストラスブール（シュトラースブルク）の歴史家で宗教改革家のカスパール・ヘーディオ（Caspar Hedio, 1494-1552）の『年代記（*Chronica*)』（1529 年）におけるものらしい。ここでヘーディオは，Okzident の訳語として，Abendlender をあてている。同時期に，Abendland と対になるものとして Morgenland というドイツ語も成立している（こちらは「陽が昇る土地」を意味し，Orient と重なる）[3]。あらゆる地理的な概念は政治的な意味を持ちうるとはいえ，当初 Abendland は，ほぼもっぱら地理的な用語として使われていたようである。

問題は，この「アーベントラント」が政治理念やスローガンに転じたときである。この場合「アーベントラント」は，単なる地理的表象であることを超えて，「西洋」共通の文化的な紐帯に基づいたヨーロッパ諸国民・諸民族の連帯を説く概念として機能する。この政治化・イデオロギー化が最初に生じたのは 19 世紀初頭である。「アーベントラント」は，1789 年のフランス革命の理念に対抗する概念，あるいはナポレオン支配のヨーロッパに対抗する概念として，メッテルニヒ時代に保守主義者やロマン主義者たちのあいだで流通した[4]。こうして「アーベントラント」は，歴史的には保守派，とりわけカトリック保守派のヨーロッパ主義者のイデオロギーとして用いられるようになった。

そして，この概念を人口に膾炙させたのは，第一次世界大戦が終結した 1918 年に第 1 巻が出版され大ブームとなったオスヴァル

---

3) Morgenland の確認しうる最古の例は，マルティン・ルター（Martin Luther, 1483-1546）による聖書のドイツ語訳である。ルターは，新約聖書の「マタイによる福音書」第 2 章 1 節の「東方の賢者」を die Weisen vom Morgenland と訳している。以上の語源については，たとえば Müller 2000 や Repgen 2004 を参照。

4) 転機はフリードリヒ・シュレーゲル（Friedrich Schlegel, 1772-1829）の『歴史哲学』（1828 年）であるという。Vgl. Schildt 1999 : 24.

ト・シュペングラー（Oswald Spengler, 1880-1936）の『西洋（アーベントラント）の没落（*Der Untergang des Abendlandes*）』であったと言えよう。シュペングラーの『西洋の没落』は，ニーチェ的な言辞が散りばめられた衒学的な歴史哲学論および比較文明論であり，世界大戦を解釈したものでもなければ，決してストレートに西洋世界の「没落」を論じたものでもない[5]。それでもこの本をベストセラーとしたのは，何よりも「ヨーロッパの自殺」[6]と評された第一次世界大戦の衝撃と，それを待ち受けていたかのようなセンセーショナルなタイトルである。シュペングラー自身の言によると，『西洋の没落』というタイトルはすでに大戦前に決められていた（Spengler 1920：VII）。しかし，シュペングラーの意図を超えて，第一次世界大戦の終結とともに「西洋（アーベントラント）の没落」というフレーズは独り歩きし，巷間には「アーベントラントという題を冠した本や雑誌論文が溢れ」（Hürten 1985：132），少なからぬ人びとの世界認識を規定した。そして，「アーベントラントの没落」を嘆く人たちのあいだで，「アーベントラント」は，大戦によって破壊されてしまったヨーロッパの全一性を取り戻すための一つのシンボルとなったのである[7]（本書第2章も参照）。

---

5) シュペングラーの『西洋の没落』に関する文献は夥しいが，さしあたり国際政治学者による分析として，葛谷 2005：第1章を参照。

6) たとえば教皇ベネディクト15世（在位 1914-22）は 1916 年に「文明ヨーロッパの自殺（suicidio dell'Europa civile）」と表現している（Struker 1917：62）。

7) なお，シュペングラーの『西洋の没落』では，「西洋（Abendland）」は「西欧（Westeuropa）」とほぼ互換的に扱われている。たとえば，「本書のより限定された主題は，西欧文化の没落（Untergang der westeuropäischen Kultur）である」といった記述が見られる（Spengler 1920：70）。

「政治的な闘争概念」としての「アーベントラント」

　ではここで，些か論点先取りとなり，かつ粗いスケッチにとどまるが，「アーベントラント」が政治的なスローガンに転じたときに込められる含意のなかから最大公約数を引き出してみよう。

　第一に，何よりもそれは反近代の概念である。「アーベントラント」に含意されているのは，宗教改革以前の全一なるキリスト教的共同体としてのヨーロッパへの郷愁であり，中世への憧憬である。かかる反近代という含意から，さらに以下の諸含意も導き出される。

　すなわち第二に，「アーベントラント」は反個人主義的，ひいては反自由主義的志向を内包している。近代の産物たる理性的で主体性を持つ個人という仮構を否定し，人間の限界，すなわち理性の限界を説く概念となるのである。

　同様の人間学的前提の帰結として，第三に，「アーベントラント」の称揚は，反（大衆）民主主義的な傾向にも繋がる。この大衆の政治参加への懐疑から，エリート主義的な主張が導き出されることは言うまでもない。とともに，「アーベントラント」には，近代政治の獲得物である自由主義的な代議政治の否定，すなわち反代議制民主主義の主張も含まれる。この主張は，古典的コーポラティズムに代表される職能身分制秩序に基づく政治システムの推奨に繋がっていくだろう。

　さらに第四に，「アーベントラント」は中央集権的な近代国民国家の対抗概念ともなる。理想化された神聖ローマ帝国が範とされ，政治秩序としては，たとえば連邦主義が称揚される。

　最後に，忘れてならないのは，語源からして「アーベントラント」が「東」に対置された概念だということである。それゆえ，「アーベントラント」が政治性を帯びた場合，「非キリスト教的」あるいは「異教的」な「東方」「東洋（モルゲンラント）」「オリエン

ト」に対抗する概念として用いられることとなる。

　以上の含意を備えた「アーベントラント」が，とりわけドイツ語圏において，戦間期には独仏協調のシンボルとして，また冷戦期には反共産主義・反東側のプロパガンダ概念として機能することになる。この概念に関する先駆的研究は，「アーベントラント」を「政治的な闘争概念」と呼んでいる（Faber 2002［1979］）。そして注目すべきは，戦間期から冷戦期に至るまで，「アーベントラント」という概念をシンボルとして，月刊誌『アーベントラント』や『ノイエス・アーベントラント』といったメディア，さらには「アーベントラント・アクション」および「アーベントラント・アカデミー」といった運動体が組織されてきたことであり，本書が第2章以下で対象とするのも，この「アーベントラント」運動に他ならない。

第3節 ｜ 「暗いヨーロッパ」
——ヨーロッパ統合史の「暗い遺産」をめぐって

　本節と次節では，「アーベントラント」という概念・運動の存在が，ヨーロッパ統合史研究にいかなる意味を持つか，簡単に二点述べてみたい。

　第一は，クリスチャン・ヨルゲらが提起し，日本でも遠藤乾（編）『ヨーロッパ統合史』が展開した，ヨーロッパ統合の「暗い遺産（Dark Legacies）」に関わる問題である（Joerges & Ghaleigh eds. 2003；遠藤 2014：12 f.）。

　ここで言う「暗い遺産」とは，第二次世界大戦後のヨーロッパ統合が基本的に西側の自由主義陣営のなかで進められてきたため，長らく統合史の死角となってきたいくつかの歴史的淵源のことである。たとえば，しばしば「ヨーロッパ統合の父」の一人に数えられるク

ーデンホーフ＝カレルギー（Richard Nikolaus Coudenhove-Kalergi, 1894-1972）のパンヨーロッパ構想は，貴族主義的で帝国主義的なものであった（戸澤 2003；北村 2011；福田 2015）。とりわけ厄介なのは，ファシズムとコーポラティズムのあいだに位置する勢力によるヨーロッパ構想の位置づけである。遠藤乾は次のように指摘する。「家族，ギルド（職能団体）や地域共同体に根を張り，ジャコバン的な近代（国家）に背を向けるようなヨーロッパ統合主義は，カトリック的な保守主義からプルードン的な左翼にまで幅広く存在し，なかにはファシズムに接近するものも現れた。こうした勢力の社会像には，反ソ・反米の傾向を有し，ヨーロッパ統一への願望を併せ持つものが含まれていたのである」（遠藤 2014：13）。

　また，上原良子も次のように指摘している。「［欧州審議会の枠内で］地域・地方自治体とヨーロッパ統合との接合を図った勢力の一部には，戦前のファシズムとのグレーゾーンに位置するコーポラティストや反国家主義の系譜も存在している。国民国家によって抑圧されてきた地域という単位や，中間団体，職能代表制の主張の背後には，議会制民主主義への嫌悪と国家の解体という点で，連邦主義を経由してヨーロッパ統合思想を支持するという『暗い遺産』の影も見いだせる」（上原 2014：123）。

　さらに最近では，ベルリン自由大学のディーター・ゴーゼヴィンケルが，「反リベラルなヨーロッパ諸構想は，反ヨーロッパ主義を意味するのではなく，ある特定のヨーロッパ統合構想を強めるものであり，ヨーロッパの統一性を妨げるのではなく，逆にそれを促進する意味を持ったのである」というテーゼを掲げ（Gosewinkel 2015：17），植民地主義者やナチや共産主義者による，20世紀の「反リベラル（anti-liberal）」な「暗い（dark）」ヨーロッパ構想を検討した論文集を公刊している。

こうした遠藤や上原，あるいはゴーゼヴィンケルらが指摘するようなヨーロッパ統合の「暗い遺産」のまさに一つの典型事例として，アーベントラント運動は位置づけることができる[8]。それゆえ本書では，アーベントラント運動の戦間期からの連続性や，ファシズムとの距離，あるいは自由民主主義との距離にも着目することになるだろう。

第4節 「黒いヨーロッパ」——キリスト教民主主義・保守主義勢力とヨーロッパ統合

　第二は，ヨーロッパ統合史とキリスト教（とりわけカトリック）の問題である。よく知られているように，1951 年 4 月 18 日の欧州石炭鉄鋼共同体（ECSC）設立条約に調印した 6 カ国（フランス，西ドイツ，イタリア，オランダ，ベルギー，ルクセンブルク）の外相全員が，各国のキリスト教民主主義政党に所属していた。また，ECSC を主導したフランス外相ロベール・シューマン（Robert Schuman, 1886-1963：ドイツ帝国領ロレーヌ出身），西ドイツ首相兼外相コンラート・アデナウアー（Konrad Adenauer, 1876-1967：ラインラントのケルン出身），イタリア首相アルチーデ・デ・ガスペリ（Alcide De Gasperi, 1881-1954：オーストリア＝ハンガリー帝国領トレンティーノ出身，学生時代はウィーンで学ぶ）は，3 人ともカトリックであった（ちなみに，3 人はお互いにドイツ語で会話したという）。浩瀚な戦後ヨーロッパ史を著したトニー・ジャットは以下のように述べている。

---

8) 実際，ゴーゼヴィンケル編の論文集ではアーベントラント運動に一章（ヴァネッサ・コンツェ執筆）が割かれている（Conze 2015）。コンツェの研究については，本章第 5 節で述べる。

彼ら3人全員にとって，ヨーロッパ協調というプロジェクトは経済的にも文化的にも道理に適ったものであったのだ。尤もなことに，彼らはそれを，自分たちの青年時代のコスモポリタンなヨーロッパを打ち砕いてしまった文明の危機を克服するためのものだと考えていた（Judt 2005：157）。

　これに対して，北ドイツ出身のプロテスタントである社会民主党（SPD）の指導者クルト・シューマッハー（Kurt Schumacher, 1895-1952）は，ECSC に権威主義の匂いを嗅ぎ取り，また英外相ベヴィン（Ernest Bevin, 1881-1951）の主席顧問ケネス・ヤンガー（Kenneth Younger, 1908-76）は，ECSC の設立を「カトリックの『黒いインター』結成への第一歩」と捉えていたとジャットは指摘している（Judt 2005：158）（なお，「黒」は聖職者の法衣の色に由来する）。

　こうしたジャットの評価は，アデナウアー研究に従事してきた筆者も首肯できるものである。たとえばアデナウアーは，欧州防衛共同体（EDC）の行方をめぐる英米仏ワシントン会議（1951年9月）を直前に控えた51年8月に，次のような書簡を仏外相シューマンに送っている。

　　わたしは，あなたや，われわれ共通の友人であるデ・ガスペリ首相，そしてわたしのような，キリスト教的な基盤の上に新しいヨーロッパ世界の組織化を実現させようという意志に満ちた人びとが，件の課題［ECSC 条約の批准と EDC の準備］の全責任を担っているということを，とりわけ好都合な，いやそれどころか幸運な兆しであると評価しています。この仕事の成功のために好都合な条件がこれほど揃っていることは，ヨーロッ

パ史上稀なことであると思っています［…］[9]。

　また，アデナウアーはのちに回顧録でも次のように記している。

　　デ・ガスペリとわたしは正真正銘の友情で結ばれていた。彼は，
　共通のキリスト教的・アーベントラント的な遺産（das gemein-
　same christlich-abendländische Erbe）をヨーロッパの諸民族に託
　すという，偉大な歴史的責任感に満ち溢れていた。［…］ヨー
　ロッパは統一されねばならないという確信に導かれた，アルチ
　ーデ・デ・ガスペリとロベール・シューマンとわたしの共同作
　業は，1954年8月のデ・ガスペリの突然の死によって絶たれ
　てしまった。デ・ガスペリの死は余りに早すぎた（Adenauer
　1967：259）。

　このようにアデナウアーにとって，第二次世界大戦後にキリスト
教民主主義者が西欧主要国で主導権を握ったことは「ヨーロッパ史
上稀な」「幸運」であり，これを機に彼は「共通のキリスト教的・
アーベントラント的な遺産」を引き継いだ「キリスト教的な基盤」
を有するヨーロッパを創り上げようとしたのである[10]。
　キリスト教民主主義が第二次世界大戦後のヨーロッパ統合の一大
推進勢力であったこと自体は，夙に指摘されてきた（水島1993：86

9）“23. August 1951 (Bonn)：An den französischen Außenminister, Robert Schuman,
　Paris,” in：Adenauer 1987：Nr. 93, S. 113-117, hier S. 114.
10）なお，アデナウアー，シューマン，デ・ガスペリの「友情」に関する文献は少
　なくないが，さしあたり同時代人の回想である Andreotti 1976；Wenger 1976 など
　を参照。三者のヨーロッパ政策を並べて論じたものとしては，たとえば Greschat
　& Loth 1994；Conze et al. 2005 などがある。デ・ガスペリに関して邦語では高橋進
　による一連の研究があるが，さしあたり高橋 2005 を参照。

f.；同 2008：31 f.)。そして近年，ウォルフラム・カイザーらによっ
て，キリスト教民主主義のトランスナショナルなネットワークがヨ
ーロッパ統合の成立や深化に果たした役割が，実証的にも跡付けら
れつつある [11]。

　かかるキリスト教民主主義の国際ネットワークに関する研究の到
達点は本書の第1章であらためて確認するが，本書は，さらに「ア
ーベントラント運動」という保守派の運動の存在を強調したい。ア
ーベントラント運動は，（西）ドイツにおける活動にとどまらず，
「ヨーロッパ文書・情報センター (Centre Européen de Documenta-
tion et d'Information/Das Europäische Dokumentations- und Informa-
tionszentrum：CEDI)」という，1952 年にスペインを拠点として組
織された国際ネットワークと結びついていた。このアーベントラン
ト運動は，カイザーらが対象としたようなキリスト教民主主義のネ
ットワークと人的・思想的に重なり合って展開されたにもかかわら
ず，従来のキリスト教民主主義研究やヨーロッパ統合史研究では等
閑視されてきた [12]。アーベントラント運動についてこれまで研究を
進めてきたのは，次節で述べるようにアクセル・シルトらドイツ現
代史家・社会史家であり，それゆえ運動とヨーロッパ統合との関連
については余り注目されてこなかったと言える。

　そこで本書では，まず第1章でキリスト教民主主義の国際ネット
ワークを検討し，さらに第2章以下で（西）ドイツを中心としたキ
リスト教保守派の運動も考察することによって，戦間期から 1960

---

11) 当該テーマについてカイザーは実に多くの単著・共著論文を公刊しているが，
　さしあたり集大成にあたる Kaiser 2007 を挙げておく。キリスト教民主主義研究に
　おけるカイザーの位置については，土倉 2011：875-883 を参照。ヨーロッパ統合
　史研究におけるカイザーの方法論の意義については，本書第1章の 49 頁を参照。
12) 歴史家キーラン・パーテルは，カイザーの研究が「アーベントラント」言説の
　役割を軽視しているのを「驚くべきこと」と評している (Patel 2009：1014)。

年代までのキリスト教政治勢力とヨーロッパ統合の関係の一端を明らかにしたい。とくに，諸勢力のネットワークの多層性とイデオロギー内容の重なり具合に留意し，この時代のキリスト教系政治勢力のヨーロッパ諸構想が，反共主義や独仏協調の追求，あるいは補完性原理や連邦主義の重視などの大枠で一致しつつも，自由民主主義に対する態度や，統合すべき「ヨーロッパ」の範囲については重要な相違を見せていたことを指摘したい。

第5節 | 先行研究と本書の位置づけ

「アーベントラント」理念やアーベントラント運動が本格的に歴史学の検討対象となったのは，冷戦終焉以降，とりわけ世紀転換期あたりからのことと言ってよいだろう。

ただし，それ以前に研究がなかったわけではない。たとえば，ヘルガ・グレービングによる西ドイツ保守主義研究の古典は，戦後のアーベントラント運動も検討対象の一つにしている（Grebing 1971：263-282）。しかしグレービングの研究は，「保守主義」をもっぱら「反民主主義」と捉え，民主主義／保守主義の二分法のなかで後者を断罪するというものであり，保守主義思想・運動の内在的な理解に資するものではない。グレービングにとっては，アーベントラント運動も民主主義の敵であり，そもそもそれが西ドイツ社会でいかなる役割を果たしていたかを分析するという視点はない[13]。

---

13) ヘルガ・グレービング（1930 年生まれ）は社会民主党（SPD）に深くコミットした歴史家であり（近年ではヴィリー・ブラント著作集の編纂者でもある），彼女の著作のうち，少なくとも保守主義研究は，政治的価値判断が前面に出すぎている感がある。1960 年代から 70 年代の西ドイツでは保守主義研究が一種の流行を迎えるが，21 世紀の現在，グレービングの著作は，そうした動向の一例として，史学史のなかに位置づけられるべき研究対象と言えるのかもしれない。なお，村松惠二

また，ハインツ・ヒュルテンの論文に代表されるように，カトリシズム史研究の文脈から「アーベントラント」について検討したものが散見される（Hürten 1985；ders. 2009；Brelie-Lewien 1986；dies. 1990）。関連して，近年の保守主義再評価の文脈でも，いくつかの思想史的研究が存在する（Müller 2000；Dirsch 2012：201-225）。これらの研究についても，もちろん本書で参照はするが，そもそもの問題関心が異なっていることは否めない。

こうしたなか，「アーベントラント」理念・運動に関する傑出した研究を著し，当該テーマへの関心を決定的に高めたのが，アクセル・シルトとヴァネッサ・コンツェ（旧姓 Plichta）である。

ドイツの社会史家シルトは，1950 年代の西ドイツ社会に関する浩瀚な教授資格論文を執筆し（Schildt 1995），その成果の一部として『アーベントラントとアメリカのあいだ』（Schildt 1999）という著作を公刊した。そこでシルトは，50 年代西ドイツの「精神風景」あるいは「時代精神」の一つの典型として，「西欧化および『アメリカ化（Amerikanisierung）』に対する防波堤」（Ebd.：198）を築こうとしたアーベントラント運動を検討している（Ebd.：21-82；ders. 2011：78-115）。

一方，コンツェの博士論文を基にした書『ドイツ人のヨーロッパ』（Conze 2005a）は，戦間期から 1950 年代までのドイツにおける「ヨーロッパ」概念の多様性と，60 年代以降の「ヨーロッパ」概念の「西欧化」（＝自由民主主義化・多元主義化）への収斂を論証したものである。コンツェは，同書の前半部でアーベントラント運動の戦間期からの連続性と，その戦後における興隆と没落を扱い

は，著書『カトリック政治思想とファシズム』の第 1 章で，既存の保守主義研究を概観したうえで，西ドイツにおける保守主義論を検討している（グレービングの研究に関する記述は，村松 2006：13-16）。

（Ebd.：25-206），後半部では「西欧（Westen/West-Europa）」理念の定着度を測るために，「ヨーロッパ連盟（Europa-Union）」という（やはり戦間期にルーツを持つ）組織を検討している。つまりコンツェは，アーベントラント運動とヨーロッパ連盟という戦間期に淵源を持つ二つの組織の歴史を対比させることによって，1960年代には「アーベントラント」のような伝統的な「ヨーロッパ」理念が衰退し，「自由民主主義的」・「多元主義的」・「西欧」的な「ヨーロッパ」理念が定着したと主張するのである。

　シルトの前掲書が1950年代西ドイツの社会思潮の解明を重視する一方，コンツェの研究は，20世紀前半のドイツにおける「ヨーロッパ」理念の多様性と，その60年代における収斂を解明することに重点があると言えるが，両者に共通しているのは，「西欧への連邦共和国の道（Weg der Bundesrepublik nach Westen）」（Schildt 1999：199）に対する関心，すなわち戦後ドイツ連邦共和国の「西欧化（Westernisierung）」および「自由主義化（Liberalisierung）」への関心である。ある意味で彼らの研究は，「ドイツ特有の道」論の戦後史版であると言えよう[14]。

　たとえばシルトは，第二次世界大戦後のドイツ連邦共和国の歴史は，「西欧自由民主主義（westliche liberale Demokratie）」への「学習・適応プロセス」として描けるとしたうえで，1950年代あるいは「アデナウアー時代」を，「イデオロギー的な諸伝統と，西欧民主主義を促すような諸要素との複雑な混合を特色とする，固有の中間時代として解釈できる」としている。そして，50年代を通じた「近代化（Modernisierung）」や世代交代を通じて，「連邦共和国はリ

14）こうした研究動向に対する筆者なりの評価は，コンツェの研究に対する書評論文である板橋 2009 で述べている。

ベラルな西欧社会（eine liberale westliche Gesellschaft）となった」とするのである（Schildt 2009：40）。

　筆者はアーベントラント運動を研究対象とするうえでシルトやコンツェの研究に多大な影響を受けており（板橋 2009；同 2011），本書もまた多くを負っているが，上記の「西欧化」（に抗するアーベントラント運動）といった，彼（女）らの問題設定や分析視角まで共有しているわけではない。かかる問題設定は，多分にドイツ社会史学特有のものであり，さらに言えば，東西ドイツ統一とヨーロッパ統合を同時に成し得たドイツ連邦共和国史をどう描くかという，ドイツ人歴史家としての課題と関わっている。

　本書は，そうした「西欧化」の語りからは距離を置きつつ，アーベントラント運動がいかなるものであり，いかなるヨーロッパ像を描き，いかに現実の西ドイツのヨーロッパ政策と切り結んでいたかを明らかにすることに集中したい。また，第 1 章でキリスト教民主主義の国際的ネットワークのなかで「西洋（Occident/Abendland）」概念とドイツがいかなる位置を占めていたかを検討することを通して，アーベントラント運動をより広範な文脈のなかに位置づけるとともに，第 2 章で戦間期の「アーベントラント」理念を詳細に検討することによって，より立体的にアーベントラント運動を描くことを試みる。

　史料面では，戦間期の雑誌『アーベントラント』や第二次世界大戦後の『ノイエス・アーベントラント』誌をはじめとする同時代の定期刊行物，アーベントラント・アカデミーの年次大会報告書などのアーベントラント運動の組織関係史料，関係者・同時代人による著作，演説，回顧録，書簡集などの公刊史料を主たる分析対象とし

た[15]。また，連邦政府などの公的機関および研究者が編纂した公刊史料集も適宜活用している。さらに，コンラート・アデナウアー財団が管理する Archiv für Christlich-Demokratische Politik（ACDP）所蔵のブルーノ・デルピングハウス，ハンス＝ヨアヒム・フォン・メルカッツ，フリードリヒ・アウグスト・フォン・デア・ハイテ，フランツ＝ヨーゼフ・ヴュルメリング，ヘルマン・エーラースの個人文書（Nachlaß），ハンス・ザイデル財団が管理する Archiv für Christlich-Soziale Politik（ACSP）所蔵のゲルハルト・クロル文書，コブレンツの連邦文書館（BArch Koblenz）所蔵のハインリヒ・フォン・ブレンターノ文書などの未公刊史料を用いることによって，アーベントラント運動の思想面の理解をより深めるとともに，運動とアデナウアー政権側との関連も視野に入れて分析することを試みた（デルピングハウスはキリスト教民主主義の国際ネットワークの重要人物，フォン・デア・ハイテとゲルハルト・クロルはアーベントラント運動の中心人物，フォン・メルカッツ，ヴュルメリング，フォン・ブレンターノはアデナウアー政権の閣僚でアーベントラント・アカデミーの理事，ヘルマン・エーラースは CDU の福音派の大物である）。

　なお，上記以外の関連先行研究については，各章・テーマごとに当該箇所で論じることとするが，あと二つ，本節で言及しておくべき重要な先行研究を挙げておきたい。

　第一は，コンツェや本書と同じ時期区分（戦間期～戦後初期）をとり，国境横断的・イデオロギー横断的なグループを対象に「ドイツ人のヨーロッパ像」を検討した，クリスチャン・ベイリーの『昨日と明日のあいだ』（Bailey 2013）である。ベイリーは，リベラ

---

15) 現在では入手しにくいものも多いが，筆者は基本的にミュンヘンにあるバイエルン州立図書館（Bayerische Staatsbibliothek）と，北海道大学付属図書館所蔵のアルミン・モーラー文庫を拠点として定期刊行物等の公刊史料を収集した。

ル・保守派の雑誌『メルクール (*Merkur*)』，国際社会主義闘争同盟 (ISK)，スイスへの亡命者から成る民主的ドイツ (Das Demokratische Deutschland) という三つのグループを取り上げ，当該グループのドイツ人エリートたちが，イデオロギーの違いを超えて「ヨーロッパ化」されていったこと，そして彼らの「ヨーロッパ」が，必ずしも議会制民主主義や西欧統合を支持するものではなかったことを示している。戦間期の経験の重要性を指摘するとともに，戦後初期のヨーロッパ思想が民主主義・政党・議会に対する懐疑を含んでいたことを明らかにした点で，ベイリーの研究は本書にとっても示唆的である。しかしベイリーの研究は，「アーベントラント」を直接の対象とはしていないし，さらに言えば，上記の三グループの重要性（あるいは選択理由）を示すことに成功しているとは言い難い。

第二は，ヨハネス・グロースマンによる『保守主義者のインターナショナル』(Großmann 2014) である。これは，独仏英のみならずスペイン語やポルトガル語の一次資料も駆使して，第二次世界大戦後から 1990 年代に至るヨーロッパの保守主義者（とくに貴族層）のトランスナショナルな「エリートサークル」および「非公式外交」の存在を明らかにした 700 ページ近い大著である。そこでは，前述の CEDI に加え，キリスト教文明防衛国際委員会 (Comité international de défense de la civilisation chrétienne：CIDCC)，ファドゥーツ政治研究所 (Institut d'Études Politiques Vaduz)，元フランス首相アントワーヌ・ピネー (Antoine Pinay, 1891-1994) を中心とした「ル・セルクル (Le Cercle)」などの国際的なネットワークが中心的に扱われ，最初の部分でアーベントラント運動も検討されている。グロースマンの研究は（とりわけアーベントラント運動については）あくまで貴族層に焦点を当てたネットワーク研究であり，本書とは視角（および対象とする時期）が異なる。とはいえ，筆者が立ち入

れなかった貴族層の人的ネットワークを明らかにした他に得難い研究であり，その点に関して本書はグロースマンの研究に多くを負っている。

第6節 | 本書の構成と射程

本書は4章構成となる。まず第1章では，戦間期から1960年代までのキリスト教民主主義勢力の国際ネットワークとヨーロッパ統合との関係を概観し，キリスト教民主主義者のヨーロッパ統合政策を支えたものとして，「西洋の救済」，あるいは「西洋」へのドイツの再統合というモティーフがあったことを示す。

それに対し第2章以降では，従来のキリスト教民主主義研究や統合史研究から漏れてきた，キリスト教保守派とヨーロッパ統合の関係について，アーベントラント運動を事例に実証的に検討していく。

第2章では，戦間期に立ち戻り，ヴァイマル共和国時代に創刊された雑誌『アーベントラント』を中心に，「アーベントラント主義」の源流を辿る。とくに『アーベントラント』の中心人物ヘルマン・プラッツの「アーベントラント」思想が詳しく検討される。

第3章では，第二次世界大戦後の「アーベントラント」概念の復活を考える際に重要な点に絞って，ナチ体制期の「アーベントラント」概念の位置を検討する。そこで対象となるのは，反ヴァイマル共和国派の「アーベントラント」観や，ナチ政権および亡命者・レジスタンスたちによる「アーベントラント」の用法，そして1938年の独墺合邦（アンシュルス）以前のオーストリアにおける「アーベントラント」概念である。

第4章が本書の中核となるが，そこでは第二次世界大戦後の「アーベントラント」思想および運動が検討される。「アーベントラン

ト」は，第二次世界大戦後，ナチズムと戦争に倦み疲れ，ヨーロッパ統合論議に盛り上がる（西）ドイツにおいて，ドイツ（人）をヨーロッパという文化的共同体へ回帰させる概念として重宝された。かかるドイツの精神史的状況を背景に，キリスト教保守派の知識人を中心として創刊されたのが雑誌『ノイエス・アーベントラント』であり，この雑誌を基にして「アーベントラント・アクション」や「アーベントラント・アカデミー」という運動体も組織された。とくに後者には，外相ハインリヒ・フォン・ブレンターノをはじめとする連邦政府閣僚も名を連ねていた。そこで第4章では，『ノイエス・アーベントラント』を中心に，戦後のアーベントラント主義者たちの思想世界を明らかにするとともに，彼らの運動がどういった展開を辿ったのかを検討する。

　なお，本論に入る前に，ここで本書の二つの限定，すなわち時期と地域の限定について述べておきたい。

　第一の時期区分だが，本書の始点である戦間期，とくに 1925 年は，二つの点で象徴的な年と言える。一方でそれは，第1章で述べるように，パリにキリスト教民主主義政党国際事務局（SIPDIC）が設立された年であり，キリスト教民主主義の国際的な政党間協調の始まりを画している。他方，アーベントラント運動の出発点にあたる雑誌『アーベントラント』が創刊されたのも 1925 年であった。

　また，終点の 1960 年代，とくに 1965 年は，形式的にはキリスト教民主主義の国境横断組織である NEI が欧州キリスト教民主主義者同盟（EUCD）に改組された年にあたる（この EUCD を基に，初の欧州議会直接選挙を3年後に控えた 1976 年に欧州人民党〈European People's Party：EPP〉が結成され，現在に至っている）[16]。さらに，第

16）欧州人民党については，さしあたり同党の元書記長トマス・ヤンセンによる準

二ヴァチカン公会議（1962-65 年）後の回勅「喜びと希望（Gaudium et spes）」において，教皇庁が漸く民主主義を積極的に肯定するようになったのも 1965 年だった（田口 2008：12 f.）。そして，よりマクロに見ると，1960 年代半ばは，世俗化や価値意識の転換によって，キリスト教に基づく政治勢力が大きな危機を迎えた頃である[17]。結果を先取りして言えば，保守的で著しく宗教色の濃かったアーベントラント運動は，この時期に世論への影響力を決定的に失うのである。

　第二に，本書の対象は「ヨーロッパ」単位のネットワークであり，可能性としてはヨーロッパ・レベルでのネットワーク研究もありえただろうが，本書では分析をあくまでドイツ中心に絞っている[18]。かかる限定は，本書をヨーロッパ統合史としては不十分なものにしているとも言えようが，筆者は，本書を通じてドイツ政治史・現代史研究への貢献も目指している。

　ドイツ現代史研究においては，しばしば 1945 年という「零時（Stunde Null）」をどう考えるか，すなわち第二次世界大戦の終結をドイツ現代史における断絶点と捉えるか，それとも連続性の相のもとで捉えるかが論争となる。無論，1945 年という断絶の重要性は疑うまでもないが（たとえばケルブレ 2010：8 f. を参照），本書ではむしろ連続性の面に着目する。そのうえで本書は，戦間期から「アデナウアー時代」のドイツにおける政治思潮の一側面・一系譜も明

　　公式書（Jansen 1998）を参照。同書は随時改訂されてきたが，2011 年にはファン・ヘッケによって増補され，タイトルも変更された（Jansen & Van Hecke 2011）。
17) 野田昌吾は 1960 年代半ばを，西欧キリスト教民主主義の「凋落」ないし「没落」の「第 1 の画期」と呼ぶ（野田 2008：79）。
18) なお，本書で言う「ドイツ」とは，ドイツ帝国（Kaiserreich：第二帝政），ヴァイマル共和国，ナチ体制，4 カ国占領下のドイツ，ドイツ連邦共和国（西ドイツ）に概ね限定する。

らかにするだろう。

　また，これまでドイツ連邦共和国は，他のヨーロッパ諸国に比べても，その親ヨーロッパ主義を強調されてきたが，それがいかなる「ヨーロッパ」であったのかを明らかにしていく必要がある（König & Schulz 2004：15）。本書は，主として建国期を題材に，ドイツ連邦共和国における「親ヨーロッパ主義」の内実の一端を解明するだろう[19]。

　付言すれば，前節で検討したような研究の高まりを受け，ドイツにおける（主に政治史を中心とした）代表的な通史的著作においても，「アーベントラント」概念やアーベントラント運動への言及は増える傾向にある。早い例としては，アデナウアー研究でも有名なハンス゠ペーター・シュヴァルツが，『ドイツ連邦共和国史』（現在6巻が刊行）の第2巻で，「50年代の精神」の一つとしてアーベントラント運動を取り上げていた（Schwarz 1981：455 f.）。また，東西統一から10年後の2000年に初版が刊行され，ドイツでベストセラーとなったハインリヒ・アウグスト・ヴィンクラーの『西欧への長き道』（2巻本，邦訳タイトルは『自由と統一への長い道』）は，

───────────

19) 本書のテーマは，ドイツ政治史におけるキリスト教民主主義と保守主義との関係という問題にも関わる。この問題に関してまず注目すべきは，第二次世界大戦後におけるキリスト教民主同盟・社会同盟（CDU/CSU）の成立，とくにアデナウアー時代の CDU による，プロテスタント系も含む右派自由主義者層や保守主義者の包摂（の成功），および党内における宗派間・左右間の緊張関係であろう（この点は，CDU と CSU を，そもそも純粋なキリスト教民主主義政党として論じてよいかという問題と関連するが，ここではその問題には立ち入らない）。とはいえ，この点については，すでにフランク・ベッシュによる傑出した CDU 研究がかなりのところ明らかにしており，邦語でも野田昌吾による一連の優れた業績がある（Bösch 2001；野田・金 2004；野田 1998；同 2008）。本書では，これら優れた業績に屋上屋を架けることは避け，違った角度から，すなわちヨーロッパ統合への宗派勢力のコミットメントの検討という角度から，ドイツにおけるキリスト教民主主義と保守主義との関係の様相に迫るというかたちになる。

戦後西ドイツの「保守的近代化」(Winkler 2002：178［邦訳：175］)
の一事例として，雑誌『ノイエス・アーベントラント』（邦訳では
『新しい西洋』）をはじめとする保守派の「アーベントラント」理念
についてかなり詳しく立ち入っている（ebd.：171-175［邦訳：168-
172］）。さらに，建国60年を機に著されたエッカルト・コンツェに
よる大部のドイツ連邦共和国史も，ヴァネッサ・コンツェやアクセ
ル・シルトの研究に拠りつつ，アーベントラント運動を西ドイツ史
全体のなかに位置づけようとしている（E. Conze 2009：105 f., 151 f.,
208）。

　翻って日本のドイツ現代史研究を見れば，通史はもちろん，研究
論文のレベルでも，政治的概念としての「アーベントラント」およ
びアーベントラント運動をまとまったかたちで取り上げたものは，
管見の限り（これまで部分的に刊行してきた拙稿を除けば）皆無であ
ったと言えよう。そもそも，これまで「アーベントラント」につい
て日本語で読めるものは，前述のヴィンクラーの著作の翻訳や，若
干の思想史的研究[20]に限られていた。それゆえ，小著といえど，
「アーベントラント」概念およびアーベントラント運動を（ドイツ
の学界では既知となっていることも含め）正面から論じた著作を日本
語で出版することは，日本におけるドイツ現代史理解を深めるため
にも不可欠な作業であると考えている。

20）たとえば，ヤン・ヴェルナー・ミュラーによるカール・シュミット研究の翻訳
　　書には，戦後の西ドイツで「アーベントラント」という概念のもとに結集した「キ
　　リスト教的保守主義者たち」への若干の言及がある（Müller 2003：138-140［邦訳：
　　149-152］）。

第1章

キリスト教民主主義の国際ネットワークとヨーロッパ統合

アデナウアー(左)と
デ・ガスペリ
出典：Adenauer 1975

本章では，先行研究と公刊史料に主として依拠しながら[1]，戦間期から1960年代までに至るキリスト教民主主義勢力のトランスナショナルなネットワーク形成と，そのヨーロッパ統合への影響を跡付ける。

第1節 ｜ 1945年以前の国際協調の模索

キリスト教民主主義政党国際事務局（SIPDIC）

　カトリックの国境を越えたネットワークは，20世紀初頭まではもっぱら教会が組織したものだった。教会から距離を置いた，政党・政治家レベルの国際的な接触は，第一次世界大戦後に始まる[2]。

---

1)　特定の論点で参照した文献については個別に注記するが，本章全般に関わる重要文献として，すでに前章で挙げた Kaiser 2007 および Jansen & Van Hecke 2011 に加え，Gehler & Kaiser 2001；idem 2003；Papini 1997 を挙げておく。

　　公刊史料集としては，ゲーラーとカイザーが6カ国・15文書館から収集した史料を編纂した次のものが極めて有益であり，本章でも頻繁に参照した。Michael Gehler und Wolfram Kaiser (Hg.), *Transnationale Parteienkooperation der europäischen Christdemokraten. Dokumente 1945–1965/Coopération transnationale des partis démocrates-chrétiens en Europe. Documents 1945–1965*, München：K.G. Saur, 2004. 以下，本史料集については *TPEC* と略記する。また，いまや古典の位置を占めるリプゲンスとロートが編纂した全4巻の『ヨーロッパ統合史文書集（*Documents on the History of European Integration*）』も依然重要であり，本書では2〜4巻を使用した。以下，本史料集については *DHEI* と略記する。

　　なお，ドイツ側でキリスト教民主主義の国際ネットワークの結節点を担ったブルーノ・デルピングハウスの個人文書（ACDP, Nachlaß Bruno Dörpinghaus, 01-009）も閲覧したが，所蔵史料のうち枢要なもの（後述するジュネーブ・サークルの議事録など）は *TPEC* にも収録されているため，あくまで未公刊のもののみ注で挙げるにとどめる。

2)　戦間期のカトリック政治家の国際ネットワークについては，とくに Hanschmidt 1988；Müller 2004；Kaiser 2006b を参照。また，Papini 1997：19-47；Kaiser 2007：72-118；Jansen & Van Hecke 2011：3-10 も参照。

こうした動きを主導したのが，1919年にイタリア初のカトリック政党であるイタリア人民党（Partito Popolare Italiano：PPI）を創設したものの，ファシスト政権の成立に伴い，24年10月以来ロンドンに亡命していたルイジ・ストゥルツォ（Luigi Sturzo, 1871-1959）である[3]。彼のイニシアティブにより，24年に設立されたばかりのフランス人民民主党（Parti Démocrate Populaire：PDP）の招請という形式で，1925年12月12～13日にカトリック政治家たちの最初の国際会合がパリで開かれた。参加者は5カ国5政党から34人だった。参加政党（と人数）は，フランス人民民主党（22）とイタリア人民党（2）に加え，ドイツ中央党（5），ベルギーのキリスト教労働者連盟（Mouvement ouvrier chrétien：MOC）（2），ポーランド・キリスト教民主党（Polskie Stronnictwo Chrześcijańskiej Demokracji：PSChD）（3）である。

　ストゥルツォの当初の意図は，共産主義とファシズムの双方の脅威に対抗しうる，強力なキリスト教政党のインターナショナルの結成だった。しかし，こうしたストゥルツォの野心はすぐに挫折する。すでに1925年の初会合で，各参加者の自国の政治状況や自党への配慮（後述）が露わとなり，共通の目標を掲げるには程遠いことが判明したからである。そもそも公に華々しく創設大会を開催したかったストゥルツォの希望に反して，フランス人民民主党代表の思惑により，初会合は非公開となった。とはいえこの会合で，各国のキリスト教政党の緩やかなネットワークを組織し，情報交換するため

---

3) イタリア人民党は1926年11月5日に解散命令を受けている。なお，ストゥルツォのような民主主義的なカトリック政治家・知識人に焦点を当てて，戦間期から戦後までのキリスト教民主主義の「連続性」を強調する研究があるが（たとえばDurand 1995），後段で明らかにするように，それは余りにストーリーを単純化し過ぎていると言えよう。他方，イタリア人民党を戦間期の文脈から的確に分析したものとして，村上1989を参照。

の事務局をパリに設置することが決まった。

こうして「キリスト教民主主義政党国際事務局（Secrétariat International des Partis Démocratiques d'Inspiration Chrétienne：SIPDIC)」が発足した。フランス人民民主党が事務局の運営を担い[4]，通例年に2回，執行委員会の会合が開かれた。また，年次大会も1925年から32年まで8回開催されたが[5]，33年に成立したアードルフ・ヒトラー政権下でドイツ中央党が同年7月に解党して以降は，執行委員会の延長に過ぎないものとなった。そして，議決内容や会報も主に内部向けのものとされた[6]。

結論から言えばSIPDICは，1939年に活動を止めるまで，計11カ国の政党が参加したものの，活発なフォーラムとはならなかった。それは，当時の各国政治におけるナショナリズムの強さ，そしてカトリック政治家自身の権威主義体制に対する態度の曖昧さが原因だった。たとえば，ヴェルサイユ体制に対する修正主義の問題が影を落としたため，独仏の政党間協調は難しかった。もしSIPDIC参加者が独仏協調を謳った場合，修正主義勢力が強いドイツ，および現状維持勢力が多数のフランスという，それぞれの国内事情を背景に，自党内や自国内から「妥協」と攻撃される恐れがあったからである。

さらに重要だったのが，イタリアのファシズムへの態度である。無論ストゥルツォは当初から反ファシズムという点での一致団結を望んでいたが，カトリックの総本山たるヴァチカンが当初はムッソリーニ体制を支持していたため（松本 2013：86-95），反ファシズ

---

4) フランス人民民主党の役割については，Delbreil 1993；idem 2004：126-130.

5) 開催地は，パリ（1925年），ブリュッセル（26年），ケルン（27年），スヘルトーヘンボス（28年），パリ（29年），アントワープ（30年），ルクセンブルク（31年），ケルン（32年）。

6) 1931年1月にSIPDICの執行委員会は，偏狭なナショナリズムを非難し，平和を求める宣言を公にしたが，それは例外的なことだった（Hanschmidt 1988：179 f.)。

ムには二の足を踏む代表もいた。結局 1926 年に SIPDIC は，民主主義を擁護し，国家の組織的暴力に反対する決議を採択したが，それは本国の自党では周辺的立場にあったカトリック左派が SIPDIC 内で多数派を占めていたからに過ぎない。依然として各国のカトリック政党内では，ファシズムや権威主義体制に共感を寄せる人びとが少なくなかったのである（Müller 2004：257）。

それゆえ，1930 年代前半にほぼ同時に成立したオーストリアとポルトガルの権威主義体制への態度も曖昧だった。「ヨーロッパのカトリックの急進派にとって，両体制は彼らが求めていた諸価値を体現しているように見えた」（Conway 1997：58）のである。

とりわけ意見が割れたのは，オーストリア・キリスト教社会党が中心となって，1933/34 年に権威主義的な「職能身分制国家（Ständestaat）」が構築されたオーストリアの扱いである。このオーストリアの体制は，その構築者であるエンゲルベルト・ドルフス（Engelbert Dollfuß, 1892-1934）首相と，彼がナチに暗殺された後を襲ったクルト・フォン・シュシュニク（Kurt von Schuschnigg, 1897-1977）首相の名から「ドルフス゠シュシュニク体制」と呼ばれる。オーストリア・ナチ党およびナチ・ドイツとは明確に対立しつつも，イタリア型のファシズムを志向したという点で，論者によっては「オーストロファシズム」とか「教権ファシズム」などと性格付けられる（タロシュ／ノイゲバウアー 1996 を参照）。重要な点は，この体制が，自らの「職能身分制国家」をカトリックの社会理論に基づいたものであると自負していたこと，そしてカトリック教会側もそれを歓迎していたことである（ヴァチカンとオーストリアの政教条約は 1933 年 6 月に調印）。こうして，SIPDIC の内部でもオーストリア体制の評価は分かれることとなった。

それは，オーストリア・キリスト教社会党の中心人物リヒャル

ト・シュミッツ（Richard Schmitz, 1885-1954）が SIPDIC に参加を継続することへの是非をめぐる問題として表面化した。シュミッツは1934 年から 38 年まで「オーストロファシズム」下のウィーン市長を務めた人物である。ストゥルツォは，オーストリアの体制を非民主的であると非難し，シュミッツの参加資格を制限しようと試みたが，フランス人民民主党の代表は，独立したオーストリアをナチ・ドイツに対する防波堤とみなし，その存在を容認した。イタリア人民党出身で反ファシズムのジャーナリストとして活躍したドメニコ・ルッソ（Domenico Russo, 1876-1947）は，1935 年のストゥルツォへの手紙のなかで，SIPDIC がもはや「民主主義的な」諸政党の組織とは言えないと嘆いている（Kaiser 2007：113 f.）。

　結局，教会から独立したカトリック政党政治家の国際的な協調は，戦間期には極めて限定的なものにとどまった。むしろこの時代には，次章で検討するような「アーベントラント」サークルやヨーロッパ文化同盟などの，イデオロギー的には保守的な社会的・文化的国境横断ネットワークの方が政治的に重要な意味を有していたと歴史家のギド・ミュラーは結論づけている（Müller 2004：260 f.）。

亡命者のネットワーク

　ドイツでナチ体制が成立し，中央党が解散した 1933 年から，そしてとりわけ 39 年に第二次世界大戦が勃発して 40 年にベネルクス諸国とフランスが占領されると，大陸ヨーロッパのカトリック政治家の国際的な協力は，亡命先のイギリスやアメリカで試みられるようになった[7]。しかし，そもそも英米のカトリックには親ファシ

---

7)　亡命カトリック政治家のネットワークについては，とくに Kaiser 2000；idem 2004a；Müller & Mittag 2006 を参照。

ズム的な傾向が強く，イギリスの対独宥和政策やアメリカの孤立主義を支持する者が多かったため，ストゥルツォら大陸からの亡命者は当惑した。それでも，リベラルなカトリックを中心に，亡命者を支援する動きもあった。1936年11月にロンドンで設立された「人民と自由」グループがそれである。このグループは，演説会を開いて亡命者に自己主張の場を提供し，政治決議を採択するとともに，1938年から『人民と自由（*People & Freedom*）』という月刊の会報を発行した。かかるイギリスでの動きはアメリカのカトリックも刺激し，同様に「人民と自由」という名を冠したグループが，ニューヨークやボストン，フィラデルフィア，ノートルダム，ロサンジェルスで小規模ながらも組織された（Kaiser 2004a：267-271）。

　さらにストゥルツォたちは，「人民と自由」だけでは不十分と感じ，亡命中の各国キリスト教民主主義者の対話の場として，1941年2月に国際キリスト教民主同盟（International Christian Democratic Union：ICDU）を結成した。ICDUの名誉委員には，ストゥルツォとともに，チェコスロヴァキア亡命政府首相ヤン・シュラーメク（Jan Šrámek, 1870-1956）や，ポーランド亡命政府の教育相でポーランド労働党最高協議会議長のユゼフ・ハルレル（Józef Haller, 1873-1960）らが連なった。定例会合では，ゲスト・スピーカーが各自の政党の歴史と現状を報告し，相互理解を図るとともに，共通の利害について話し合ったらしい。

　とはいえ，とくに西欧出身のICDUのメンバーは，自国の政党内では周辺的な立場の者が多かった。それに対して，たとえば戦後にベルギーのキリスト教社会党（Parti Social Chrétien：PSC）党首となり，1950年代には後述するNEIの議長も務めるド・シュリヴェール（August de Schryver, 1898-1991）はICDUに数回しか参加していない。また，のちの人民共和運動（Mouvement Républicain Popu-

laire：MRP）総裁（1944 ～ 49 年）でフランス外相（1969 ～ 73 年）
も務めるモーリス・シューマン（Maurice Schumann, 1911-98）も，
1942 年から 43 年にかけて ICDU のフランス代表だったが，ほとん
ど参加していない。さらに，思想的にも「人民と自由」や ICDU に
集った人びとは急進左派的であり，ヨーロッパ構想については概ね
大西洋主義的だった（Kaiser 2004a：279-281）[8]。つまり亡命者たち
は戦後のキリスト教民主主義の主流とはならず，彼らのネットワー
クは，戦後のキリスト教民主主義政党の再建や，その国際的なネッ
トワーク形成に，それほど大きな役割を果たしたとは言えない[9]。

　結局，戦後のヨーロッパで新しいキリスト教民主主義政党の主導
権を握り，各国政治の主要指導者となったのは，国外亡命者ではな
く，レジスタンスや「国内亡命者」たち，すなわち，フランスのロ
ベール・シューマン（第四共和政で外相や司法相を歴任）やジョルジ
ュ・ビドー（Georges Bidault, 1899-1983：同じく首相や外相を歴任），
ドイツのアデナウアー（西ドイツ初代首相・外相）やヤーコプ・カ
イザー（Jakob Kaiser, 1888-1961：ソ連占領地区のキリスト教民主同盟
議長，西ドイツで全ドイツ問題担当相など），イタリアのデ・ガスペ
リ（首相在任 1945 ～ 53 年），オーストリアのレオポルト・フィグル
（Leopold Figl, 1902-65：首相在任 1945 ～ 53 年，外相在任 53 ～ 59 年）

8）　たとえば，亡命時のストゥルツォのヨーロッパ構想については，次の史料と解
　説を参照。Luigi Sturzo, "Problemi dell'Europa futura (April 1940)," in：*DHEI*, vol. 2,
　pp. 496-499；idem, "The International Order and Italy (March 1944)," in：*DHEI*, vol.
　2, pp. 533-536. なおストゥルツォは，1940 年 9 月にロンドンを去り，40 年 10 月か
　ら 46 年 8 月までアメリカに亡命していた。
9）　それゆえ，たとえば「ロンドンでの亡命者間のコンタクトが［戦後の］キリス
　ト教民主主義諸政党による共通の綱領の定式化に本質的な貢献を果たしたことは明
　らかだ」（Gisch 1990：229；*DHEI*, vol. 4, p. 478）といった統合史の連邦主義学派（後
　述）的な解釈は誇張と言えよう。

らのような者たちだったのである[10]。

第2節 | NEI とジュネーブ・サークル
——ヨーロッパの平和と反共と統合のために

第二次世界大戦後，ヨーロッパのキリスト教民主主義者の多くは，国際的な協調の必要性を痛感していた。もちろんそこには，平和への切なる希求と，戦争で破壊された人的・組織的な繋がりを回復させようという意図があった[11]。とはいえ，まずもって重要だったのは，新たに冷戦という状況が到来し，共産主義という脅威に対してヨーロッパ・レベルで対抗する必要性が認識されたことだった。国際協調を図った戦後のキリスト教民主主義者にとって反共産主義が何よりも重要だったことは，後述する NEI の第1回会合のテーマが「労働者階級の社会的地位と労使関係の現状」とされ，そこではマルクス主義が主たる敵と想定されていたことに示されていよう[12]。この点で，キリスト教民主主義のインターナショナル化は，ファシズムの台頭を許した戦間期への反省であるという以上に，共産主義というインターナショナルな運動に対する必然的な防衛反応だった。さらに，この反共産主義と表裏一体の関係にあるが，戦後のキリスト教民主主義者たちはヨーロッパの統合を望んだ。平和と反共と統合，この三大目標のため，各国のキリスト教民主主義者の国境を越

---

10) 第二次世界大戦が政治的カトリシズムに与えた影響に関しては，Conway 1997：78-95 を参照。

11) Josef Escher, "Eröffnungsansprache, 28. 2. 1947, Convenium christlicher Politiker Europas, Luzern, 27. 2.–2. 3. 1947," in：*TPEC*, Nr. 3, S. 87-88, hier S. 87.

12) "International Conference at Liège (Chaudfontaine) 31 May–2 June 1947," in：*DHEI*, vol. 4, pp. 485-487. Vgl. auch：Joseph Lebret, "Botschaft, NEI-Kongress, Lüttich, Mai 1947," in：*TPEC*, Nr. 8, S. 97-99.

第 1 章　キリスト教民主主義の国際ネットワークとヨーロッパ統合　45

えたネットワーク形成が進められたのである [13]。

　こうした第二次世界大戦後のキリスト教民主主義の国際ネットワークを代表するものとしては，NEI とジュネーブ・サークルという，相互に重なり合う二つのフォーラムが挙げられる [14]。本節では，この二つについて検討しよう。

NEI（1947 ～ 1965 年）

　NEI（Nouvelles Equipes Internationales：新国際エキップ）は，各国のキリスト教民主主義グループから構成される国際組織である [15]。第二次世界大戦後に各国のキリスト教民主主義政党・政治家が国際協調の方策をそれぞれ模索するなか，スイス保守人民党（Schweizerische Konservative Volkspartei：SKVP）のイニシアティブにより，1947 年 2 月 27 日から 3 月 2 日にかけてヨーロッパのキリスト教政治家の最初の国際会合がルツェルンで開かれ，そこで正式に NEI の結成が決まった。ルツェルン会合のホストとなったスイス保守人民党のヨーゼフ・エッシャー（Josef Escher, 1885-1954）によると，NEI は「キリスト教諸政党のヨーロッパ大の協働のための礎石を据える」ものであり，「ヨーロッパの統一と世界平和（ein geeintes Europa, eine befriedete Welt）」を目標とするものであった [16]。

　NEI は，形式的には「政党」ではなく，各国・各地域の「エキッ

---

13)　とはいえ，もちろん各政党内でヨーロッパ統合に関する完全なコンセンサスが得られていたわけではない。ヨーロッパ政策をめぐるフランス人民共和運動とイタリア・キリスト教民主党の党内対立については，Risso 2009 を参照。

14)　他にも，たとえば 1949 年に始動した欧州審議会の諮問議会の場でも，キリスト教民主主義者の国際協調が育まれたことが想定される。

15)　NEI に つ い て は，Becker 2008；Bosmans 1996；Gisch 1990；Jansen & Van Hecke 2011：11-21；Kaiser 2004b；Matl 2006；Papini 1997：49-67.

16)　Josef Escher, "Eröffnungsansprache, 28. 2. 1947, Convenium christlicher Politiker Europas, Luzern, 27. 2.-2. 3. 1947," in：TPEC, Nr. 3, S. 87-88.

プ（équipes：チーム）」から構成される。実際には各国の政党とほぼ同一だが，フランスの人民共和運動（MRP）とベルギーのキリスト教社会党－キリスト教人民党（Parti Social Chrétien - Christelijke Volkspartij：PSC-CVP）からは，個々の政治家が個人の資格で参加した。NEI 創設時に政党単位で参加していたのは，スイス保守人民党，イタリアのキリスト教民主党（Democrazia Cristiana：DC），オーストリア人民党（Österreichische Volkspartei：ÖVP），オランダのカトリック人民党（Katholieke Volkspartij：KVP），ルクセンブルクのキリスト教社会党（Parti chrétien-social：PCS）である。また，フランスやベルギーの代表と同様に，イギリスとザールラント[17]から個人の資格で参加した者がいた。さらに，亡命者のグループもいた。彼らの出身地は，ブルガリア，ルーマニア，リトアニア，ハンガリー，ポーランド，チェコスロヴァキア，ユーゴスラヴィア，そしてバスクであった。後述するように，1948 年にはドイツのキリスト教民主同盟（CDU）およびキリスト教社会同盟（CSU：バイエルンの地域政党で，CDU の姉妹政党にあたる）も NEI に加盟する。54 年には「オランダ・エキップ」の一員として，カルヴァン派の反革命党（Anti-revolutionaire partij：ARP）およびキリスト教歴史同盟（Christelijk-

---

17）　ザールラントはこの時期，国際的に特異な地位にあった。1946 年 12 月にフランスは，占領下のザールラントを他のフランス占領地域とは区別し，関税および経済通貨同盟を設立して，フランス経済圏に編入する。そして，1947 年にはザールラント州政府に一定の自治権を付与し，ドイツから区別された新国家として分離独立させようとしたのである。こうした状況は，西ドイツ成立後も暫く続き，独仏関係の懸案事項となっていた。なお，1955 年 10 月 23 日に行われた住民投票により，ザールラントの西ドイツ「復帰」を求める票，つまり独立に反対する票が三分の二となったため，フランスはザールラントのフランス編入および分離独立を放棄した。結局，1956 年 10 月 27 日，ルクセンブルクで独仏はザールラントに関する条約に調印し，翌 57 年 1 月 1 日，ザールラントは一つの州としてドイツ連邦共和国に編入されたのである。

Historische Unie：CHU）も加盟した。なお，ベルギーの PSC-CVP と
フランスの人民共和運動は，それぞれ 59/60 年と 64 年に政党単位
で加盟することになった。

　NEI の事務局はパリに置かれ，主たる意思決定機関である執行委
員会の議長は，1947 年から 49 年まではフランス人民共和運動のロ
ベール・ビシェ（Robert Bichet, 1903-2000），49 年から 59 年までは
前出のベルギーのド・シュリヴェール，60 年から 65 年までは同じ
く PSC-CVP のテオ・ルフェーヴル（Théo Lefèvre, 1914-73）が務め
た。また NEI は，ほぼ毎年，特定の政治的問題をテーマにして年
次大会を開催し，決議を採択している（表 1 を参照）[18]。さらに，
53 年に欧州石炭鉄鋼共同体（ECSC）の共同総会においてキリスト
教民主主義会派（CD-Fraktion）が結成されて以来，NEI はヨーロッ
パ諸機関のポストを割り振る場ともなった。

　もともと NEI は，1948 年 5 月の「ハーグ・ヨーロッパ会議」の
開催や，「ヨーロッパ運動」の発足，そして欧州審議会（Council of
Europe：CE）の設立に貢献したトランスナショナルな運動体の一
つとして，ヨーロッパ統合史研究の草分け的存在であるヴァルタ
ー・リプゲンス（Walter Lipgens, 1925-84）らによって，道徳的に高
く評価されながら研究されてきた[19]。かかる（たとえば主権国家の
超克を無条件に「善」と捉えるような）規範主義的なアプローチがア
ラン・ミルワード（Alan S. Milward, 1935-2010）らによって厳しく
批判されてきたことは，多くのヨーロッパ統合史のヒストリオグラ

---

18)　各大会の決議の本文は以下に収録されている。EVP-Fraktion des Europäischen
　　Parlaments 1990：159-196.
19)　欧州大学院大学（European University Institute）のヨーロッパ現代史講座の初
　　代担当者（1976-79）であるリプゲンスは，反プロイセン的なカトリックの歴史家
　　であり，CDU 党員かつヨーロッパ運動のメンバーであり，アデナウアー外交の熱
　　烈な支持者であった。リプゲンスについては，Kaiser 2002 および Loth 2006 を参照。

表1：NEI の大会一覧

回	年月日	開催地	テーマ
1	1947. 5. 31.	リエージュ（ベルギー）	労働者階級の社会的地位と労使関係の現状
2	1948. 1. 29.-2. 1.	ルクセンブルク	ドイツ問題
3	1948. 9. 17.-19.	ハーグ（オランダ）	ヨーロッパの組織化／文化的状況
4	1950. 4. 12.-14.	ソレント（イタリア）	現代ヨーロッパにおけるキリスト教民主主義の目標
5	1951. 9. 14.-16.	バート・エムス（ドイツ）	ヨーロッパと平和
6	1952. 9. 12.-14.	フリブール（スイス）	ヨーロッパの民主主義諸国におけるキリスト教徒の強さと弱さ
7	1953. 9. 4.-6.	トゥール（フランス）	スープラナショナルな権威と主権の概念
8	1954. 9. 10.-12.	ブルージュ（ベルギー）	将来のヨーロッパにおけるキリスト教民主主義の経済・社会政策／EDC 挫折後のヨーロッパの状況
9	1955. 9. 16.-18.	ザルツブルク（オーストリア）	ヨーロッパの政治的・経済的統合
10	1956. 5. 25.-26.	ルクセンブルク	ヨーロッパ統合
11	1957. 4. 24.-27.	アレッツォ（イタリア）	共産主義の危機に対するキリスト教民主主義の団結
12	1958. 5. 8.-9.	スヘーフェニンゲン（オランダ）	キリスト教民主主義政治における人格
13	1959. 5. 28.-30.	フライブルク（ドイツ）	統一と自由—キリスト教民主主義の成果と課題
14	1960. 9. 22.-24.	パリ（フランス）	キリスト教民主主義と第三世界
15	1961. 10. 12.-14.	ルツェルン（スイス）	キリスト教民主主義の政治活動の精神的基盤
16	1962. 6. 21.-23.	ウィーン（オーストリア）	キリスト教民主主義の社会政策

注：1965 年に NEI を改組して成立した欧州キリスト教民主主義者同盟（EUCD）は、その初の大会を「第 17 回大会」とし、NEI の正式な後継組織であることを示している。

出　典：EVP-Fraktion des Europäischen Parlaments (Hg.), *Zur Geschichte der christlich-demokratischen Bewegung in Europa*, Melle：Ernst Knoth, 1990, S. 155-196 および Jürgen Mittag (Hg.), *Politische Parteien und europäische Integration. Entwicklung und Perspektiven transnationaler Pateienkoorperation in Europa*, Essen：Klartext, 2006, S. 732-746 を基に作成。

フィーが指摘する通りである（Kaiser & Varsori 2010：passim；遠藤2011：4 f.）。

　しかし近年，ウォルフラム・カイザーらにより，統合史研究の方法論として，トランスナショナルなネットワークにおける理念と政治過程のリンケージへの着目，そして「非公式の政治」への注目が促され，NEI は単なる「理想主義者のお喋りクラブ」ではなく，ヨーロッパ統合の進展に実質的に寄与したと再評価されている（Kaiser 2004b：230-234）[20]。そこでは，従来のように欧州審議会やECSC の設立局面だけでなく，1957 年のローマ条約（欧州経済共同体設立条約および欧州原子力共同体設立条約）調印やそれ以降にも光が当てられるようになった。たとえば，1954 年 8 月 30 日にフランス国民議会が欧州防衛共同体（EDC）条約の批准を拒否した 2 週間後，NEI は，ブルージュでの第 8 回年次大会で，6 カ国による経済統合へと進む意志を表明している[21]。この西欧の共通市場の創設を要求した「ブルージュ・マニフェスト」は，NEI の個々のナショナル・エキップ（とくに CDU/CSU とフランス人民共和運動）への詳細なアンケートに基づくものであった[22]。さらに NEI は，55 年と 56

---

20)　カイザーが統合史研究の方法論を論じているものとして，Kaiser 2006c；2008；2009a；2009b；2010a などを参照。本書では立ち入れないが，ヨーロッパ統合史の言わば「ガヴァナンス的展開」と位置づけられるカイザーの方法論が，ポスト・ミルワード時代の統合史研究において果たす役割については，川嶋 2009；遠藤 2011：14-16 を参照。また，非公式の政治に着目した邦語での最新のヨーロッパ統合史研究として，高津 2015 がある。

21)　"Zusammenfassung der Aussprache, NEI-Kongress, Brügge, 10.-12. 9. 1954," in：TPEC, Nr. 124, S. 421422；"Brügger Manifest, NEI-Kongress, Brügge, 10.-12. 9. 1954," in：TPEC, Nr. 125, S. 422423.

22)　Robert Houben, "Fragebogen zur Wirtschafts- und Sozialpolitik in der europäischen Integration in Vorbereitung auf den NEI-Kongress in Brügge, 10.-12. 9. 1954"；"Antworten der CDU/CSU, 8. 7. 1954, und der französischen Equipe [MRP], o.D. [Juli 1954]," in：TPEC, Nr. 122, S. 407-413；ders., "Die Sozial- und Wirtschafts-

年の大会も経済統合問題に費やした。カイザーの研究では，このような NEI における緊密な協調こそが，政府間交渉における妥協を促し，欧州経済共同体（EEC）の成立に導いたと評価されるのである（Kaiser 2007：290-303）[23]。

とはいえ，本書で注目したいのは，NEI 内部の多様性である。NEI 内にはいくつかの争点ないし対立軸があった。第一の争点は，世俗主義をめぐるものである。この対立軸は，フランスの人民共和運動およびベルギーの PSC-CVP と，その他の政党（スイス保守人民党，オーストリア人民党，イタリアのキリスト教民主党，のちにドイツの CDU/CSU も）とのあいだで，NEI の設立当初から顕在化していた。そもそも「キリスト教」という語を含まない「新国際エキップ」という宗派色の薄い名称は，フランス人民共和運動と PSC-CVP の意向が反映された結果である。前述のルツェルンにおける準備会合（1947年2月27日〜3月2日）で人民共和運動の代表が述べたように，彼らは NEI が教権主義的な「黒いインターナショナル」と捉えられることを恐れ，「キリスト教民主主義」という形容すら避けたのである[24]。結局，47年3月の NEI の「結成アピール」では，「NEI は，

---

politik der christlichen Demokraten im Europa von morgen, NEI-Kongress, Brügge, 10.-12. 9. 1954," in：*TPEC*, Nr. 123, S. 414-420.

23) なおローマ条約以降については，Kaiser 2006a を参照。

24) "Christian-Democrats and Industrial Democracy," *People & Freedom*, no. 94, July 1947/no. 95, August 1947, in：*TPEC*, Nr. 10, S. 101-102, hier S. 101. もともと人民共和運動（MRP）は，戦間期の社会カトリックの系譜を引き，保守派や教会とは無関係に，キリスト教民主主義左派が主体となって戦後成立したという経緯を持つ（上原 1998:72）。そして，人民共和運動の右派は NEI に個人として参加し，左派は「ヨーロッパ合衆国のための社会主義者運動（Mouvement socialiste pour les États-Unis d'Europe：MSEUE）」に参加していた。上原良子によると，人民共和運動のヨーロッパ統合思想は「他のキリスト教民主主義のそれとは趣を異にする。西欧の一般的なキリスト教民主主義のヨーロッパ構想は「反共・自由」とカトリックの混合体であったが，MRP の欧州統合構想には「共和主義」とカトリックとが混在していた。フ

人民民主主義の理念を抱いた政治的・社会的な諸個人間の定期的な
コンタクトを確立するために設立された」という文言が選択され，
「キリスト教民主主義」という言葉は用いられなかった[25]。

　この世俗主義をめぐる対立軸は，NEI の組織形態に関する考え方
の違いと重なっていく。すなわち，アルベール・ゴルテ（Albert
Gortais, 1914-92）ら人民共和運動は NEI を緩やかなネットワークに
とどめようとした一方，イタリアのアッティリオ・ピッツィオーニ
（Attilio Piccioni, 1892-1976）やオーストリアのフェーリクス・フル
デス（Felix Hurdes, 1901-74）は，全政党を拘束するような一つの綱
領を掲げた団体への NEI の転換を求めていたのである[26]。

　また，次第に顕在化したものとして，ECSC を構成することにな
る「6 カ国」（フランス，西ドイツ，イタリア，ベルギー，オランダ，
ルクセンブルク）の諸政党と，それ以外のグループとのあいだに生
じた断絶がある。まず，ヨーロッパの分断がほぼ確定し，NEI が西
欧の統合に専心するようになると，西欧グループと東欧の亡命者グ
ループとのあいだの溝は深まった。また「6 カ国」の諸政党が，
ECSC，そして EEC の共同総会（議会）において同一会派として協
調を深めていくと，最初は NEI に積極的に関わっていたオースト

ランス的な共和主義を基礎として，「平和」や，とりわけ「人権」「自由」，そして「進
歩」や場合によっては「社会主義」をもそのイデオロギーの中に取り入れていた」
のである（同上：78）。

25)　"Nouvelles Equipes Internationales：Inaugural Appeal, 2 March 1947," in：*DHEI*,
vol. 4, pp. 484-485. Auch in：*TPEC*, Nr. 6, S. 95-96.

26)　NEI の青年部書記長を務めていたレヴァンドフスキ（1920-89）の回想を参照
（Lewandowski 1990：68）。人民共和運動や PSC-CVP の言い分，および伊墺の代表
の意見については次のレポートを参照。"Christian-Democrats and Industrial De-
mocracy," *People & Freedom*, no. 94, July 1947/no. 95, August 1947, in：*TPEC*, Nr.
10, S. 101-102.

リアやスイスのメンバーとの距離が広がっていく[27]。

　さらに重要なのは，1961年8月のイギリス，アイルランド，デンマークのEEC加盟申請以来先鋭化した，イギリスと北欧の保守政党の加盟をめぐるNEI内部の意見対立である。自党内にプロテスタント保守勢力を抱えたCDUがNEIの拡大再編に前向きな一方，イタリア，オランダ，ベルギー，フランスのグループは否定的であった[28]。

　こうしてみると，第二次世界大戦後のキリスト教民主主義諸政党は，トランスナショナルな協調を進めること自体には合意できたものの，様々な対立軸を抱えていたことが分かる。ともあれ，1965年にNEIは「欧州キリスト教民主主義者同盟（European Union of Christian Democrats：EUCD）」に改組された。議長にはイタリア・キリスト教民主党のマリアーノ・ルモール（Mariano Rumor, 1915-90），事務局長にはベルギーのレオ・ティンデマンス（Leo Tindemans, 1922-2014）が選ばれている。そして，EUCDを基にして，1976年には欧州人民党（EPP）が発足し，EC新規加盟国の保守政党も加えていくことになる。1979年に迫った初の欧州議会直接選挙が，そうした組織化への誘因となったのである[29]。

---

27)　NEIにおけるオーストリア人民党（ÖVP）の役割についてはGehler 1993を，ÖVPとNEI以降のキリスト教民主主義政党・保守政党の国際ネットワークとの関係についてはGehler 2010：203-208を参照。

28)　以後もキリスト教民主主義諸政党のグループと，イギリスや北欧などの保守政党との関係は争点となり続けた。さしあたりPridham 1982とJansen 1997を参照。

29)　本書では立ち入れないが，EUCDおよび欧州人民党発足後から今世紀にまで至る，キリスト教民主主義・保守主義の国際ネットワークの複雑な歴史と態様については次を参照。Jansen & Van Hecke 2011；Matl 2006：301 ff.；Steuwer & Janssen 2006.

ジュネーブ・サークル（1947 ～ 1955 年）

　以上のように，第二次世界大戦後におけるキリスト教民主主義の公式の国際フォーラムである NEI は，内部に抱えた対立軸が多く，合意形成には不向きであった。そこで重宝されたのが，「ジュネーブ・サークル」（あるいは「ジュネーブ対話」「ジュネーブ会合」）と呼ばれた，指導的なキリスト教民主主義政治家が集う定期的な秘密会合である[30]。この会合は 1947 年に始まり，ヨーロッパ統合や独仏関係に関する自由かつ率直な意見交換の場として，55 年まで機能した。

　ジュネーブ・サークルは，戦間期以来スイスで亡命者の組織に従事していたドイツ人のヨハン・ヤーコプ・キント＝キーファー（Johann Jakob Kindt-Kiefer, 1905-78）と，「コスモポリタンかつポリグロット」のフランス人外交官・ジャーナリストで，「ビドーの懐刀」と呼ばれたヴィクトール・クツィーネ（Victor Koutzine, 1910-91）の尽力によって生まれた[31]。1946 年初頭に知り合った 2 人は，47 年 9 月，当時「ドイツ・キリスト教民主・社会同盟の作業協同体」[32] の事務局長だったブルーノ・デルピングハウス（Bruno Dör-

---

30)　ジュネーブ・サークルについては，とくに Gehler 2001；idem 2004 を参照。また，当事者による貴重な回想として，Dörpinghaus 1976 がある。

31)　キント＝キーファーとクツィーネの経歴について詳しくは，Gehler 2001：600-603 を参照。なお，2 人ともカトリックではなく，キント＝キーファーはザールラント生まれの福音派，クツィーネはロシア生まれ（フランス大使館職員の息子）の正教徒だった。

32)　4 カ国占領下ドイツにおけるキリスト教民主主義政党の発展は地域ごとにバラバラで進み，占領地区を超えた党活動は困難な状況にあった。また，各党間の思想的違いも顕著であった。1946 年にフランスのある新聞は CDU を「ベルリンでは社会主義的で急進的，ケルンでは教権主義的で保守的，ハンブルクでは資本主義的で反動的，ミュンヘンでは反革命的で分立主義的」と揶揄している（クレスマン 1995：171）。かかる分断と相違を乗り越えるため，全国レベルの党協議の場として暫定的に設置されたのが，「ドイツ・キリスト教民主・社会同盟の作業協同体

pinghaus, 1903-95）に，独仏の指導者が意見交換する「クローズド
のサークル」の形成を提案した。当座の目的は，ドイツ問題につい
て協議されるロンドン連合国外相理事会（1947 年 11 月 25 日～）を
前に，「現在の仏独関係」について討議しておこうというものだっ
た[33]。

　こうして第 1 回のジュネーブ・サークルが 1947 年 11 月 16 ～ 17
日にルツェルン近くのザンクト・ニクラウゼンで開催されたが，デ
ルピングハウス以外のドイツ代表は外国旅行許可の問題で参加でき
ず，ドイツ代表の正式な参加は 48 年 3 月 21 ～ 22 日の第 2 回会合
からとなった。このときのドイツからの参加者は，アデナウアーと
ヤーコプ・カイザーに加え，のちの CDU 連邦議会議員団長（1949
～ 55 年，61 ～ 64 年）で西ドイツ外相（55 ～ 61 年）のハインリヒ・
フォン・ブレンターノ（Heinrich von Brentano, 1904-64），CSU の初
代党首ヨーゼフ・ミュラー（Josef Müller, 1898-1979），やはり CSU
で当時バイエルン州首相だったフリッツ・シェファー（Fritz Schäf-
fer, 1888-1967：のちアデナウアー内閣で連邦財務相〈49 ～ 57 年〉と
司法相〈57 ～ 61 年〉）であった（Dörpinghaus 1976：541-544）[34]。

　中立国スイスは，とくにドイツ人政治家にとって，占領軍当局の

　（Arbeitsgemeinschaft der Christlich-Demokratischen und Christlich-Sozialen Union
　　Deutschlands）」であった（結局，全国レベルの党の結成は，東西分断，そして連
　　邦共和国成立後の 1950 年まで待たねばならない）。なお，デルピングハウスはヘッ
　　センの CDU 出身である。
33）　サークルの準備過程について詳細は，Dörpinghaus 1976：538-542. Vgl. auch：
　　Gehler & Kaiser 2004：53 f.
34）　バイエルンの政党である CSU との連絡役はデルピングハウスが担った。たと
　　えば，1950 年 2 月 13 日の第 9 回会合に際し，デルピングハウスはバイエルン州首
　　相ハンス・エーハルト（Hans Ehard, 1887-1980）をジュネーブ・サークルに招待
　　している。Vgl. Bruno Dörpinghaus an Hans Ehard, 30. 1. 1950, in：ACDP, Nachlaß
　　Bruno Dörpinghaus, 01-009-015/3.

目が届かない，秘密会合にうってつけの地であった（当初ドイツの政党は，占領区外での政治活動を禁じられていた）。また，フランスの政治家にとっても，まだドイツへの反感渦巻くフランス世論への配慮から，会合がクローズドの方が好都合であった[35]。参加者は，基本的に西欧7カ国の諸政党（フランスの人民共和運動，ドイツのCDU/CSU，オーストリア人民党，ベルギーのPSC-CVP，イタリアのキリスト教民主党，オランダのカトリック人民党，スイス保守人民党）から2～4人の代表が送られ，10人以上20人未満となった（NEIと異なり，東欧出身の亡命者は最初から排除されていた）。会合の日程調整はキント＝キーファーとクツィーネが行い，通例2日間が会合に充てられた。会合は，参加者による自国の政治状況に関する報告から始まるのが恒例であり，また東側に関する情報交換も行われた。そして，次第に西欧の統合と独仏協調が議題を占めるようになっていく。ちなみに使用言語はフランス語であったという（Dörpinghaus 1976：541-548；Gehler 2001：603-605）。

　なお，ジュネーブ・サークルとNEIの関係は明確ではなかった。そもそも当事者たち，たとえばデルピングハウスは，ジュネーブ・サークルについて，単にGenfer KreisとかGenfer Sitzung(en)と呼ぶこともあれば，「ジュネーブにおけるNEIの外交委員会（Aussenpolitisches Komitee der NEI in Genf）」[36]と記すこともあった。欧州審議会発足直後の1949年6月の会合でサークルの今後の方向性が話し合われたとき，スイス保守人民党のマルティン・ローゼン

35）　ただし，会合自体が秘密裏に行われ続けたわけではない。たとえば，1949年11月21日に行われた第8回会合は，『南ドイツ新聞』でも報道されている。Vgl. "Christlich-demokratische Politiker in Genf," *Süddeutsche Zeitung*, Nr. 174 vom 1. Dezember 1949, in：ACDP, Nachlaß Bruno Dörpinghaus, 01-009-017/1.

36）　E.g. Bruno Dörpinghaus an Konrad Adenauer, 26. 9. 1950, in：ACDP, Nachlaß Bruno Dörpinghaus, 01-009-017/1.

ベルク（Martin Rosenberg, 1908-76）とオーストリア人民党のフルデス（両人とも NEI の副議長）はジュネーブ・サークルの常設機構化と NEI への統合を主張したが，ビドーら人民共和運動の代表やオランダのヨス・セラレンス（P. J. S.（Jos）Serrarens, 1888-1963）は秘密会合という性格を崩したがらなかった[37]。

こうした状況を背景に，1949 年 11 月にクツィーネは，デルピングハウスに対して，「特定の問題に関するわれわれの諸政党の政策調整」は NEI で，「われわれ双方の友人間の国家レベルでの対話」，つまり独仏の指導者間の対話はジュネーブ・サークルで行うよう，分業を提案している[38]。この提案を受け，すでに 1950 年 1 月にはデルピングハウスは，ジュネーブ・サークルの議題を「極めて重要な現今の問題，とりわけ独仏関係」であると招待者に説明するようになっている[39]。

結局ジュネーブ・サークルは 1955 年に活動を停止するが，それはフランスの人民共和運動内部の温度差（たとえばロベール・シューマンはサークルを重視せず，ようやく 55 年 10 月にパリで会合が開かれたときに初めて参加した）と，同党の衰退に因る。また，サークルが基本的に独仏協調のためのフォーラムとして機能するようになったため，ベネルクス諸国の参加者にとっては余り意味がなくなった所為もある。

---

[37] "Genfer Kreis, 10. 6. 1949, Protokoll Koutzine," in：*TPEC*, Nr. 46, S. 178-187, hier S. 184-187.

[38] "Victor Koutzine an Bruno Dörpinghaus, 5. 11. 1949," in：*TPEC*, Nr. 52, S. 193.

[39] Bruno Dörpinghaus an Hans Ehard, 30. 1. 1950, in：ACDP, Nachlaß Bruno Dörpinghaus, 01-009-015/3.

第 3 節 ジュネーブ・サークルとアデナウアー外交
——「西側結合」の貫徹

　さて，本節では，1946 年以来イギリス占領地区 CDU の党首を務め，49 年 9 月にドイツ連邦共和国の初代首相に就任するアデナウアーが，ジュネーブ・サークルを通じて，自己の「西側結合（Westbindung）」路線（冷戦のなか，ドイツ再統一を棚上げにしてでも，西側世界との緊密な関係構築を最優先すること）を貫徹していく様を跡付ける。前節で見たジュネーブ・サークルが，ヨーロッパ統合史およびドイツ政治外交史に有した重みを強調しておきたいからである[40]。

　前述のように，1948 年 3 月の第 2 回会合に参加したアデナウアーは，ジュネーブ・サークルの重要性を認識する。同年 8 月にアデナウアーは，ド・シュリヴェールらベルギーとオランダの主要な政治家 4 人を「9 月 14 日にジュネーブで開催される西欧諸国のキリスト教政治家の親密かつ極秘のサークル会合」に招待しているが，その書簡のなかで「現今の［西欧の］状況においては，まさにキリスト教政治家が指導的にならねばなりません」と述べている[41]。その後アデナウアーは，1948 年 9 月から新生（西）ドイツ国家の憲法を制定するためボンに招集された議会評議会（Parlamentarischer

---

[40]　同時代的にもアデナウアー外交におけるジュネーブ・サークルの重要性は指摘されていたものの，その実態はほとんど明らかにされていなかった。アデナウアー外交の政策決定過程に関する古典的研究であるアルヌルフ・バーリングの傑作も，ジュネーブ・サークル（および NEI）については誤りが多く，評価も定まっていない（Baring 1984：63 f.）。本テーマに関する最新の研究として，Gehler 2013；Gehler & Meyer 2013.

[41]　"26. August 1948：An führende christliche Politiker in Belgien und den Niederlanden," in：Adenauer 1984：Nr. 939, S. 302-303, hier S. 303.

Rat）の議長を務めることとなり，以前にも増して多忙を極めていたが，それでもジュネーブ・サークルへの出席を重視した。49年2月4日，ヴァイマル共和国時代から家族ぐるみで付き合っていた友人のオランダ人ヴィム・シュミッツ（Wim J. Schmitz, 1907-77）に次のように書いている。「この［ジュネーブ］会合は極秘で行われているのですが，わたしたちドイツ人にとって極めて重大な意味を持っているので，わたしはこれに絶対に参加しなければならないのです」（Adenauer 1984：640）[42]。

　アデナウアーにとってジュネーブ・サークルは，ドイツ再軍備のような，場合によっては極めて危険なテーマについて率直に話し合うことができる理想のフォーラムだった。早くも1948年12月，つまり西ドイツ建国前から，アデナウアーはサークルで，ロシアの脅威を強調しながら，ドイツがヨーロッパ防衛に貢献する必要性を主張している[43]。

　またアデナウアーは，1949年3月の会合で，フランスこそが西欧の再建と統合のリーダーシップをとるべきだと強調している。

　　ロシアの危険はますます切迫したものとなっています。［…］ドイツ人は悲惨な状況にあります。国の半分がソ連に占領されているのです。イギリス人は［…ソ連について］見誤っており，深入りしようとはしません。それゆえ，フランスの役割はよりいっそう重要なものとなっているのです。つまり，ヨーロッパ

---

[42]　ジュネーブ・サークルの日程調整が困難であったことは，たとえば次のアデナウアーとキント゠キーファーとのやり取りに見て取れる。"5. Juli 1948：An Dr. Jakob Kindt-Kiefer, Otelfingen/Zürich," in：Adenauer 1984：Nr. 895, S. 271 (und Anm. 1, S. 582).

[43]　"Genfer Kreis, 22. 12. 1948, Protokoll Koutzine," in：*TPEC*, Nr. 36, S. 148-152.

を防衛し救済するという役割です [44]。

　そしてアデナウアーは，フランスとパートナーを組めるのはドイツ側では自分だけであることもアピールし続けた。前述の1948年12月の会合でアデナウアーは，来る西ドイツ国家の第1回総選挙で，もしドイツ社会民主党（SPD）が勝利した場合，「ドイツ議会はイギリスの影響下に置かれ」，結果的に将来のヨーロッパ組織でも「労働党のイギリスと社会主義の西ドイツが，キリスト教民主主義勢力を凌ぐことになるだろう」と警告している [45]。こうしたアデナウアーの熱意に圧されるかのように，人民共和運動の代表者たち，とりわけビドーは，ドイツに対して驚くほど柔軟な姿勢で臨むとともに，アデナウアーをパートナーとして重用した [46]。また，共産主義への対抗とヨーロッパの平和のためには独仏の和解が必要であると認識していた他の西欧のメンバーも，アデナウアーの西側結合政

---

44)　"Genfer Kreis, 8. 3. 1949, Protokoll Koutzine," in：*TPEC*, Nr. 39, S. 160-169, hier S. 162.

45)　"Genfer Kreis, 22. 12. 1948, Protokoll Koutzine," in：*TPEC*, Nr. 36, S. 148-152, hier S. 149. なお，かかるイギリス労働党政権に対するアデナウアーの反感は，終戦直後にケルン市長としてイギリス占領軍と対立した経験に基づいていると思われる。1945年6月末にケルンはアメリカからイギリス占領軍の統治下に移ったが，市長アデナウアーは（それまでのアメリカ占領軍との良好な関係とは異なり）イギリス占領軍と悉く衝突し，結局10月6日に市長を罷免されたうえ，ケルン市からの追放および政治活動の禁止を言い渡されてしまう（この政治活動禁止措置は10月11日に緩和され，ケルン市外での活動は許可された。処分が全面的に解かれるのは12月13日である）。回顧録でアデナウアーは，イギリス占領軍があからさまに社会民主党を贔屓し，自分を冷遇した様を苦々しく描いている（Adenauer 1965：26-29［邦訳：24-28］；板橋 2014a：60-62）。

46)　ビドーへのアデナウアーの高い評価は，たとえば次のシューマンへの手紙を参照。"4. November 1948：An den französischen Außenminister Robert Schuman, Paris," in：Adenauer 1984：Nr. 998, S. 337-339, hier S. 337. フランスの対独政策の転換（弱体化政策から「ドイツ問題のヨーロッパ的解決」へ）におけるビドーの位置については，上原 1994：290-294 を参照。

策を支えようとした[47]。

　なお，西ドイツ建国を控えた 1949 年の夏以来，アデナウアーは
もはや直接ジュネーブ・サークルに顔を出すことはなくなったが[48]，
デルピングハウスを介し，外交顧問のヘルベルト・ブランケンホル
ン（Herbert Blankenhorn, 1904-91）や首相府次官（51 ～ 53 年）のオ
ットー・レンツ（Otto Lenz, 1903-57）を派遣して，引き続きサーク
ルを積極的に活用する[49]。また，クツィーネやキント゠キーファー
も，定期的にアデナウアーと接触している。たとえば 50 年 3 月，
つまりフランスがジャン・モネ（Jean Monnet, 1888-1979）を中心に
シューマン・プランを練っていた頃，アデナウアーはクツィーネを
通じて，独仏の石炭・鉄鋼および化学セクターの統合をビドーに提
案していた[50]。

　1950 年 6 月 25 日の朝鮮戦争勃発を機に，ジュネーブ・サークル
の主たる議題はドイツ再軍備問題と欧州防衛共同体（EDC）交渉で
占められていくが，この件につきアデナウアーやブランケンホルン
と対話を重ねたクツィーネは，アデナウアーの外交構想について，
ビドーに次のように報告している。

---

47)　E.g. "Genfer Kreis, 21. 11. 1949, Protokoll Koutzine," in：*TPEC*, Nr. 54, S. 196-205, hier S. 197-202.

48)　"Victor Koutzine an Bruno Dörpinghaus, 5. 11. 1949," in：*TPEC*, Nr. 52, S. 193.

49)　基本的にデルピングハウスがアデナウアーにジュネーブ・サークルの様子を伝えていたようである。E.g. Bruno Dörpinghaus an Konrad Adenauer, 26. 11. 1949, in：ACDP, Nachlaß Bruno Dörpinghaus, 01-009-017/1. また，以下の史料ではアデナウアーとデルピングハウスが，誰をジュネーブ・サークルのドイツ代表として派遣すべきかを検討している様が見て取れる。Vgl. Bruno Dörpinghaus an Konrad Adenauer, 26. 9. 1950, in：Ebd. なお，オットー・レンツは，ジュネーブ・サークルへの参加を通じてアデナウアーのヨーロッパ政策の重要性を学んだという（Lenz 1989：XIII）。

50)　"Proposition du Chancelier Adenauer, Koutzine an Monsieur le Président [Bidault], 22. 3. 1950," in：*TPEC*, Nr. 61, S. 223.

第1章　キリスト教民主主義の国際ネットワークとヨーロッパ統合　　61

　外交構想については，アデナウアー首相はヨーロッパ連邦とい
うカードにすべてを賭けている。彼の外交政策すべてが本質的
にこの目的へと向けられている。というのも，彼の計画全体を
司る理念である仏独協調は，より大きな西欧（l'Europe occiden-
tale）という枠組みでしか実現できないと彼が判断しているか
らである。こうしてアデナウアー首相は，かつてのドイツ帝国
の統一性を取り戻すよりも，西欧へのドイツの統合を重視し，
ドイツの統一を慎重に犠牲にしているのである[51]。

　ドイツ統一よりも西欧統合を優先するアデナウアーのかかる姿勢
はその後も一貫していた。1952年3月10日，EDC交渉中にソ連
がドイツの再統一と中立化を持ち掛けた「スターリン・ノート」を
提示したときも，同24日のジュネーブ・サークルでレンツは，ア
デナウアーの変わらぬ「西側結合」への姿勢を確認している。また，
52年5月26～27日の西側諸条約（ドイツ条約およびEDC条約）[52]
の調印後，レンツは同年6月16日および11月3日のサークルで，
条約批准前に西側がソ連の揺さぶりに動じないよう釘を刺してい
る[53]。

51）　"Report 'La Tactique du Chancelier Adenauer,' Koutzine an Bidault, o.D. [Novem-
　　ber 1951]," in：*TPEC*, Nr. 95, S. 315.
52）　1951年11月下旬から，EDC条約と，西ドイツが主権を回復するための条約に
　　ついての交渉がパリで行われていた。早期に決着をつけたかったアメリカの圧力も
　　あり，1952年5月には条約交渉が終了し，5月26日にボンでドイツ条約（正式に
　　は「ドイツ連邦共和国と西側三国の関係に関する条約」。「一般条約」とも言う）が
　　調印され，翌27日にパリでEDC条約が調印された。
53）　"Genfer Kreis, 16. 6. 1952, Protokoll Grubhofer," in：*TPEC*, Nr. 98, S. 321-327,
　　hier S. 324 f.；"Genfer Kreis, 3. 11. 1952, Protokoll Grubhofer," in：*TPEC*, Nr. 105, S.
　　345-351, hier S. 346-348. Vgl. auch：Lenz 1989：283 f., 365 f., 454 f.

このようにアデナウアーは，ジュネーブ・サークルを通じて，自己の国際的立場を強めるとともに，その「西側結合」政策を貫徹させていく。なおアデナウアーは，ジュネーブ・サークルのみならず，CDU における対外政策の窓口をほぼ独占する一方，国際的にも「ヨーロッパのキリスト教民主主義の重なり合う主要なネットワークすべてにおいて（直接・間接に）鍵となる役割を果たした唯一人の指導的政治家」という位置を占めることとなった（Kaiser 2010b：92 f.）[54]。

第4節　キリスト教民主主義の「ヨーロッパ」
—— 「西洋」へのドイツの再統合

以上で見てきた第二次世界大戦後のキリスト教民主主義諸政党・政治家たちのトランスナショナルな協調は，欧州審議会や ECSC の設立，そして西欧統合によるドイツ問題の解決と独仏和解に貢献した。さらに，こうした国際的な対話から，キリスト教民主主義独特の「ヨーロッパ」概念が育まれていった。

言うまでもなく，キリスト教民主主義の「ヨーロッパ」概念の鍵は，戦間期から継続し，冷戦という状況下で強められた，反共主義である。ビドーは，1948 年 10 月のジュネーブ・サークルにおいて，ソ連の脅威を強調し，「わたしたちは新しいイスラムの前に立っています」と述べている[55]。まさにキリスト教民主主義者にとってヨ

54）　カイザーによると，アデナウアーに比べると，ビドーはジュネーブ・サークルをもっぱら重視し，シューマンは個々の政治家との個人的なコンタクトに頼る傾向があり，デ・ガスペリは党内・国内政治に追われていたという。

55）　"Genfer Kreis, 21. 10. 1948, Aktennotiz Felix Hurdes für Leopold Figl und Karl Gruber," in：*TPEC*, Nr. 35, S. 146-148, hier S. 147.

第1章　キリスト教民主主義の国際ネットワークとヨーロッパ統合　63

ーロッパ統合は，共産主義という新しい「東方」の「異教」の脅威に対する「防塁」の構築であった[56]。

　しかし，ミヒャエル・ゲーラーとウォルフラム・カイザーは，第二次世界大戦後のキリスト教民主主義の反共は，戦間期のものと違い，断固として民主主義的な論調で展開されたと主張する。さらに，もはや反近代的な自由主義批判のレトリックも用いられなくなったとする。こうして，共産主義でもなければ自由放任でもない，社会改革を志向した近代的・民主主義的な「ヨーロッパ」概念が展開されたというのである（Gehler & Kaiser 2001：781；idem 2003：251）。

　そして，キリスト教民主主義の「ヨーロッパ」の最も重要なコンセプトは，キリスト教的西欧あるいは「西洋（l'Occident/Abendland）」へのドイツの再統合というものである（Kaiser 2004b：227-230）。早くも第2回 NEI ルクセンブルク大会（1948年1月29日〜2月1日）で「ドイツ問題」がテーマとなったが，この大会にはドイツ代表も参加が認められ（Adenauer 1984：533 f.），CDU からはアデナウアーとヤーコプ・カイザーが，CSU からはヨーゼフ・ミュラーが，そして中央党のカール・シュピーカー（Carl Spiecker, 1888-1953）の代理として，自身は当時無所属だった若きライナー・バルツェル（Rainer Barzel, 1924-2006：のち CDU 党首などとして活躍）が出席した。政治的な国際会議の場にドイツの参加が認められたのは実質的にはこれが最初であり，ドイツの国際社会復帰への予行練習となった。アデナウアーはそこで，ドイツ人の「集団的罪責」を断固否定するとともに，ヨーロッパ統一と，その基盤となる仏独友好，そして「キリスト教的西洋の救済」を訴える演説までしてい

---

56)　E.g. Kai-Uwe von Hassel, "Die Integration Europas, Entwurf für einen Vortrag von Heinrich von Brentano bei der NEI-Tagung in Bad Ems, September 1951," in：*TPEC*, Nr. 83, S. 284-288.

る[57]。このアデナウアーの演説は，まだ占領下にあったドイツの
「外交的成功」と評された（Baring 1984：63）。

　さらに注目すべきことに，この第2回 NEI 大会で「ドイツ問題」
について演説した者たちは，概して「二つのドイツ」論，すなわち
「善きドイツ」と「悪しきドイツ」を区別する議論を展開している。
これは，カトリックの通俗的な世界史解釈に基づいている。つまり，
エルベ以東の「ルター的」で「プロイセン的」な「悪しきドイツ」
と，ローマ・カトリック的で「非プロイセン的」な西部の「善きド
イツ」を区別するのである[58]。かかる議論は，ドイツ人の「集団的
罪責」を否定するだけでなく，ドイツの東西分断の容認にも繋がっ
ていくものである。

　また，ナチズムはドイツ固有の問題ではなく，ヨーロッパ全体の
問題，すなわち「物質主義（materialism）」の蔓延が齎した災禍で
あったとの解釈も提示された[59]。つまり，ナチズムもボルシェヴィ
ズム同様，道徳的に退廃した「物質主義」の世界の病と診断された

---

57)　Konrad Adenauer, "Ansprache, NEI-Kongress, Luxemburg, 30. 1.-1. 2. 1948, re-
　　konstruiert von Hans August Lücker nach Erinnerungen und zeitgenössischen Quel-
　　len," in：*TPEC*, Nr. 18, S. 118-120. Auch in：*DHEI*, vol. 4, pp. 490-492. Vgl. auch："Die
　　Luxemburger Tagung. Adenauer als Gast der christlichen Parteien Westeuropas, in：
　　Die Welt, 3. 2. 1948," in：*TPEC*, Nr. 20, S. 122-123；"Christlich-demokratische Inter-
　　nationale? in：*Rheinischer Merkur*, 7. 2. 1948," in：*TPEC*, Nr. 21, S. 123-124.
　　　ドイツ人の「集団的罪責」がルクセンブルク大会で問題となった理由は，オラン
　　ダのカトリック人民党の代表が，ドイツ人の「集団的罪責」を承認することを，
　　CDU/CSU が NEI に加盟する条件として挙げていたからである。CSU のヨーゼフ・
　　ミュラーの回想を参照（Müller 1975：360 f.）。CDU/CSU の NEI 加盟問題については，
　　Bosmans 1996：139-141 を参照。
58)　典型例は次に見られる。P. J. S. Serrarens, "Le problème allemand, son aspect
　　politique, NEI, Le problème allemand, Session de Luxembourg, 30. 1.-1. 2. 1948," in：
　　TPEC, Nr. 17, S. 116-117.
59)　E.g. Karl Wick, "Die deutsche Frage, Exposé, NEI-Kongress, Luxemburg, 30. 1.-1.
　　2. 1948," in：*TPEC*, Nr. 14, S. 107-109.

のである[60]。となると重要なのは，ヨーロッパ，とくにドイツの「再キリスト教化」「キリスト教共同体への回帰」ということになる[61]。もちろん，ドイツの再建とその西欧への編入には経済的な必要性があったわけだが[62]，そうした現実的な計算も，以上のような理念的前提がなければ難しかっただろう。ルクセンブルク大会の最終決議は，次のような文言で始まっている。

　　ドイツ問題の解決にはヨーロッパの包括的な再建が重要であり，逆もまた言える。この分かち難い二つの目標を達成するためには，とりわけキリスト教文明の遺産が，忠実に守られ，あるいは再発見されねばならない（EVP-Fraktion des Europäischen Parlaments 1990：160）。

　このように，NEI に集ったキリスト教民主主義者たちの「ヨーロッパ」構想の鍵は，キリスト教的な「西洋」へのドイツの再統合というものであった。その後アデナウアーの尽力もあり，1951 年 9 月 14 ～ 16 日にはバート・エムスで，つまりドイツの地で，「ヨー

60）　かかる「物質主義」批判は，第 4 章でも触れるように，この時代のキリスト教系政治勢力のイデオロギー全体を理解するための鍵である。さしあたり CDU の政治家たちにおける「反物質主義」とナチズム批判・ボルシェヴィズム批判の関係については，Mitchell 2012：chs. 4-5 を参照。また，アデナウアーの「物質主義」批判が鮮明に表れているテキストとして，Adenauer 1998：2 f.；ders. 1975：85 f.；ders. 1965：45 ［邦訳：43］；板橋 2014a：64 f. も参照。

61）　Pierre Frieden, "Le problème allemand, son aspect spirituel et culturel, NEI, Le problème allemand, Session de Luxembourg, 30. 1.-1. 2. 1948," in：*TPEC*, Nr. 15, S. 109-112, hier S. 112.

62）　Désiré Lamalle, "Le problème allemand, son aspect économique, NEI, Le problème allemand, Session de Luxembourg, 30. 1.-1. 2. 1948," in：*TPEC*, Nr. 16, S. 112-116；also in：*DHEI*, vol. 4, pp. 488-490.

ロッパと平和」をテーマとする NEI の第 5 回大会が開催された[63]。そこでは，アデナウアーが「ドイツとヨーロッパにおける平和」と題する演説で，ヨーロッパ統合による「キリスト教的西洋(アーベントラント)の救済」を訴え[64]，フォン・ブレンターノが「ヨーロッパ統合」と題する演説で「西洋(アーベントラント)の統一性の再建」を訴えた[65]。

そして，「西洋」へのドイツの再統合，およびヨーロッパ統合による「西洋の救済」といった理念は，第 4 章で検討するように，アデナウアーをはじめとするキリスト教民主主義者のみならず，西ドイツの宗教的な保守派の人びとの理念と共鳴し合うこととなる。

それゆえ，ゲーラーやカイザーのように近代的・民主主義的な「ヨーロッパ」理念のみの検討にとどまらず，反近代的・非自由主義的な勢力も視野に入れて，広く「西洋」概念の磁場を検討していかねばならない。そこで次章では，いまいちど戦間期に立ち戻って，「西洋」概念の政治的な意味を検討していこう。

---

63) そもそもアデナウアーは，NEI のバート・エムス大会で「『キリスト教インターナショナル（Christliche Internationale）』の創設を提案するという計画」を抱き，CDU 党幹部会でも了承を得ていたが，それはフランス人民共和運動の拒否によって頓挫した。アデナウアーの計画については，"10. August 1951 (Bürgenstock)：An den Bundestagsabgeordneten Karl Graf von Spreti, Lindau," in：Adenauer 1987：Nr. 85, S. 102；"Partei und Fraktion. Bonn, 3. Juli 1951," in：*Adenauer: "Es mußte alles neu gemacht werden." Die Protokolle des CDU-Bundesvorstandes, 1950–1953*, bearb. von Günter Buchstab, Stuttgart：Klett-Cotta, 1986, hier S. 48 f. 挫折の経緯については，"NEI-Tagung. Bonn, 6. September 1951," in：ebd., S. 66-68.
64) 序章の注 1 を参照。
65) "Die Integration Europas," Referat von Dr. von Brentano - Kongreß der NEI in Bad Ems am 15. September 1951, BArch Koblenz, NL 1239, Bd. 131, Bl. 567-586, hier Bl. 572. フォン・ブレンターノ演説も含め，バート・エムス大会の招待状やプログラム，そして各演説草稿は，ACDP, Nachlaß Bruno Dörpinghaus, 01-009-015/3 に収められている。

第2章

第一次世界大戦後の「西洋」概念の政治化
雑誌『アーベントラント』とヘルマン・プラッツを中心に

『アーベントラント』の
表紙(創刊号)

前章では，戦間期以来のキリスト教民主主義の国際ネットワーク
を概観しつつ，そのヨーロッパ統合政策を支えたものとして，「西
洋の救済」，あるいは「西洋」へのドイツの再統合というモティー
フがあることを示した。ここで注目すべきは，そうした「西洋」と
いう，ヨーロッパの統合ないし統一にまつわるトポスは，一般に言
われるところの「キリスト教民主主義者」にとどまらず，必ずしも
民主主義的とは言えない，宗教的な保守派の人びとにも好んで用い
られてきたことである。従来のキリスト教民主主義研究やヨーロッ
パ統合史研究の想定とは異なり，たとえ反近代的で，自由民主主義
的な諸価値を受容していなくとも，「西洋」というトポスを通じて
ヨーロッパ統合を支持する勢力は，戦間期から広範に存在した。

　そこで本章以下では，主としてドイツ語圏において「アーベント
ラント（西洋：Abendland）」というスローガンを掲げて，ある種
のヨーロッパ統合を支持してきたキリスト教保守派の人びと，いわ
ゆる「アーベントラント主義者（Abendländer）」の思想と運動を
検討する。本章では，いま一度戦間期に立ち返り，1925年に創刊
された雑誌『アーベントラント』を中心に，「アーベントラント主
義」の源流を辿ろう。

第1節　雑誌『アーベントラント』（1925〜1930年）

　アーベントラント運動の特徴は，戦間期から第二次世界大戦後に
かけての人的・思想的な連続性である。そこでまずは，戦間期にお
けるアーベントラント運動を概観してみよう[1]。本節では，ヴァイ

---

1) 第二次世界大戦以前の「アーベントラント」については，Hürten 1985：131-
145；Müller & Plichta 1999：20-30；Conze 2005a：27-110 を参照。とりわけダグマー
ル・ペッピングの博士論文（Pöpping 2002）は，カトリックのみならずプロテスタ

マル共和国時代に「アーベントラント」というシンボルを掲げ，運動のプラットフォームとなった月刊誌『アーベントラント』について考察する。

雑誌『アーベントラント』とその背景

　前述のように，大陸ヨーロッパのカトリック知識人や政治家たちの国境を越えた組織化は，第一次世界大戦以前にまで遡ることができる。たとえば，ドイツ西部のアイフェル地方にあるベネディクト会修道院マリア・ラーハ周辺の典礼運動（Liturgische Bewegung）や，カトリック・アカデミカー連盟（Katholischer Akademikerverband）の存在が挙げられよう（Müller 1997a）。これら教会と結びついたカトリック知識人の運動は，前章で論じた戦間期以降の各国キリスト教政党の国際協働の前提にもなった。1913 年の聖週間（復活祭前の一週間）にマリア・ラーハで行われた典礼運動の最初のドイツ会合に，「カトリック・ドイツのための人民協会（Volksverein für das Katholische Deutschland）」のロートリンゲン代表として参加したロベール・シューマンは，1959 年に当時を回顧して次のように述べている。

　　この出会いはわれわれにとって事件であり，共通の出発点だった。［…］協調と統一と友愛への道を拓く一切のものが同じ源泉から生み出されるということを，当時われわれはすでに認識し始めていた。この意味で，マリア・ラーハも将来のヨーロッパのための礎石だったのである [2]。

――――――――――

ントも含めて検討した包括的な研究である。

2) Robert Schuman, "Ein Blatt dankbarer Erinnerung," *Liturgisches Jahrbuch*, Jg. 9, 1959, S. 195, zit. aus Müller & Plichta 1999：21.

そして，これらの運動に従事していたボン大学のヘルマン・プラッツ（後述）の主導で戦間期に刊行されたのが，雑誌『アーベントラント（*Abendland. Deutsche Monatshefte für europäische Kultur, Politik und Wirtschaft*）』である[3]。創刊号の巻頭言には，「理念と力としてのアーベントラント的なるもの（das Abendländische als Idee und Kraft）を明らかにし，意識に訴えかけるような運動（Bewegung）を生ぜしめる」[4]ことが掲げられている。

この雑誌の編者陣には，オーストリア首相イグナツ・ザイペル（Ignaz Seipel, 1876-1932）をはじめ，後述するように，ドイツやオーストリアの有力なカトリック政治家・知識人が名を連ねていた。また寄稿者を一瞥すると，ヴァルター・ディルクス（Walter Dirks, 1901-91），ヴァルデマール・グリアン（Waldemar Gurian, 1902-54），ルートヴィヒ・カース（Ludwig Kaas, 1881-1952），オイゲン・コーゴン（Eugen Kogon, 1903-87），オスヴァルト・フォン・ネル＝ブロイニング（Oswald von Nell-Breuning, 1890-1991），カール・シュミット（Carl Schmitt, 1888-1985），オトマル・シュパン（Othmar Spann, 1878-1950），ルイジ・ストゥルツォら当時のカトリック知識人・政治家の錚々たる面々が揃っている[5]。さらに『アーベントラント』

---

3) ケルンのギルデ出版（Gilde Verlag）から刊行。出版地はケルン，ベルリン，ウィーン（ただし，最終年度〈5. Jahrgang〉はケルンのみ）。

4) "Aufruf!" *Abendland*, Jg. 1, Heft 1, Oktober 1925, S. 3. 傍点は原文のゲシュペルト。以下，引用文中の傍点は原文の強調（ゲシュペルト，あるいはイタリック）である。また，原語を引用する際はゲシュペルトの部分に下線を引いた。

5) なお，アンドレアス・ケーネンによるカール・シュミット伝は，『アーベントラント』をシュミットの「論壇活動の跳躍台」と評しているが，シュミットが『アーベントラント』をそこまで重視していたかは疑わしい。またケーネンは，『アーベントラント』の「中心人物（spiritus rector）」としてシュミットを位置づけているが，これも同誌へのシュミットの影響力を過大評価しているように思われる（Vgl.

は，旧ハプスブルク君主国の貴族カール・アントン・ロアン公爵（Karl Anton Prinz Rohan, 1898-1975）が主導し，ヨーロッパ知識人ネットワークの一角を形成していたヨーロッパ文化同盟（Europäischer Kulturbund/Fédération des Unions Intellectuelles）およびその月刊誌『ヨーロッパ・レヴュー（*Europäische Revue*）』と密に交流していた[6]。

執筆陣の多様性からも分かるように，『アーベントラント』は雑誌として必ずしもまとまったメッセージを発していたわけではない。たとえば，ヴァイマル共和国に対する態度一つをとっても，共和国を積極的に支持していた者たちもいれば，いわゆる「理性の共和国派」もいたし，「保守革命」や「青年保守」派に分類されるような文筆家たちも寄稿していた。とはいえ，少なくとも主導者であるプラッツたちは，偏狭なナショナリズムを非難し，キリスト教に基づいたヨーロッパ諸民族の連帯，とりわけ独仏間の連帯を説いていたのであり，その文脈から，相対的安定期におけるシュトレーゼマン（Gustav Stresemann, 1878-1929）の協調外交も支持していた[7]。

なお，戦間期に（とりわけカトリック層に）「アーベントラント」概念がもて囃されるようになった理由は，いくつか挙げられる。何

Koenen 1995：51）。

6) ロアンによると，ヨーロッパ文化同盟の目的は「高次のエリート・レベルで，ヨーロッパ意識の担い手としての精神的・社会的な上流階級の形成を支援すること」とあり，最盛期には14カ国にまたがる活動を見せていた（Rohan 1954：56）。ロアンとヨーロッパ文化同盟については，ミュラーの教授資格取得論文をもとにした著作 Müller 2005 に詳しい。『ヨーロッパ・レヴュー』の分析としては，Bock 1999 がある。邦語では，中東欧史の視点からロアンを論じたものとして，福田 2014：109-114 がある。

7) 「国際協働（internationale Zusammenarbeit）」や「協調（Verständigung）」を支持する『アーベントラント』誌の論説は枚挙に暇がないが，たとえば国際連盟特集である 1926 年 2 月号（Jg. 1, Heft 5）に寄せられた諸論説を参照。

よりも「ヨーロッパの自殺」（教皇ベネディクト 15 世）と称された第一次世界大戦を抜きにしては「アーベントラント」の流行は考えられない。前述のように，大戦終結時の 1918 年にはシュペングラーの『西洋（アーベントラント）の没落』（第 1 巻）がベストセラーとなった。そして，大戦によって破壊されてしまった「西洋」の全一性を取り戻すために，「アーベントラント」は一つのシンボルとなったのである。また，とりわけドイツ国内においては，ドイツに対して懲罰的な「勝者の平和」たるヴェルサイユ体制を乗り越えるシンボルとしても用いられた。さらに，敗戦と帝政の瓦解が，同時にプロイセン＝プロテスタント的な社会秩序モデルの崩壊と認識されたことも挙げられる（Hürten 1985：142 f.；Plichta 2001b：62）[8]。そのうえで，近代リベラリズムも受容できないカトリック層にとって，「アーベントラント」という秩序像がいっそう重要性を増したのだと言えよう。

『アーベントラント』の編集責任者

では，『アーベントラント』はどのような人びとが担っていたのだろうか。ここでは，本誌に編集責任者（Herausgeber）や主筆（Schriftleiter）として関わった人びとのプロフィールを検討していこう（ただし，中心人物であったプラッツについては後述する）。カッセル大学で独仏関係研究に従事し，『アーベントラント』を取り巻くネットワークについて論文を著したハンス・マンフレート・ボッ

---

8) プロテスタントのプロイセン王を皇帝とし，カトリックのオーストリアを排除して成立したドイツ帝国は，熱心な福音主義信仰の持ち主にとっては「ドイツ国民の神聖福音帝国（Das heilige evangelische Reich deutscher Nation）」（宮廷説教師アードルフ・シュテッカーの言葉）であった（河島 2015:9）。ドイツ・プロテスタンティズムと第二帝政との結びつき，および帝政崩壊とプロテスタンティズムの対応については，深井 2009；同 2012 を参照。

クは，同誌の編集責任者を三つのグループに分けている[9]。すなわち，出版関係者，政治家，知識人である。

　第一のグループである出版関係者に属するのは，カール・ヘーバー（Karl Hoeber, 1867-1942），ユーリウス・シュトッキー（Julius Stocky, 1879-1952），リヒャルト・キュンツァー（Richard Kuenzer, 1875-1945）の3人である。

　熱心な中央党員であるヘーバーと，カトリックの出版業者として国際的に活躍していたシュトッキーは，ともに中央党の機関紙の一つ『ケルン人民新聞（Kölnische Volkszeitung：KVZ）』の中心人物であった。『ケルン人民新聞』は，中央党の機関紙のなかで最も発行部数が多いものだったが，1920年代からライン中央党の人びとがその主導権を握っており，ベルリンからは距離を置いていた。他方，外交官出身で中央党左派のキュンツァーは，ベルリンの日刊紙『ゲルマーニア（Germania. Zeitung für das Deutsche Volk）』の編集長を務めていた。キュンツァーは，前章で扱ったカトリック政党の国際ネットワークであるSIPDICのドイツ代表団の一人であり，「ヨーロッパ合衆国」の唱道者だった。歴史家のギド・ミュラーによると，彼のヨーロッパ構想は「アンシュルス［独墺合邦］理念，独仏和解，中欧イデオロギー，アーベントラント意識を結びつけたもの」だったようである（Müller 2005：62）。なおキュンツァーは，中央党右派のフランツ・フォン・パーペン（Franz von Papen, 1879-1969）が『ゲルマーニア』の筆頭株主となって同紙の主導権を握るようになると，1927年に編集長職を罷免されている。ナチ時代になると彼はレジスタンスに参加し，44年7月20日のヒトラー暗殺

9）以下，『アーベントラント』の編集責任者と主筆については，基本的にBock 2006に拠る。

未遂事件に関与したとされ，親衛隊に殺害されている。

　第二の政治家グループとしては，すでに述べたオーストリア首相ザイペル（首相在任は 1922 年 5 月〜24 年 11 月，26 年 10 月〜29 年 5 月）の他，フーゴー・レルヒェンフェルト伯（Hugo Graf von Lerchenfeld-Köfering, 1871-1944），ヨハネス・ホリオン（Johannes Horion, 1876-1933），ヴィルヘルム・ハーマッハー（Wilhelm Hamacher, 1883-1951）がいる。

　周知のようにザイペルは，高位の聖職者であり神学教授であると同時に，1920 年代にオーストリア・キリスト教社会党の総裁を務めた大政治家である。首相在任時には，国際連盟に忠実な外交政策をとりつつ，オーストリアの経済再建に努めていた[10]。また，元バイエルン首相であり，バイエルン人民党（バイエルンのカトリック政党）所属のライヒ議会議員も務めていたレルヒェンフェルトは，1926 年 7 月にオーストリア駐在ドイツ公使に就任し，独墺の結びつきの強化に尽力した人物である。彼は，1931 年の独墺関税同盟計画にも関与することになる（北村 2014：169-172）。上記 2 人に比べると，ホリオンとハーマッハーは，ともにライン中央党の重要人物であるものの（前者はライン州の地方長官，後者はライヒ参議院議員などを歴任），『アーベントラント』では影が薄かった。ボックによると，この『アーベントラント』の編集責任者委員会における政治家グループの構成は象徴的である。なぜなら，彼らによって「ケルン゠ミュンヘン゠ウィーンというラインが描き出されており，アーベントラント・サークルにおける大ドイツ的な要素が表現されて

---

10)『アーベントラント』に掲載されたザイペルによる国際協働論として，Ignaz Seipel, "Internationale Zusammenarbeit," *Abendland*, Jg. 1, Heft 5, Februar 1926, S. 131-133. 邦語のザイペル研究として，その統治については細井 2001：第 3 章を，その政治構想については梶原 2013：第 1 章および第 2 章を参照。

いる」からである（Bock 2006：350）。

　編集責任者のうち，前述の政治家たちは概して保守的だったが，第三のグループ，すなわち知識人グループは（後述のプラッツも含めると6人いる），どちらかと言えばカトリックのなかでは左派的な人びとが多かった。フランツ・クサーヴァー・ミュンヒ（Franz Xaver Münch, 1883-1940）は，カトリック・アカデミカー連盟の創設者の一人であり，1916年以来その書記長（Generalsekretär）を務めていた。ミュンヘン大学の法史学者コンラート・バイエルレ（Konrad Beyerle, 1872-1933）は，バイエルン人民党から憲法を制定するための国民議会（Nationalversammlung）議員およびライヒ議会議員として24年まで活躍した政治家でもあり，ヴァイマル憲法の起草にも関わった人物でもある。彼はゲレス協会（Görres-Gesellschaft）[11] の副会長としてカトリック・ミリュー（社会階層）に影響力を持ち，『アーベントラント』の編集責任者には2年目から加わった。ゲッツ・ブリーフス（Götz Briefs, 1889-1974）は，フライブルク，ヴュルツブルク，ベルリンの教授を歴任し，1928年にベルリンで「経営社会学・社会的経営学研究所（Institut für Betriebssoziologie und soziale Betriebslehre）」を立ち上げた著名なカトリックの社会倫理研究者であり，ドイツにおける産業労働者の「疎外」を研究していた[12]。テオドール・ブラウアー（Theodor Brauer, 1880-1942）も，同様にアカデミズムに属する社会倫理研究者であり，ケルン大学で社会学研究所を設立している。彼は「連帯主義的な」労

11）　ゲレス協会は，1876年にカトリック知識人を中心に設立され，現在まで存続している学術団体である。フランス革命期からウィーン体制時代を生きた著名なカトリック文筆家ヨーゼフ・ゲレス（Joseph Görres, 1776-1848）の名にちなんでいる。

12）　ブリーフスは，シュペングラーの『西洋の没落』に対する返答として，自身も『西洋の没落──キリスト教と社会主義』という本を公刊している（Briefs 1921）。

働組合を唱え，実際，ヴァイマル共和国末期にケーニヒスヴィンターのキリスト教系労働組合の教育組織を指導していた。最後に，高名なカトリック思想家アーロイス・デンプフ（Alois Dempf, 1891-1972）が，『アーベントラント』の末期に編集責任者に加わった。

『アーベントラント』の主筆

以上のように，『アーベントラント』の編集責任者は，全体として政治思想的な統一性は薄く，カトリック系の諸組織の名士を万遍なく集めたような構成をとっていた。これに対し，雑誌編集の日常的な業務を司る主筆（Schriftleiter）には，若くて意欲的な知識人が就いた（Bock 2006：353 f.）。

初代の主筆は，オーストリアのフリードリヒ・シュライフォーグル（Friedrich Schreyvogl, 1899-1976）が務めた。彼は，ウィーン大学で国家学を学んだのち，文筆家として活躍しながら，ロアンの信奉者としてヨーロッパ文化同盟の創設に加わった[13]。1927年にオーストリアの「カトリック文筆家連盟（Katholischer Schriftsteller-verband）」の会長（Vorsitzender）に就任したため，『アーベントラント』の主筆からは退くが，引き続き編集責任者には留任し，同誌でオーストリア側の立場を代弁し続けた。なお，後述のようにシュライフォーグルは，1934年から（非合法だった）オーストリア・ナチ党に合流している。

1927年5月にシュライフォーグルの後を継いだのは，ヴェルナ

13）クーデンホーフ゠カレルギーのパンヨーロッパ連盟とロアンのヨーロッパ文化同盟は対抗関係にあったが（Ziegerhofer-Prettenthaler 2004：171 f.），シュライフォーグルは『アーベントラント』誌上でもロアンを援護射撃し，クーデンホーフを批判している。E.g. Friedrich Schreyvogl, "Paneuropa oder Abendland?" *Abendland*, Jg. 1, Heft 6, März 1926, S. 175-178.

ー・ベッカー（Werner Becker, 1904-81）である。ベッカーは法学博士であり，カール・シュミットの弟子だった。1928年から神学の研究に打ち込むため『アーベントラント』からは退き，32年にアーヘンの司祭に任命され，身分制国家理論を展開するようになる。

　三代目にして最後の主筆を務めたのは，カール・クライン（Karl Klein）という人物である。彼は，カトリックの学生サークルである「ゲレス・サークル（Görres-Ring）」に活動基盤を有し，攻撃的な政治的カトリシズムを展開していた。

　以上のように主筆陣は，編集責任者たちよりも概して攻撃的で，同時代の「保守革命」と呼ばれる人びとに近い思想を代弁していたと言えよう。

『アーベントラント』の編集方針

　カトリックの諸政党・諸団体の代表者を集めた編集陣営を一瞥すれば分かるように，『アーベントラント』は，特定の政治的立場を表明する雑誌ではなかったし，そうなりえなかった。もちろん，ライン中央党に近い人びとが相対的に多いものの，政党政治的な議論はほとんど『アーベントラント』では展開されなかった。つまり，カトリックの個々の集団をそれぞれ代表した他のカトリック・メディア[14]とは異なり，『アーベントラント』は，カトリックという緩やかな紐帯をもとにした，時代の最も重要な課題に関する様々な意見のプラットフォームの形成を志向したと言ってよいだろう。

　政治問題関連の記事としては，ドイツの国制を論じたものや，ヨーロッパ政策および国際連盟政策[15]に関するものなど根本的なもの

---

14) ドイツにおけるカトリックの諸々の定期刊行物とネットワークを分析した論文集として，Grunewald & Puschner 2006 がある。

15) 前述のように，1926年2月号（Jg. 1, Heft 5）は国際連盟特集である。Vgl.

が多く，日常政治を扱ったものは少ない。とくに初期においては，極めて抽象的な論説が多い（時代が下ると，少数民族問題[16]やアンシュルス問題[17]，あるいは教育政策や社会政策など，個別の問題に関する論説が多くなる傾向がある）。また目立つのは，ドイツ以外のヨーロッパ諸国の政治，社会，文化に関するレポートである。実際，オーストリアはもちろん，それ以外の外国からの寄稿も少なくない。とりわけフランス関連の論説が圧倒的に多いが，興味深いのは，ポーランドとの協調を論じたものも散見されることである[18]。

　ともあれ，雑誌『アーベントラント』を通読しても，そこから雑誌独自の明確な政治思想や政治的立場を抽出することは困難である。とはいえ，大きな目的と基調は明確である。この点は，ヨーロッパ文化同盟の指導者ロアンが，自身の雑誌『ヨーロッパ・レヴュー』で次のように簡潔にまとめている。

　　ドイツ・カトリックの生命線は，二つの目標を指し示している。この二つは，並んでいるのではなく，連続している，あるいは

---

auch：Andreas Hermes, "Auf dem Wege zum Völkerbund," *Abendland*, Jg. 1, Heft 3, Dezember 1925, S. 67-69；Richard Kuenzer, "Deutschland und der Völkerbund," *Abendland*, Jg. 2, Heft 1, Oktober 1926, S. 7-8.

[16] E.g. Heinrich Zillich, "Was bedeuten die Minderheiten?" *Abendland*, Jg. 4, Heft 5, Februar 1929, S. 144-147；Hans Carduck, "Minderheitenrecht und Minderheitenschutz," *Abendland*, Jg. 4, Heft 5, Februar 1929, S. 148-152；Luigi Sturzo, "Die Minderheitenfrage in Europa," *Abendland*, Jg. 4, Heft 9, Juli 1929, S. 259-262.

[17] E.g. Walter Hambach, "Mitteleuropa," *Abendland*, Jg. 5, Heft 7, April 1930, S. 214-218；Anonym, "Ist eine deutsch=österreichische Zollunion möglich?" *Abendland*, Jg. 5, Heft 12, September 1930, S. 379-383.

[18] E.g. Carl Oskar Freiherr von Soden, "Deutschland, Polen, Locarno," *Abendland*, Jg. 1, Heft 3, Dezember 1925, S. 69-72；Richard Kuenzer, "Unser östlicher Nachbar," *Abendland*, Jg. 2, Heft 8, Mai 1927, S. 230-232；Otto Forst Battaglia, "Deutsche und Polen," *Abendland*, Jg. 4, Heft 2, November 1928, S. 39-42/Jg. 4, Heft 3, Dezember 1928, S. 80-83.

入り混じっていると言った方が良いかもしれない。つまり，ドイツの統一とヨーロッパの統一，民族共同体（Volksgemeinschaft）とアーベントラントまたは統一ヨーロッパ（geeinigtes Europa）である。この課題に，［1925 年］10 月 1 日に創刊号が出版された『アーベントラント』は取り組んでいるのである。『ヨーロッパ・レヴュー』はこれを心から歓迎する［…］[19]。

つまり，「ドイツの統一」と「ヨーロッパの統一」を不可分のものと捉え，両者の結合とその同時の達成を目指すこと，これが『アーベントラント』の基調であった。そして，この基調の設定に最も重要な役割を果たしたのが，ヘルマン・プラッツという人物である。

第 2 節 ヘルマン・プラッツの「アーベントラント」思想

ヘルマン・プラッツとは誰か

前述のように，『アーベントラント』の中心人物は，ヘルマン・プラッツ（Hermann Platz, 1880-1945）というボン大学のロマニスト（ロマンス語系文学研究者）であった。彼は『アーベントラント』の編集責任者 14 人のなかで，同誌に最も影響力を有した人物である。1918 年のシュペングラーの著作以来「アーベントラント」概念は流行したが，この概念をカトリックの側から，早くからポジティヴなかたちで鋳直したのがプラッツである。まさに彼は「カトリック

---

19) Karl Anton Prinz Rohan, "Abendland," *Europäische Revue*, Jg. 1, 1925, S. 140-141. ロアンは，「『アーベントラント』こそ，ヨーロッパの将来の問題に対してドイツの立場を提示するのに最適ではないかとわれわれは考える」とも述べている。

のアーベントラント熱の中心人物（spiritus rector des katholischen Abendlandenthusiasmus）」（Hürten 1985：139）であった[20]。では，いかにしてプラッツは「アーベントラント」という概念に辿りつき，この概念に何を託したのか。まずはプラッツの人生を追ってみよう[21]。

ヘルマン・プラッツは，1880年10月19日，プファルツのオッフェンバッハ（Offenbach an der Queich）に生まれた。父ハインリヒ（1848-1915）は，農家でビール醸造業者であった。この農家という出自は，プラッツの「伝統」観に少なからぬ影響を与えていると思われる。またプラッツは，少年の頃から，父が購読していたフランス語の『メス新報（Courrier de Metz）』に目を通し（メスはこのときドイツ帝国領），伯父の蔵書から17・18世紀のフランス文学書を借りて読み漁っていたという。他にもプラッツはスペイン語やイタリア語も好み，早くから習得していた。ロマニストになるための素養は少年時代に身につけていたと言えよう。

プラッツは1900年にプファルツのランダウでアビトゥーア（大学入学資格）を取得し，ヴュルツブルク大学，ミュンヘン大学で神学などを学んだのち，1905年にミュンスター大学で言語学の学位を取得した。この時期プラッツは，いくつかのカトリック改革派のサークル（ドイツ語でクライス）に所属している。たとえば，学友アベレ（Theodor Abele, 1879-1965）とともに，ヴュルツブルク大学

20）雑誌『アーベントラント』の他にプラッツは，「アーベントラントの精神史・社会史研究（Studien zur abendländischen Geistes- und Gesellschaftsgeschichte）」という叢書（1929〜1935年）の編集者であった。

21）プラッツの経歴については，Becker 2006；ders. 2007；Berning 2001；ders. (Hg.) 1980を参照。なお，プラッツの遺稿は，コンラート・アデナウアー財団が管理するArchiv für Christlich - Demokratische Politikに所蔵されているが，未だ整理されておらず，本書では活用できなかった。

の神学者ヘルマン・シェル（Hermann Schell, 1850-1906）の講義を聴き，彼を中心としたクライスに属していた。また，アビトゥーアに合格した1900年に，マルク・サンニエ（Marc Sangnier, 1873-1950）およびフランスの「シヨン（Sillon：畝）」運動と出会い，そのキリスト教民主主義と平和主義に感銘を受けた[22]。さらにプラッツは，カトリック社会運動の指導者として有名なカール・ゾンネンシャイン（Carl Sonnenschein, 1876-1929）とも接している。

　このように20代の時期に青年プラッツは，「シヨン」運動などのカトリック左派，あるいはキリスト教民主主義派に共感を寄せていた。しかし，1910年に教皇ピウス10世（在位1903-14）が「シヨン」の「近代主義」を批判して破門したとき[23]，プラッツはそれに従った。この事件は，プラッツが「近代（Moderne）」を再考するきっかけとなったように思われる。

　ともあれ，1910年以降もプラッツは積極的にカトリックの諸運動に関わっていく。彼の周りには，のちにヴァイマル共和国末期のライヒ首相となるハインリヒ・ブリューニング（Heinrich Brüning, 1885-1970）や，ロベール・シューマンもいた。こうした面々が，前述のマリア・ラーハの「典礼運動」やカトリック・アカデミカー連盟の創設に関わっていたのである。また，プラッツは文筆活動にも勤しみ，カール・ムート（Carl Muth, 1867-1944）の『高地（Hochland）』に寄稿していた。第一次世界大戦が勃発すると，プラッツは東部戦線に配置されるが，知仏派として重宝され，1915年には陸軍省，18年には外務省に戦時プロパガンダへの協力を求められている。さらに，プラッツは戦争中に『高地』で精神史的な

---

22) プラッツとサンニエおよび「シヨン」の関係については，Becker 2005に詳しい。
23) この事件については，アーレティン 1973：182 f.；ヒューズ 1970：47；ヴィノック 2007：211などを参照。

ヘルマン・プラッツ
出典：Becker 2007：22

観点からのフランス分析を次々と発表した。このときの文章は，戦後の 1922 年に『現代フランスにおける精神の闘争』という重厚な著作に昇華している（Platz 1922）。

第一次世界大戦後もプラッツは，様々なカトリックのネットワークと繋がり続けるとともに，たとえばダルムシュタットのヘルマン・カイザーリング伯爵（Hermann Graf Keyserling, 1880-1946）の「知のシューレ（Schule der Weisheit）」（プラッツはここでレルヒェンフェルト伯に出会っている）や，「自由哲学協会（Gesellschaft für freie Philosophie）」などのサークルと接した。そして，何よりも旺盛な著述活動を展開することで，ヴァイマル共和国の言論空間で一定の知名度を得るに至った。また学位取得後，第一次世界大戦前にはデュッセルドルフで，大戦後にはボンで高等学校正教諭（Studienrat）を務めていたプラッツは，当時気鋭のロマニストだったエルンスト・ローベルト・クルティウス（Ernst Robert Curtius, 1886-1956）

の推挙により，1924 年 3 月からボン大学でフランス精神史（Geistes-geschichte）の嘱託教授（Honorarprofessur）に就任した。

さて，すでに触れたように，プラッツの「アーベントラント」理念は，偏狭なナショナリズムを退け，キリスト教に基づくヨーロッパ諸民族の連帯を説くものであった。こうした思想が明瞭になってくるのは，1920 年代からである。以下では，些か抽象的で衒学的なプラッツの「アーベントラント」理念を，1920 年代の諸著作をもとに再構成していこう。

フランスへの眼差しとライン愛郷主義

ボン大学就任前後からプラッツは，著述活動において「アーベントラント」という理念を前面に押し出すようになっている。たとえば，それまでの論説を集めた著作のタイトルは『ラインとアーベントラントについて（*Um Rhein und Abendland*）』とされたし（Platz 1924b）[24]，同年に出版したパンフレットも『ドイツ，フランス，そしてアーベントラントの理念』（Platz 1924a）[25] というものだった。つまり，プラッツは 1925 年に『アーベントラント』を発刊する以前から，精力的に「アーベントラント」という理念を広めようとしていたのである。

ここで注意したいのは，ラインラントのドイツ人というプラッツ

---

[24] すでに大戦前から社会カトリック的な学生運動と関わっていたプラッツは，戦後に「青春の泉（Quickborn）」運動と繋がりを持ち，同書は「青春の泉」の出版社から刊行された。なお，プラッツとデンプフが出会ったのも「青春の泉」運動を通してである。Vgl. Platz 1913；ders. 1914.

[25] 同書は，1923 年 12 月 16 日にライン中央党の党委員会で行われた演説を基にしたものであり，ライン問題に関するライン中央党のパンフレット・シリーズのなかの 1 冊（Flugschrift der rheinischen Zentrumspartei zum Rheinproblem, II. Folge, H. 2）として出版された。同書を引用する場合は，比較的入手が容易な，1980 年にバーニングが編纂した版のページ数を記す。

の立場である。周知のように、ヴェルサイユ講和条約によって当時ライン左岸地域は連合国の占領下にあり、さらに戦後もラインラントはフランスの併合要求に晒されていた。つまり、ラインラントは大戦後も独仏紛争の最前線であり、プラッツらラインラントのドイツ人には、何よりもフランスの権力に対してどう向き合うかが突き付けられていた。結果的にプラッツの「アーベントラント」理念および雑誌『アーベントラント』は、独仏の緊張が緩和した相対的安定期を背景に受容されることになるが、その誕生の契機はラインラントのドイツ人の危機意識だったのである。現に、すでに1923年の時点でプラッツは、デンプフとともに『キリスト教的西洋（*Occidens Christianus*）』という国際的な月刊誌の刊行を計画していた（Pöpping 2002：101, Anm. 72）。

さて、プラッツの「アーベントラント」理念の特徴と強みは、ラインラントのロマニストとして、他のドイツ知識人よりも、フランスの歴史と現状に（彼なりに）通じていたことである。1924年に彼は次のように書いている。

> フランスのナショナリズム（Nationalismus）に関する研究（次いでドイツのナショナリズムについての研究）は、わたしに次のことを教えた。すなわち、スープラナショナルな実体（übernationale Substanz）にしっかりと繋ぎ合わされた場合にのみ、ナショナルな激情（nationale Leidenschaft）は克服されうるということを[26]。

---

[26] Hermann Platz, "Von politischer Not und von abendländischer Idee," in：Platz 1924b：59-64, hier S. 61.

こうしてプラッツは，大戦後の独仏関係の改善を「スープラナショナルな」形で目指していく。その際プラッツは，フランスの民主主義的な改革派のカトリシズム運動が，同国で支配的な反独ナショナリズムを覆すことを期待した。それゆえ，『アーベントラント』に寄稿したプラッツの論説には，フランスのカトリシズムについてのレポートが少なくない[27]。

このようにプラッツは，知仏派であり，親仏派とも言える人物であった。ただしそれ以上に，あくまでドイツ愛国主義者であり，何よりもライン愛郷主義者であったことは強調しておきたい[28]。フランスによるラインラント併合要求には激しく反対し続けたし，フランス側からラインラント併合について協力するよう依頼された際には，強く反発した[29]。あくまでラインは「生粋のドイツの地であり，永遠にドイツの地」なのであった（Platz 1924a=1980：122）。

そして，プラッツの「アーベントラント」思想は，まさにライン中心主義と呼ぶべきものである。『アーベントラント』の創刊号で彼は次のように述べる。

　　われわれは，ドイツ的な精神から，ドイツの地で，人文主義的・キリスト教的な生を歩み続けようとしている。東と北からは，恐ろしい軍隊，逞しい男たち，沈思黙考する人，怖いもの

27）E.g. Hermann Platz, " Die Gegenwartslage Frankreichs：Der Kampf um das politische Ideal," *Abendland*, Jg. 1, Heft 4, Januar 1926, S. 116-117；ders., "Die französischen Katholiken und der Völkerbund," *Abendland*, Jg. 1, Heft 8, Mai 1926, S. 241-243；ders., "Abendländischer Geist in Frankreich," *Abendland*, Jg. 3, Heft 2, November 1927, S. 52-54；ders., "Frankreich und die Möglichkeiten katholischer Politik," *Abendland*, Jg. 5, Heft 2, November 1929, S. 66-68.

28）E.g. Hermann Platz, "Das Erwachen am Rhein," *Abendland*, Jg. 4, Heft 10, Juli 1929, S. 291-292.

29）Ders., "Um Rhein und Ehre," *Hochland*, Jg. 16, 1919, S. 129-139.

知らず，思い焦がれた欲望が流れ込んだ。他方，南と西からは，本質を捉え，思想と目的が明確で，しばしば冷酷で打算的な人びとが到来した。この間にわれわれは，かつて地中海の岸辺に花開いた，到達可能で分別のある人間存在の様式を，東と北に約束した。またわれわれは，永遠のロマン主義の地で偉大な生の魔力から生じた生命力と想像力を，西と南に約束した。／アーベントラントの文化（abendländische Kultur）は，南海から北海まで，南西から北東まで行き渡る。ライン川こそ，宿命的な中心点であり，継ぎ目，結線，精神的な転換点であり，摂取や移行や継続が行われる地なのではないだろうか？[30]

そして「アーベントラント」は，ライン川を中心に，ドーム状に広がっている（überwölbt）のである（Platz 1924a=1980：122）[31]。

宗教と生の有機的な結合としての「アーベントラント」理念

プラッツによると「アーベントラント」は「知覚可能な」「現実」であり，「歴史的な力」であり，「理念（Idee）」である。この理念は，「地域的には（landschaftlich）カール大帝による生存圏（Lebensraum）と結びついている」とされた。一方で「ロシアは，ピョートル大帝やその後継者たちによる西欧化の試み（Verwestlichungsversuche）にもかかわらず，決してそこに属してはいない」。他方，「イギリスは，アーベントラントを越えて，目的に基づく繋がりの

30）Ders., "Abendländische Vorerinnerung," *Abendland*, Jg. 1, Heft 1, Oktober 1925, S. 4-6, hier S. 5.

31）「アーベントラント」や「ヨーロッパ」を，複数のネイションの柱に支えられた円屋根・ドーム（Kuppelbau）に喩えるのは，『アーベントラント』周辺の人びとの表現によくみられる。E.g. Karl Anton Prinz Rohan, "Die Utopie des Pazifismus (1925)," in：Rohan 1930：22-24, hier S. 23.

なかで広がり続けている」という。つまり,「西欧化」に至らない
ロシアと,広大な植民地を持つ海洋帝国イギリスは「アーベントラ
ント」から除外されている (Platz 1924a=1980：122 f.)。

　また,「内容的には (inhaltlich) この理念は,古典古代,キリス
ト教世界,そしてロマンス的＝ゲルマン的な諸民族の実生活のなか
から生まれた」という。プラッツの長い説明を煎じ詰めると,「宗
教と生の有機的な結びつき」が「アーベントラント」の理念を育ん
だのである (Platz 1924a=1980：123)。

　しかし,この宗教と生の有機的な結合は,現代では失われた。
「生の世俗化と物象化 (Verweltlichung und Versachlichung des Le-
bens)」が生じたのである。プラッツはその帰結を様々な領域で観
察しているが,ここでは「政治」の領域についてのみ確認しておこ
う。プラッツによると,「宗教と生の繋がりの粉砕」は「宗教と政
治の繋がりの粉砕」をも意味した。これに伴い,「政治の領域にお
いては,国家の利害,ネイションの価値,人種の優先が一方的に前
面に押し出され,そのため全体 (das Ganze) と個 (das Einzelne) を
不断に支えるべき平和政策 (Friedenspolitik) はいっそう困難になっ
てしまった」。世俗的な権力国家とナショナリズムの台頭により,
本来ならば「アーベントラント」という「全体」に対する「部分」
であるべき「国民国家 (Nationalstaaten)」は,権力政策とアウタル
キーを追求し,相争うようになってしまった。独仏関係についても,
「リシュリューとビスマルクのあいだ」の時代に,「ナショナルなエ
ゴイズム」と「ナショナルなメシアニズム」が放たれた。そして,
悲しむべきことに,「この歪みと硬直を決定的に示すものが,ライ
ンの現状なのである」。こうして,「アーベントラントの統一性と共
同体は救いようもなく破壊されてしまった」のである (Platz

1924a=1980：123-126）[32]。

　プラッツは，かかる現代を「秩序と形式を喪失した（Ordnungs-und Formlosigkeit）」時代と規定する。「形式」を回復するには，社会を有機的に繋ぐ（あるいは繋ぎ直す）しかない。たとえば，中央党の依頼で，1925年8月11日の憲法制定記念日にライヒ大統領，政府，両議会の前で演説する機会をプラッツは得たが，そこで開陳されたのは，彼のヴァイマル憲法への熱烈な支持とともに，有機体論的な世界像であった。彼はこう述べた。「各構成要素（Glieder）が全体（Ganzen）に奉仕するとき，ドイツは再び花開き，新たな日を迎えることができるでしょう。そして，ヨーロッパや世界も，精神的な全体として，独立した実体の担い手として［…］認識されたならば，再び形式を取り戻すでしょう」[33]。

　またプラッツは，『アーベントラント』創刊号の巻頭言でも，次のように述べている。

　　本誌は，散り散りになったものを再び集め，道を踏み外したものを正しき方向に戻し，われわれがナショナルな孤立の時代に

32）思想史的には，フィヒテの選民思想からトライチュケの権力国家崇拝に至るドイツ・ナショナリズムの歴史が批判される（ただし，フィヒテの思想には普遍主義的な側面があったことも指摘されている）。この点では，カトリックによる通俗的なプロイセン的小ドイツ・ナショナリズム批判と言えるのだが，プラッツの独自性は，フィヒテのナショナリズムの「形式」と「手法」が，フランスのナショナリストたち，たとえばレオン・ドーデ（Léon Daudet, 1867-1942）やシャルル・モーラス（Charles Maurras, 1868-1952）らアクション・フランセーズの面々にも受け継がれていると論じるところである（Platz 1924a=1980：127-137）。

33）"Verfassungsrede," Rede am 11. August 1925 zum Tag der Weimarer Verfassung vor Reichspräsident, Reichsregierung, Reichstag und Reichsrat, in：Berning (Hg.) 1980：149. プラッツのヴァイマル憲法観については，以下の論考も参照。Hermann Platz, "Weimarer Verfassung und deutsche Volksgemeinschaft," *Abendland*, Jg. 5, Heft 1, Oktober 1929, S. 12-15.

おいて失った全体性への限りなき愛によって，あらゆるものを
統一性へと結びつけるだろう。われわれは確信している。生き
生きと過去を振り返る精神の試みと，未来への見通しによって，
まさにドイツ民族において，時代精神が押しのけた最良の力が，
全体の至福のために再び発揮されることを。そして，ドイツの
諸族（Stämme），諸身分（Stände），民族（Volk），国家（Staat）
が，新たな秩序ライヒ（Ordnungsreich）へと有機的に組み合わ
されることによって，新しい力と，個々の生の新たな充足を見
いだすことを [34]。

　そして，プラッツにとっては，秩序を回復し，形式を付与できる
のは，カトリシズム以外になかった [35]。

　ヨーロッパの運命が描かれている教会の伝統という枠組みにお
いて，カトリックが，アーベントラントの実体（abendlän-
dische Substanz）を意識するのは比較的容易い。カトリックは
こんにち，この生の統一体（Lebenseinheit）の唯一の有機的な
担い手である。[…] 自らの力と責任でこの実体を再び得るの
は，プロテスタントにはより難しいだろう。自由思想家
（Freidenker）には最も困難である［…］[36]。

---

[34] "Aufruf!" *Abendland*, Jg. 1, Heft 1, Oktober 1925, S. 3. 本論説は無署名だが，明ら
かにプラッツの手によるものである。

[35] ただしプラッツは，1925 年から『ウナ・サンクタ（*Una Sancta*)』というエキュ
メニズム（超教派の教会一致運動）に基づいた雑誌の共同編集者も務めている。『ウ
ナ・サンクタ』は 1927 年 4 月 11 日にヴァチカンによって刊行が禁止された。『ウナ・
サンクタ』については，Pöpping 2002：144-152 を参照。

[36] Hermann Platz, "Sendung und Dienst," in：Platz 1924b：140-150, hier S. 147 f.

そして，とりわけ敗戦国である「ドイツは，工業家や金融業者ではなく，カトリックを通して，精神世界の全体性と有機的に繋がっている」のであり，ドイツのカトリックは「特別な課題」を負っているのである（Platz 1924a=1980：138）。

　こうして，「アーベントラント思想の目的」は次のように定式化される。つまり，「教会権力と世俗権力の理性的な協働を通じて，各構成要素（Glieder）が自律的かつ連帯的に存在でき，キリスト教的な平和を獲得し保障するような，一つのライヒ（ein Reich）を打ち立てること」である（Platz 1924a=1980：140）[37]。

近代批判とフェルキッシュ批判

　かかる「有機的」な「アーベントラント」思想と表裏一体のものとして，プラッツの著作には激しい「近代（Moderne）」「近代化（Modernisierung）」批判がみられる。プラッツの近代批判は，1924年に出版された論文集『大都市と人間存在（*Großstadt und Menschentum*）』で最も鮮明に表れている（Platz 1924c）。そこで展開されるのは，カトリックによるお馴染みの近代批判である。つまり，近代化によって，世俗化および個人主義化が促され，人間は孤立し，価値も崩壊し，現代社会は精神的にも政治的にも貧困になった，という具合である。

　ただ，ここで注意したいのは，プラッツがこうした近代批判を展開する際に肯定的に参照したのが，ラガルド（Paul de Lagarde, 1827

37）かかる「有機的（organisch）」な「アーベントラント」の構成は，『アーベントラント』執筆者の多くが共有するものであった。E.g. Albert Lotz, "Europa oder Abendland," *Abendland*, Jg. 1, Heft 7, April 1926, S. 216-217. ロアンは「有機的なヨーロッパ政策（organische Europapolitik）」を目標に据えている。Vgl. Carl Anton Prinz Rohan, "Falsche und richtige Europapolitik," *Abendland*, Jg. 1, Heft 1, Oktober 1925, S. 13-14.

-91）だったということである。ラガルドは，研究史上，ゲルマン・イデオロギー，あるいはフェルキッシュ（völkisch：民族至上主義）思想の源流の一人と位置づけられる人物である（スターン 1988：27-139；モッセ 1998：第2章；竹中 2004：102-104 など）[38]。また，プラッツが参照したラガルド伝の著者であるシェーマン（Karl Ludwig Schemann, 1852-1938）は，（悪名高い）ゴビノー人種学の研究者であり，ゴビノー協会とストラスブールのゴビノー・ミュージアムの設立者であった（Schemann 1919）。ラガルドは，ドイツに蔓延する「非精神性（Ungeistigkeit）」の原因を「プロイセン的＝ドイツ的な様式」の普及にみた。ラガルドにとって，それは「人造的（Homunkulität）かつ人工的なもの（Kunstprodukt）」であった。プラッツは，こうしたラガルドの同時代ドイツに対する診断を評価したのである[39]。

　しかし，プラッツはラガルドを全面的に肯定したわけではない。何よりもラガルドは，現代ドイツの病を「ゲルマン的な」「魂の文化（Seelenkultur）」に還ることよって克服しようとした。しかしかかる態度は，プラッツから見ると「古ゲルマンへのロマン主義的な逃避」（これが彼のラガルド論のタイトルである）に過ぎなかった。また，プラッツの「スープラナショナルな」有機的思考にとって，フェルキッシュ思想は狭隘であった。プラッツは，戦間期ドイツに普及したフェルキッシュ思想・運動に対して不満を述べている。

　本質や権力から逃避しまいという意志を，最も強力に，しかし

---

38) 単に「民族至上主義的」と訳すだけでは伝えきれない「フェルキッシュ」の語感については，モッセ 1998 の「訳者あとがき」（植村和秀執筆）を参照。

39) Hermann Platz, "Paul de Lagardes romantische Flucht ins Altgermanische," in：Platz 1924c：97-147, hier S. 103 f.

最も近視眼的で最も盲目的に有しているのが，フ・ェ・ル・キ・ッ・シ・ュ・
である。[…] しかし，個を全体に関連付けること，個を全体
のなかで動的に想定すること，[フェルキッシュには] まさに
これが欠けているのだ！ 40)

　こうしてプラッツは，反近代的なドイツ愛国主義者でありながら
も，フェルキッシュなナショナリズムは拒否することとなった。な
お，1926 年にゲレス協会の『国家事典』で「アーベントラント」
の項を執筆した際にプラッツは，「アーベントラント主義者（Abend-
länder）」を，「ナショナリスト（Nationalisten）」からはもちろん，
「民族至上主義者（Völkischen）」ともわざわざ強調して区別してい
るが，これは近代批判・文明批判という点では両者に通底するもの
があったからこそであろう（Platz 1926）。

ナチ政権とプラッツ

　プラッツは，1933 年のナチ党の権力掌握に対して，おそらく鈍
感であった。まさか自分の身に危機が迫るとは考えていなかった節
がある。しかし，ナチは彼を見逃さなかった。1934 年 12 月に作成
されたナチの大管区指導部の文書にはこう書いてある。

　　ボン大学のなかでは，プラッツ教授が 11 月体制 [ヴァイマル
　　共和国のこと] の典型的な代表者の一人である。ファナティッ
　　クな政治的カトリックとして，彼は現在でも，ザール地域やル
　　クセンブルクの政治的カトリシズムのあいだで人望を集めてい

---

40) Hermann Platz, "Von der Auflockerung des europäischen Sinnes," in：Platz
　1924b：133-139, hier S. 137.

る。そのうえ彼は，極めて遺憾なかたちで熱烈な親フランス政策を長きにわたって主張しており，当然ながらフランスの多くのサークルで格別の共感を呼んでいる。その一方で，われわれの見るところ，彼はいかなる国民社会主義の思想も受け入れていない。ボンで彼は，いみじくも「共和国広場（Platz der Republik）」という渾名をつけられている。ボン大学から彼を解雇することは，われわれの運動の立場からは絶対に必要である（Hausmann 1993：69, Anm. 85）。

こうしてプラッツは，1935 年 3 月にボン大学の職を解かれてしまう。この措置に対しプラッツは，当初は沈黙していたが，子供たち（当時 20 代の 4 人の息子と 1 人の娘がいた）の名誉のためとして，36 年 2 月 20 日に正式に解雇の撤回を求める文書を提出した。その文書では，世界大戦への貢献をはじめ，プラッツのドイツ愛国主義とライン愛郷主義が強調されていたが，ナチスへの阿りはなかった[41]。結局，復職は叶わなかった。その後プラッツは，パスカルやボードレールなどについて，細々と文筆活動を続けた。また，ニーチェやヒューストン・スチュアート・チェンバレンのような時局に沿うような対象も扱っているが，そこでも決してナチ的な解釈が展開されていたわけではない。

プラッツは，第二次世界大戦終結後の 1945 年 5 月 28 日，ロベール・シューマンの推挙でノルトライン州の文化部長（のちのノルトライン・ヴェストファーレン州の文部大臣にあたる）に任命されるが（Becker 2006：258），具体的な活躍をすることなく同年 12 月 4

---

[41] Eingabe von Hermann Platz an das REM vom 20. Februar 1936, UAB, Personalakte Platz, in：Hausmann 1993：Dok. XXII, 172 f.

日にこの世を去ることになった。死後出版された回顧録でプラッツは，「わたしは常にドイツ人であると同時に西洋人として（als Deutscher und Abendländer zugleich）行動した」と記している（Platz 1948：55）。

小括

　プラッツに代表されるヴァイマル共和国期ドイツの「アーベントラント」は，何よりも反近代の理念であった。ナショナリズムの猖獗など諸悪の源を「近代」に求め，全一なるキリスト教的共同体としてヨーロッパを再生させようという願いが「アーベントラント」には込められている。もちろん，こうした「アーベントラント」理念の反近代性を批判することは容易い。また，次章で述べるように，プラッツらは非ナチを貫いたものの，『アーベントラント』周辺の少なからぬ数がナチに流れた。「アーベントラント」は「ライヒ」理念を鎹にして，ナチスの「新秩序」と結びつく可能性も含んでいたのである。

　他方で，こうした反近代的な理念が，ヨーロッパ統合を準備し，また下支えしていくことも強調しておきたい。第4章で見るように，第二次世界大戦後，「アーベントラント」理念は，ドイツ連邦共和国で積極的に受容されていく。ヴァイマル期の「アーベントラント」理念が備えていたいくつかの特徴，たとえばナショナリズム批判や，宗教的・文化的なトーンは，ナチズムに倦んだドイツ人に心地よい響きを持った。また，「アーベントラント」のライン中心主義的・親フランス的特徴は，第二次世界大戦後の分断欧州の時代に適合的なものとなる。さらに言えば，「アーベントラント」理念は極めて抽象的で具体性を欠くものだったが，その抽象性ゆえに，機能主義的・経済的に進む実際のヨーロッパ統合を観念的に補完して

いくことにもなるのである。

さて，『アーベントラント』周辺の人びとが，ナチズムにとった態度は様々であった。すでに1930年に『アーベントラント』は休刊となっていたが，編集責任者のなかでは，プラッツに加え，デンプフもナチ体制に睨まれ，教職を妨害された。また，ブリーフスとブラウアーは，ナチの政権掌握後すぐに亡命せざるをえなかった。前述のようにキュンツァーはレジスタンスに参加し，結局SSに殺害された。他方，カトリック・アカデミカー連盟の人びとのようにナチスと協働を図る者，シュライフォーグルのようにナチスに実際に加わる者もいた。そこで次章では，ナチズムに対してアーベントラント主義者たちが取った態度，そしてナチ政権期における「アーベントラント」のトポスを検討しよう。

第3章

「アーベントラント」とナチズム

1943年2月18日、宣伝相ゲッベルスが「総力戦演説」を行ったベルリン・スポーツ宮殿

出典：Bundesarchiv, Bild 183-J05235 / Schwahn / CC-BY-SA 3.0
【Wikicommons からの引用】

ドイツでヒトラーが政権を握っていた時代における「アーベント
ラント」概念の位置価値を評価するのは難しい。ヴァネッサ・コン
ツェも指摘するように、「アーベントラント」概念は、ナチ体制下
のドイツで明らかに公的な言論空間では後景に退く一方、完全に消
え去ったわけでもない (Conze 2015 : 75)。以下で見るように、第
二次世界大戦の後半期においては、ナチが対ソ戦のプロパガンダ概
念として「アーベントラント」を用いる一方で、レジスタンスの側
も「アーベントラント」を打ち出すようになる。また、必ずしも生
粋のナチとは言えない反ヴァイマル共和国派の「アーベントラン
ト」観や、1938 年の独墺合邦（アンシュルス）以前のオーストリ
アにおける「アーベントラント」の用法、そして亡命者たちの「ア
ーベントラント」概念も無視できない。

いずれにせよ重要なことは、ナチ政権期の「アーベントラント」
概念のあり方が、第二次世界大戦後にも影響を与えたということで
ある。本章では、第二次世界大戦後の「アーベントラント」概念の
復活を考える際に重要な点に絞って、ナチ体制期の「アーベントラ
ント」のトポスを簡単に確認したい。

第 1 節 反ヴァイマル共和国派による「アーベント ラント」概念の拒否

まずナチ体制下の話に入る前に、ヴァイマル期の「反共和国派」
が「アーベントラント」概念をどう理解していたかについて一例を
挙げてみよう。筆者が注目するのは、いわゆる「タート・クライ
ス」で広域的な地域秩序構想を展開していたギーゼルヘア・ヴィル
ジング（Giselher Wirsing, 1907-75）の議論である。

タート・クライスは、ハンス・ツェーラー（Hans Zehrer, 1899-

1966）を中心とし，雑誌『タート（行動)』を意見表明の場とした
サークルである[1]。『タート』自体は第一次世界大戦前からあった
雑誌だが，1929年にツェーラーが編集を担うようになってから，
反ヴァイマル共和国的な保守派の雑誌の一つとして，知名度も発行
部数も飛躍的に高まった。1929年以前は1000部程度に過ぎなかっ
た発行部数が，1932年には3万部にまで上昇したのである。

　ツェーラー率いる『タート』は，フランス革命に由来する
「1789年の理念」を拒否し，ヴァイマル共和国やヴェルサイユの
「体制（System)」を否定した。また，世界恐慌を背景に，資本主義
の終焉を告げるとともに，権威的な国家の必要性を説いた。タート
派が志向する社会経済秩序は，資本主義と共産主義のあいだの「第
三フロント」，あるいは「国民的社会主義（nationaler Sozialismus)」
と称するものであった。当初ツェーラーたちは具体的な政治路線を
打ち出していたわけではないが，次第にクルト・フォン・シュライ
ヒャー（Kurt von Schleicher, 1882-1934：首相在任1932年12月〜33
年1月）の「横断戦線（Querfront)」構想（恐慌に対する積極的政策
を軸に，軍と労組とナチ大衆組織を結合させようとしたもの）や，ナ
チ党内左派に接近していった。

　この『タート』で，経済学者のフェルディナント・フリート
（Ferdinand Fried，本名Friedrich Zimmermann）や，社会学者でアル
フレート・ヴェーバー（Alfred Weber, 1868-1958）の弟子のレオポル
ト・ディンググレーフェ（Leopold Dinggräve，本名Ernst Wilhelm
Eschmann, 1904-87）とともに，同誌を支える立場にあったのがヴ
ィルジングである。『タート』の主要メンバーのなかでヴィルジン

---

1) タート・クライスについては，さしあたりSontheimer 1968を参照。とりわけツェー
　ラーについては，藤山1986；同2013：第15章および第17章を参照。

グは最年少だったが，地政学あるいはヨーロッパ秩序再編といった
テーマの第一人者として活躍する。

　もともとヴィルジングは，ミュンヘン，ケーニヒスベルク，リガ，
ベルリン，ウィーンで学び，1929年から32年までハイデルベルク
大学の著名な社会学者・経済学者カール・ブリンクマン（Carl
Brinkmann, 1885-1954）の助手を務めていた。1931年にはブリンク
マンのもとで博士論文を完成させているが，このときまだ24歳で
あった。この博士論文を基にして1932年に出版したのが，『間欧
とドイツの未来（*Zwischeneuropa und die deutsche Zukunft*）』とい
う書物である。同書は，オイゲン・ディーデリヒス社の「タート叢
書（*Tat*-Schriften）」の一冊として出版され，ヴィルジングは瞬く間
に「保守革命」の潮流に属するスター論客の一人となった（Pöp-
ping 1997：349-351）。

　ここでヴィルジングの体系的な「間欧」論の内容全体に詳しく立
ち入るつもりはないが，この反共和国派の地域秩序構想の代表作と
されてきた『間欧とドイツの未来』のなかで[2]，「アーベントラン
ト」概念がどのような位置を占めているかという点に絞って検討し
よう。

　まずヴィルジングの言う「間欧」とは，「ドイツとロシアのあい
だの東欧・南東欧諸国」であり，具体的には，エストニア，ラトヴ
ィア，リトアニア，ポーランド，チェコスロヴァキア，ハンガリー，
ユーゴスラヴィア，ブルガリア，ルーマニアを指す。そしてヴィル
ジングが同書で一貫して説くのが，ドイツと「間欧」の「ラウム
（空間）統合（*Raumintegration*）」であり，「連邦化（Föderation）」

2）Cf. Stirk 1991：206-209；ゾントハイマー 1977：243 f. なお，板橋 2012：115 では，
　「中欧」の概念史のなかにヴィルジングの「間欧」論も位置づけている。

である（Wirsing 1932：7-10）。

　注目すべきは，ヴィルジングがかかるテーゼを打ち出すにあたって，「アーベントラントからのドイツの離脱プロセス（Ablösungsprozeß Deutschlands vom Abendlande）」が契機となったと明記していることである（Ebd.：7）。さらにヴィルジングは，同書で明確に「アーベントラント」理念を拒否している。ドイツと「間欧」を現実に統合しようとするならば，「アーベントラントという夢想的な理念からの転向（Abwendung von der imaginären Idee des Abendlandes）」が必要とされるのである（Ebd.：255）。さらにヴィルジングは次のようにも述べる。

　　こんにち，無条件の西側選択（Option für den Westen）も東側選択も不可能である。ドイツと間欧の諸民族はまず自分たち自身を選択しなければならない。そしてその際，おのずと資本主義的な西側よりは，反資本主義的な東側との結びつきの方が強くなるだろう（Ebd.：310）。

　さて，ナチ政権掌握後，ヴィルジングは，ツェーラーの後任として 1933 年 9 月に『タート』編集の主導権を握るとともに，ナチ体制の宣伝者となる[3]。33 年 10 月にはヒムラー（Heinrich Himmler, 1900-45）の提案により，『ミュンヒナー・ノイエステン・ナッハリヒテン（*Münchner Neuesten Nachrichten*）』に関わるようになり，

3）ツェーラーはシュライヒャーと近かったこともあり，ナチ政権下では活躍できなかった。ナチ政権下の『タート』は，他の右派系雑誌と同様，ナチのプロパガンダ雑誌も同然のものと堕し，発行部数も 4000 ～ 5000 部くらいにまで落ちた。1939 年に『タート』は『20 世紀（*Das XX. Jahrhundert*）』と名前を変え，1944 年まで続いた（Pöpping 1997：351）。

36 年には同紙の副主筆となっている。第二次世界大戦時はナチ親衛隊少佐として東部戦線に従事し，1943 年には国防軍最高司令部（OKW）のプロパガンダ雑誌『ジグナール（*Signal*）』の編集者を務めた。同紙は，スターリングラードの敗北後，占領下の諸民族に，ボルシェヴィズムに対抗するヨーロッパ概念を宣伝し，大陸における「新しいドイツ秩序」を説くものであった[4]。

　以上のように，ヴァイマル期に反共和国派として活躍し，ナチ体制の擁護者となったヴィルジングのような人物にとって，「アーベントラント」は「西側選択」の理念に他ならず，「夢想」に過ぎないものとして忌避されていた。いわゆる「保守革命」派全般についても，彼らが重視した概念は「民族（Volk）」や「国民（Nation）」であり，広域的な秩序構想についても，「ライヒ（Reich：帝国）」や「中欧（Mitteleuropa）」や「間欧（Zwischeneuropa）」という概念がもっぱら重用されたと言ってよいだろう。

---

[4] なお，第二次世界大戦後にミュンヘンの非ナチ化機関は，ヴィルジングを「追随者（Mitläufer）」と判定し，500 マルクの罰金刑とした。ナチ体制の積極的宣伝者であったヴィルジングの行為を考えると軽い刑だが，人種理論から距離をとっていた（と判断された）ことが幸いしたようだ。またヴィルジングは，アメリカの諜報機関の依頼により，戦後直後にドイツ住民の心理状態や生活状況に関する報告書を作成している（Pöpping 1997：352 f.）。
　その後ヴィルジングは，第二次世界大戦後のドイツ連邦共和国で保守派のジャーナリストとして活躍する。たとえば，福音派の週刊新聞『キリストと世界（*Christ und Welt*）』の共同創刊者となり，1954 年から 70 年まで編集主幹を務めている。Vgl. Raoul Löbbert, "Vergangenheitsbewältigung：Der Nazi von Christ und Welt," *Christ und Welt*, Ausgabe 36/2012 (http://www.christundwelt.de/archiv/ausgabe/no/ausgabe-362012/). ツェーラー，フリート，ヴィルジングら「タート・クライス」の中心人物が，戦後の西ドイツにも「適応」し，保守派のジャーナリストとして活躍したことについては，Schildt 1987：359 f. を参照。

第2節 | ナチ体制下の「アーベントラント」概念

ナチの政権掌握と『アーベントラント』関係者

　前章の最後でも述べたように，ヴァイマル共和国期のアーベント
ラント主義者がナチズムにとった態度は様々であった。ヘルマン・
プラッツは1935年にボン大学の職を解かれ，「国内亡命」を余儀
なくされる。プラッツ以外の『アーベントラント』の編集責任者の
なかでは，アーロイス・デンプフがナチ体制に睨まれ，教職を妨害
された。また，ゲッツ・ブリーフスとテオドール・ブラウアーはナ
チの政権掌握後すぐに亡命した。『アーベントラント』関係者のな
かでも生粋の「ヨーロッパ合衆国」論者だったリヒャルト・キュン
ツァーは，レジスタンスに参加するようになり，1944年7月20日
のヒトラー暗殺未遂事件に関与したとされ，親衛隊に殺害されてい
る。

　他方，1930年の『アーベントラント』休刊後，アーベントラン
ト主義者のなかにはナチに迎合・協働する者もいた。たとえばそれ
は，1933年7月にベネディクト会修道院マリア・ラーハで行われ
たカトリック・アカデミカー連盟の第3回社会学特別大会に示され
ている[5]。「ライヒの理念と建設」をテーマとしたこの大会は，カ
トリックの知識人や政治家たちがナチに接近した様を示すものとな
った。会上でマリア・ラーハの修道院長イルデフォンス・ヘルヴェ
ーゲン（Ildefons Herwegen, 1874-1946）は，ヴァチカンとの政教条

---

5) 前述のように，もともとカトリック・アカデミカー連盟はプラッツらが設立した
　ものであり，『アーベントラント』の寄稿者には，デンプフをはじめ，司祭のヨハ
　ネス・ピンスク（Johannes Pinsk, 1891-1957）や著名なカトリックの哲学者ペーター・
　ヴスト（Peter Wust, 1884-1940）など連盟のメンバーが少なくなかった。本書では
　詳しく立ち入らないが，カトリック・アカデミカー連盟とナチの関わりについては，
　ミュラーとバーニングによる論争がある。Vgl. Müller 1997b ; Berning 1997.

約（Reichskonkordat）調印を済ませてきたばかりのライヒ副首相パーペンも同席するなか，「宗教的な領域における典礼運動にあたるものが［…］政治的な領域におけるファシズムなのである」と述べ，「ファシズム」と「全体国家（totaler Staat）」を肯定する発言をしている（Dirsch 2012：137）。

そして，この大会に参加したカトリック知識人のなかには，カール・アントン・ロアンやアーロイス・デンプフ，ペーター・ヴストらヴァイマル期に『アーベントラント』に関わっていた者もいた。ただし，この大会は，「アーベントラント」ではなく，やはりカトリック的な理念であり，理想化された神聖ローマ帝国の記憶と結びついた「ライヒ」理念を持ち出し，それとナチズムを架橋しようとしたのである（Müller 1997b；Pöpping 2002：166-182；Conze 2005a：51-56）[6]。実に「ライヒ」理念は，神聖ローマ帝国に由来する伝統的なヨーロッパ像とナチの「新秩序」を仲介する役割を果たしていた[7]。

なお，ナチの政権掌握に伴いケルン市長を罷免されたアデナウアーは，修道院長ヘルヴェーゲンが使徒ギムナジウム時代の学友だった縁を頼り，1933年4月から一年ほどマリア・ラーハに匿われており，こうした一部のカトリックたちの動きを苦々しく観察してい

---

6) フェーリクス・ブリンドウは，カトリック・アカデミカー連盟の第3回社会学特別大会の議論を分析し，カトリックのライヒ・イデオローグたちとカール・シュミット（彼もこの大会に参加していた）の思想の違いを明らかにしている（Blindow 1999：32-38）。また，青年保守派の代表的理論家であるエドガー・ユリウス・ユング（Edgar Julius Jung, 1894-1934）もこの大会に参加し，ただ一人「全体国家」概念を正面から批判した。大会の概要も含め，この点については，小野清美による優れた分析を参照（小野 2004：330-333）。

7) ただし「ライヒ」理念は，難解かつ複雑であり，多様な意味を含んでいる。このドイツ史における最重要概念である「ライヒ」に関する簡にして要を得た解説として，石田 2005 を参照のこと。

る（板橋 2014a：50 f.）。

ナチによる「アーベントラント」・イデオロギー

ところで，ナチ体制自体も，「アーベントラント」よりも「ライヒ」の方を重宝した。これまで同様，国名を Deutsches Reich と名乗り続けたし，周知のように，ナチ体制の別称は「第三帝国（Das Dritte Reich）」である（ナチ自身はこの呼称を 1939 年 7 月から禁じたが）。さらに 42 年 3 月，ナチ政府はメディアに指令を発し，「ライヒ」という呼称をドイツ以外の他国に用いてはならないと命じている。「国家や国民はいくつもあるが，ライヒはただドイツのみ」とされたのである（石田 2005：122-124）。

とはいえ，1941 年 6 月に始まる対ソ戦（とくにスターリングラード戦以降）によって，「アーベントラント」・イデオロギーも重みを増してきた。歴史家ヴィンクラーが指摘するように，最初にソ連侵攻に拍手喝采を送ったのは教会関係者だった（Winkler 2002：82［邦訳：80］）。1941 年 6 月 30 日，ハノーファーの地区監督アウグスト・マラーレンス（August Marahrens, 1875-1950）を議長とするナチ政府寄りの「ドイツ福音主義教会聖職顧問会議」は，ソ連との戦争を「あらゆる秩序とあらゆるアーベントラント的・キリスト教的文化の仇敵（Todfeind）に対する決然たる闘争」と呼び，ヒトラーに謝意を表明している（Ebd.；Meier 1994：311；河島 1993：163 f.）[8]。また，後に西ドイツで保守派の著名なジャーナリストとなるハンス＝ゲオルク・フォン・ストゥドニッツ（Hans-Georg von Studnitz, 1907-93）は，ソ連侵攻直後の『ベルリン地方新聞』に次のように

---

[8] 言うまでもなく，第二次世界大戦へのプロテスタント教会（福音主義教会）の対応は様々であった。この点については，河島幸夫による一連の研究を参照のこと（河島 1993；同 2006；同 2015）。

書いている。

　　キリスト教的＝アーベントラント的文化の代表とされるすべて
　　の国家と民族が［…］ドイツの味方となった。［…］全アーベ
　　ントラントが隊列を組んでおり，アードルフ・ヒトラーがヨー
　　ロッパの軍司令官となったのだ[9]。

　ナチ体制側も，対ソ戦以降は「アーベントラント」概念をプロパ
ガンダに利用するようになった。「アジア的」とされたソ連に対抗
するには，ドイツ中心的な響きを持つ「ライヒ」よりも，フランス
をも含めることができる「アーベントラント」の方が便利だったか
らである。
　それは，宣伝相ゲッベルス（Joseph Goebbels, 1897-1945）の演説
にも見て取れる。独ソ戦が劣勢となったことを受けて，1943 年 2
月 18 日にベルリン・スポーツ宮殿で行われた，ゲッベルスによる
有名な「総力戦演説」には，「アーベントラントは危機に陥ってい
るのだ！」という言い回しがある[10]。その 3 週間前にも同じ場所で
ゲッベルスは，「権力掌握」10 周年を記念して行われた演説のなか
で，対ソ戦は，「ドイツ国民の自由と安全をめぐる闘いというだけ
でなく，ヨーロッパの将来の運命，それどころか文明化されたアー
ベントラント全体の将来の運命をめぐる対決なのである」[11]と述べ

---

9)　Hans-Georg von Studnitz, "Heerführer Europas. Das ganze Abendland ist angetre-
　　ten," *Berliner Lokalanzeiger*, 28. 6. 1941, zit. aus Schildt 1999：27 f. ストゥドニッ
　　ツについては，Asmussen 1997 を参照。
10)　Rede anläßlich der Kundgebung des Gaues Berlin der NSDAP am 18. 2. 1943 im
　　Berliner Sportpalast, in：Heiber 1972：Nr. 17, S. 178.
11)　Rede anläßlich der Kundgebung zum 10. Jahrestag der Machtübernahme am 30. 1.
　　1943 im Berliner Sportpalast, in：Heiber 1972：Nr. 16, S. 163. Vgl. auch：Elvert

ている。

こうした主張，すなわちドイツは「アーベントラント」をボルシェヴィズムから守るために闘っているのだという主張は，外務省や宣伝省だけでなく，親衛隊や武装親衛隊による国外向けキャンペーンの中心的な位置を占めた（Winkler 2002：97 [邦訳：94 f.]）。かかる反ソ的な「アーベントラント」プロパガンダのもと，たとえば占領下フランスでは徴兵が行われたのである[12]。

ヒトラー（Adolf Hitler, 1889-1945）自身，1941 年 12 月 11 日のライヒ議会演説，すなわち対米宣戦を含む演説で次のように述べている。

　　古代ギリシャ（Hellas）とローマからアーベントラントは誕生し，幾世紀を経て，いまやアーベントラントの防衛は，ローマ人のみならず，とりわけゲルマン人の課題となったのである（Domarus 1988：1796 f.）。

また，1943 年 1 月にスターリングラードで降伏に傾きつつあった第六軍指揮官フリードリヒ・パウルス（Friedrich Paulus：1890-1957）に宛てた，以下の有名なヒトラーの電報でも「アーベントラント」は使われていた。

　　降伏は禁ずる。軍は最後の兵士と最後の弾薬が尽きるまで踏み

　　1999：380.
12) 1944 年に対ソ戦のためにフランス人で構成された武装親衛隊の師団は「シャルルマーニュ」と名づけられた（Laughland 1997：10）。一方，フランスの対独協力者たちも，独ソ戦を機に「西洋の防衛（Défense de l'Occident）」といったレトリックを用いた（宮下 2011：58）。

止まり，その英雄的な忍耐によって防衛線の構築とアーベント
ラントの救済のために忘れえぬ貢献をするのだ（Ebd.：1974）。

なお，ゲッベルスに至っては，「アーベントラント」を反ユダヤ
主義と結びつけている。彼によると，ユダヤ人は「ライヒのみなら
ず，アーベントラント文化全体に致命的な脅威」なのであった[13]。

第3節 | 「抵抗」の証としての「アーベントラント」?

レジスタンスと「アーベントラント」概念

　他方，第二次世界大戦後の「アーベントラント」概念の復活を考
える際には，ナチ時代に関する次の三点が重要な意味を持つ。

　第一は，カール・ゲルデラー（Carl Friedrich Goerdeler, 1884-
1945）やウルリヒ・フォン・ハッセル（Ulrich von Hassel, 1881-
1944），クラウス・フォン・シュタウフェンベルク（Claus Schenk
Graf von Stauffenberg, 1907-44）ら保守派のレジスタンスが，「アー
ベントラントの没落ではなく興隆を」唱えていたことである（Fa-
ber 2002：34）。たとえばハッセルにとって「非ヨーロッパ的な」ボ
ルシェヴィズムに対する闘いは，キリスト教的なアーベントラント
の文化的・政治的遺産を守るための闘いであった（Schöllgen 2004：
140）。よく知られているように，保守派のレジスタンスたちは，ク
ーデタが成功したら，西側諸国とのみ講和を結び，ソ連とは戦争継
続を考えていた。その彼らが 1944 年 7 月 20 日のヒトラー暗殺計
画をシンボルとして戦後に「英雄」となったことは，「アーベント

---

13) Joseph Goebbels, "Die sogenannte russische Seele," *Das Reich*, Nr. 29/1942, zit.
aus Schildt 1999：28.

ラント」概念の浄化にも繋がった。

　第二は，1930 年代半ばからのカトリック教会によるナチへの抗議・抵抗のなかで「アーベントラント」概念を教会側が用いたことである。ナチ政権を公に非難した 1937 年 3 月 14 日の有名なピウス 11 世（在位 1922-39）の回勅「深き憂慮に満たされて（Mit brennender Sorge）」（原文がラテン語でなくドイツ語で書かれた唯一の回勅である）にも，「キリスト教的アーベントラント（das christliche Abendland）」などの表現が見られる [14]。これにより戦後のカトリックたちは，「アーベントラント」概念を，ナチズムおよび共産主義という両全体主義に対立するものとして安心して使用できた。

　第三は，前述のプラッツやキュンツァーのように，『アーベントラント』周辺にも，ナチ体制によって迫害された者が多数いたということである。とりわけ重要な人物として，ベネディクト・シュミットマン（Benedikt Schmittmann, 1872-1939）が挙げられる。彼は，ヴァイマル共和国期にドイツにおける宗派系の連邦主義者を組織化するとともに，独仏協調にも尽力したケルン大学の社会学者だが，ナチ体制下で迫害を受け，1939 年の大戦勃発直後にザクセンハウゼンの強制収容所で死亡している。生き延びた彼の妻ヘレーネ（Helene (Ella) Schmittmann, 1880-1970）が戦後のアーベントラント運動に積極的に関与したこともあり，シュミットマンは，アーベントラント運動の「殉教者（Blutzeugen）」に列せられた（なお，ヘレーネはアデナウアーの最初の妻エマ・ヴァイアーの従姉であり，シュミット

---

14) 原文は以下のヴァチカンのホームページを参照。http://www.vatican.va/holy_father/pius_xi/encyclicals/documents/hf_p-xi_enc_14031937_mit-brennender-sorge_ge.html ナチ体制下のカトリック教会に関する研究は，福音派ほどではないにせよ膨大である。さしあたり邦語では，河島 2011：第 1 章および第 3 章を参照。とくに第 3 章は回勅「深き憂慮に満たされて」の分析である。ヴァチカンの対応全般については，松本 2013：第 4 章を参照。

マン夫妻はアデナウアーとも関係が深かった）[15]。

　また，第二次世界大戦後のアーベントラント運動の拠点の一つ「アーベントラント・アカデミー」の理事を務めるテオドール・シュテルツァー（Theodor Steltzer, 1885-1967）も，保守派のレジスタンス運動「クライザウ・サークル」のメンバーであり，1944年7月20日事件の後に逮捕され，民族法廷（政治犯などを扱うナチ政権下の特別法廷）で死刑を宣告された人物であった（戦後にベルリンCDU創設に関わり，1945年から47年までシュレスヴィヒ゠ホルシュタイン州の首相を務める）（Pöpping 2002：159）。

　以上のように，実際にはナチズムとの「近さ」を見せた点は否定し難いものの，いくつかの重要な「抵抗」の証によって，「アーベントラント」は戦後の復活を可能にするのである[16]。

1930年代のオーストリア的「アーベントラント」理念

　さらに，戦後の「アーベントラント」理念の復活を考える際に見逃せないのは，ナチ政権期にナチ体制の外で展開された「アーベントラント」言説である。この点で重要なのは，オーストリアおよび

15）「殉教者」という表現は，たとえば以下にみられる。Franz Herre, "Föderalismus als abendländisches Ordnungsprinzip. Europakongreß des Bundes Deutscher Föderalisten in Konstanz," *Neues Abendland*, Jg. 5, Heft 9, 1950, S. 370-372, hier S. 371. ベネディクト・シュミットマンに関する研究としては，さしあたり Strickmann 2002 を参照。シュミットマンとアーベントラント運動については，Conze 2005a：113-116 を参照。

16）なお，次項とも関連するが，1938年にプラハで『アーベントラント（*Abendland. Unabhängige deutsche europäische Stimmen für christliche Gesellschaftserneuerung*）』という，カトリックの亡命者によるドイツ語雑誌が1号だけ出版されている（ただし筆者未見）。これは，ミュラーとプリヒタによると，イタリアのファシズムとは距離をとりながらも，シュシュニクのオーストリアに示されたようなキリスト教的な身分制国家概念と，エリート層による国家指導を宣伝するものであった（Müller & Plichta 1999：30）。

中東欧のドイツ語世界における（ときには亡命者によって担われた）
「アーベントラント」理念のあり方である。

ドルフス゠シュシュニク体制（本書40頁参照）下のオーストリア
では，ナチズムや大ドイツ主義とは区別された，オーストリア独自
の「アーベントラント」理念が模索された。これは，ナチ・ドイツ
から距離をとる，オーストリア・アイデンティティの構築の一環で
あった。たとえばナチ・ドイツからオーストリアへの亡命者ディー
トリヒ・フォン・ヒルデブラント（Dietrich von Hildebrand, 1889-
1977）が編集長を務めた雑誌『キリスト教的職能身分制国家（*Der*
Christliche Ständestaat）』では，オーストリアは「ボルシェヴィズ
ムと国民社会主義に対するキリスト教的な防塁となること，そして
真のドイツ性（Deutschtum）とアーベントラント文化全体を救済す
ることを使命とする」[17]とされた。

また，グラーツ出身で「アニマ」（Collegio Teutonico di Santa Maria
dell'Anima：ローマにあるドイツ語圏出身の聖職者を対象とした教皇庁
立の教育機関）の学長を務めていた司祭アーロイス・フーダル
（Alois Hudal, 1885-1963）は，ナチズムとキリスト教の融合を試み，
終戦直後に「ラットリン（ratline）」と呼ばれた逃走路経由でナチ
残党の逃亡を幇助した「褐色の司教」（褐色はナチの意）として有名
だが，彼も，1935年の著作『ドイツ民族とキリスト教的アーベント
ラント』では，ナチの独墺合邦プロパガンダに対抗して，オース
トリアの特性と政治的独立性を守るために「アーベントラント」を
持ち出し，「アーベントラントをめぐる闘いにおいて，オーストリ
アは摂理によって特別な使命を帯びている」と述べている[18]。

---

17) *Der Christliche Ständestaat*, 5. August 1934, S. 17, zit. aus Conze 2011a：190.

18) Alois Hudal, *Deutsches Volk und christliches Abendland*, Innsbruck u.a.：Tyro-
lia-Verlag, 1935, S. 29, zit. aus Hürten 1985：144 f. この著作は，出版直後にナチに

もちろんこうした考えは，ハプスブルク君主国以来，オーストリアは特定の人種や民族に限定されない「超民族性（Übernationalität）」を旨としつつ，「アジア」に対して「アーベントラント的・キリスト教的な文化」を守護してきたとする，「ハプスブルクのヨーロッパ的使命」というイデオロギーにも支えられている（ル・リデー　2004：65-74）。

　かかる「ハプスブルクの使命」の系譜を持つオーストリア的な「アーベントラント」理念の担い手は，第二次世界大戦後に西ドイツで公刊された雑誌『ノイエス・アーベントラント』（第4章で詳述）のなかで重要な役割を果たすようになる。たとえば，同誌の主筆となるエミール・フランツェルはいわゆるズデーテン・ドイツ人であり，そうした人物の一人である。彼は 1936 年の時点で『アーベントラントの革命（Abendländische Revolution）』という著作を刊行しているが，そこでは「ドナウ圏の多民族世界の守護者にして，プロイセンの対抗者という，ハプスブルクのヨーロッパ的使命」を称揚している（Franzel 1936：152）。

　他にも，「ハプスブルクの使命」といった理念を抱きつつ，『ノイエス・アーベントラント』で枢要な位置を占めることとなる人物として，フランツ・クライン（Franz Johann Klein, 1895-1964）がいる。クラインは，ウィーンで法学を学んだのち，ジャーナリストとして保守的・君主主義的な諸雑誌，とりわけ『キリスト教的職能身分制国家』誌で活躍した。そしてクラインは，アンシュルス後の 1938

よって「非ドイツ的」で「有害な」図書に認定されている（久保田 2014：46-47）。久保田浩の論文は，従来もっぱら「褐色の司教」として注目されてきたフーダルにつき，その「褐色の司教」像を過去に遡って投影することなく，1930 年代における彼のナショナル・アイデンティティと宗教的アイデンティティの連関を解明している。

年9月にロンドン，そして41年6月にはアメリカ合衆国に亡命し，同様にアメリカに亡命していたオットー・フォン・ハプスブルクと協働して，『オーストリアの声（*Voice of Austria*）』誌を編集している。第二次世界大戦後にヨーロッパに帰還したクラインは，スイスを拠点として，ローベルト・イングリム（Robert Ingrim）という筆名で，主に外交政策分野を中心に，『ノイエス・アーベントラント』に精力的に参加することになる（Conze 2005a：102）。

　さて，本章で見てきたように，教会や保守派のレジスタンスたちが「アーベントラント」概念を用いたこと，そして戦間期のアーベントラント主義者のなかにはナチ体制下で迫害された「殉教者」がいたこと，これらが「抵抗」の証となり，「アーベントラント」概念は（たとえばナチが積極的に活用した「ライヒ」や，ドイツ帝国主義の代名詞となった「中欧」のようなタブー化される諸概念とは異なり）第二次世界大戦後に「ルネサンス」を経験することになる。そして見逃せないのは，共産主義という脅威に対して「アーベントラント」を防衛するといった，独ソ戦下のゲッベルス風の防共的な言い回しが，新たに冷戦という文脈を得て，戦後にも入り込んでくることである。次章では，第二次世界大戦後の「アーベントラント」概念の「ルネサンス」と，アーベントラント運動の展開を検討しよう。

第4章

第二次世界大戦後のアーベントラント運動

『ノイエス・アーベントラント』の表紙(1956年の「保守」特集号)

第4章　第二次世界大戦後のアーベントラント運動　117

　本章では，第二次世界大戦後の「アーベントラント」思想および運動を検討する。「アーベントラント」は，第二次世界大戦後，ナチズムと戦争に倦み疲れ，ヨーロッパ統合論議に盛り上がる（西）ドイツにおいて，ドイツ（人）をヨーロッパという文化的共同体へ回帰させる概念として重宝された。かかるドイツの精神史的状況を背景に創刊されたのが雑誌『ノイエス・アーベントラント』であり，この雑誌を基にして「アーベントラント・アクション」や「アーベントラント・アカデミー」という運動体も組織された。とくに後者には西ドイツ政府閣僚も理事として名を連ねており，現実政治でも無視できない存在であった。そこで本章では，『ノイエス・アーベントラント』を中心に，戦後のアーベントラント主義者たちの思想世界を明らかにするとともに，彼らの運動がどういった展開を辿ったのかを検討する。

第1節 | 第二次世界大戦後の再出発
　　　　　 ——雑誌『ノイエス・アーベントラント』

戦後ドイツの精神状況

　よく知られているように，第二次世界大戦直後のドイツでは「ヨーロッパ熱」が高まり，雨後の筍のように現れた雑誌類のなかで[1]，

---

1) 第二次世界大戦後のドイツにおいて，雑誌は特別な意味を持った。現代史家クリストフ・クレスマンは次のように述べている。「すでに 1945 年，ドイツの生存をかけた艱難辛苦を目の前にして，雑誌は，驚嘆すべき，数量において記録的な隆盛を示し始めた。情報・教養・娯楽に対する全般的な欲求は，第三帝国の残した真空状態と，新たなアイデンティティーの探求によって説明される。雑誌は，こうした欲求を掘り当てて花開いた。[…] すでに 1946/47 年にはおよそ 200 の文化雑誌（文学，宗教，政治，青年，家族，女性，娯楽など）が存在し，それらはすべて独自の読者層を得ていた。文化雑誌の大部分は，政治文芸評論であった」（クレスマン 1995：188 f.）。

あるいは私的結社のなかで，ヨーロッパ統合論議が盛んに行われていた[2]。そこには，戦間期から「パンヨーロッパ」や「ヨーロッパ合衆国」を目指していた者もいれば，新生ドイツの未来をヨーロッパ統合に見る青年世代もいた。また，社会主義的なヨーロッパ合衆国の建設を唱える者もいれば，現実主義的な打算からヨーロッパの必要性に駆られた者もいた。職業政治家も，非政治的な文筆家も，みな「ヨーロッパ」を語った（Loth 1990：63）。多くのドイツ人にとって，「ヨーロッパ」はドイツの「頼みの綱（Rettungsanker）」（Loth 1995a）となったのである。

　「アーベントラント」概念の流行も，この「ヨーロッパ熱」の文脈にある。前章で述べたように，独ソ戦時の例外は見受けられるにせよ，ナチが「アーベントラント」をそれほどプロパガンダ概念として重用しなかったことが，第二次世界大戦後における復活を可能にした。これは，ナチが積極的に活用したがために公にはタブーとなった「ライヒ」や，ドイツ帝国主義の代名詞とされた「中欧（Mitteleuropa）」のような諸概念とは対照的である（板橋 2010：終章；同 2012）。つまり「アーベントラント」は，「ライヒ」や「中欧」のような伝統的なヨーロッパ秩序概念のなかで，珍しくナチスの経験によって「褐色化されず，貶められもしなかった」（Hürten 2009：11）ものであった。こうして「アーベントラント」は，1945年以降，（西）ドイツの政治的・文化的言説のなかで頻繁に使用される概念となった（Schildt 2001：20；Sarasin 2015）。

　戦後直後のドイツでアーベントラントが重宝された背景には，当時のドイツにおける独特の精神状況がある。ナチズムというナショ

---

2) 全般的には Lipgens 1982：230-246；Loth 1986 を参照。とくに雑誌については，Grunewald 2001 を，私的結社については，Stillemunkes 1988 を参照。

ナリズムと政治の過剰に倦み疲れたドイツ人たちにとって，「アーベントラント」が提供する脱ナショナリズム的，キリスト教的，文化的なトーンは，ある種の癒しの機能を持った（Schildt 2001：18-20）。そして何よりも「アーベントラント」概念は，「悪しきドイツ」を切り捨て，「善きドイツ（人）」をヨーロッパという文化的共同体へ回帰させる概念として重宝された（第1章第4節も参照）。「アーベントラント」概念には，ドイツ人の「集団的罪責」を否定する含意も伴っているのである[3]。

「アーベントラント」概念を熱心に喧伝した媒体としては，本章の検討対象である『ノイエス・アーベントラント』（1947年の発行部数2万5000）に加えて，『高地 (Hochland)』（同1万8000），『新秩序 (Neue Ordnung)』（同1万），『時代の声 (Stimmen der Zeit)』（同2万）などが挙げられる[4]。いずれもカトリック系の雑誌であり，程度の差はあれ，「没落」の危機に晒されている「キリスト教的アーベントラントの救済」を掲げている。たとえば，『新秩序』の創刊号の巻頭言は，「アーベントラントのキリスト教的文化を没落から守り，刷新し，振興すること，これがわれわれの雑誌の目的である」と端的に宣言している[5]。戦間期に引き続き，「アーベントラント」概念がカトリック的な刻印を有していたことが分かる。

とはいえ，戦後初期に「アーベントラント」について語ったのは，カトリックや保守派に限らなかった。カトリック左派，さらにはプロテスタントや（稀ではあるが）リベラルや社会民主主義者でさえ，

---

3) 戦後直後のドイツの精神状況を，皮肉も交えて巧みに描写したものとして，三島 1991：1-78を参照。

4) それぞれの雑誌の概観につき，Brelie-Lewien 1986；dies. 1990を参照。発行部数については，dies. 1990：191を参照した。

5) "Unser Ziel und unsere Art," *Die neue Ordnung*, Jg. 1, Heft 1, 1946, S. 1-8, hier S. 3.

「アーベントラント」概念を活用したのである[6]。

たとえば，当時の代表的なカトリック左派のジャーナリストであり，戦間期の『アーベントラント』にも寄稿していたヴァルター・ディルクスは，1946年の『フランクフルター・ヘフテ』に寄せた「アーベントラントと社会主義」という論説のなかで，資本主義はアーベントラントの価値に反するものであり，「アーベントラントは社会主義的とならねばならない」と書いている[7]。

また，その反教権主義的な主張からは意外だが，草創期の自由民主党（FDP）も「アーベントラント」について語った。自由主義左派が強かったヴュルテンベルク゠バーデン州（1945年に米占領下で成立し，52年まで存在していた州）の民主人民党（DVP：1948年にFDPに参加）の選挙アピール（1946年6月）には，「家族と学校，国家と教会は，権力崇拝や自民族中心主義や人種妄想の代わりに，キリスト教的・アーベントラント的な文化という永遠に妥当する法則を再建するため，力を合わせねばならない」という一文がある[8]。またFDPの第2回連邦党大会（1950年4月29日〜5月1日）で決議された「文化政策に関する原則」の冒頭では，「アーベントラントの没落という標語が意識されたことによって，統一ヨーロッパという意味でのアーベントラントの文化的遺産をさらに発展させる課題が認識された」と述べられている[9]。

---

6) 第二次世界大戦後の（西）ドイツにおいて，いかに広範な知識人や政治家，政党や諸団体が「アーベントラント」言説を用いていたかについては，ブロックマンやシルトが豊富な例を挙げて示している。Vgl. Brockmann 2002；Schildt 1999：29-38.

7) Walter Dirks, "Das Abendland und der Sozialismus," *Frankfurter Hefte*, Jg. 1, Heft 3, 1946, S. 67-76, hier S. 76.

8) "Wahlaufruf der Demokratischen Volkspartei Württemberg-Baden 1946," in：Juling 1977：73-75, hier S. 74.

9) "Leitsätze zur Kulturpolitik 1950. Beschlossen vom 2. Bundesparteitag vom 29. April

さらに社会民主党（SPD）の側でも，シューマッハーの死後 1952
年から党首を務めるエーリヒ・オレンハウアー（Erich Ollenhauer,
1901-63）が，「西側世界とヨーロッパの固有性および連帯の前提条
件」として「アーベントラント文化という基盤」を挙げていた[10]。
社会主義者の「アーベントラント」言説には「キリスト教的」とい
う形容詞は滅多につかないが，たとえばハンブルク市長だったマッ
クス・ブラウアー（Max Brauer, 1887-1973）は，反ナチスの文脈で
「キリスト教的アーベントラント」について語っていたようである
（Mayer 2009：57）。

　ドイツにおいて全般的にヨーロッパ統合論議が高まるなか，こう
して「アーベントラント」は，戦間期以来の「ルネサンス」（Gep-
pert 2012：91）を迎えることになった。

雑誌『ノイエス・アーベントラント』の刊行

　かかるドイツの精神状況を背景に創刊されたのが，雑誌『ノイエ
ス（＝新）・アーベントラント（*Neues Abendland. Zeitschrift für Po-
litik, Kultur und Geschichte*）』（1946 〜 58 年）[11]である。これは，ケ
ルン出身でヴァイマル共和国期から中央党やバイエルン人民党系の
新聞・雑誌で活躍していたジャーナリストのヨハン・ヴィルヘル
ム・ナウマン（Johann Wilhelm Naumann, 1897-1956）[12]を編集責任者

---

　　bis 1. Mai 1950 in Düsseldorf," in：Juling 1977：102-111, hier S. 102.

10）Rede Ollenhauers „Freiheit des Wortes" vor dem Internationalen Pressezentrum
　　Berlin, 18. 10. 1953, zit. aus Pape 2001：271.

11）以下，*Neues Abendland* は *NA* と略記する。

12）1897 年 7 月 7 日にケルンで生まれたヨハン・ヴィルヘルム・ナウマンは，哲学・
　　歴史・経済学・文学を学んだ後，1920 年からランダウ中央党の新聞 *Rheinpfälzer*,
　　26 年からケルン中央党の *Kommunalpolitische Blätter* などで活躍していた。1928
　　年には *Neue Augsburger Postzeitung* の編集を担ったが，ナチ政権掌握後の 1933
　　年に職を解かれている。第二次世界大戦後は，1945 年 11 月 17 日にバイエルン新

（Herausgeber）として，そしてゲルゼンキルヒェン出身で戦中はスイスに亡命していた活動的なヨーロッパ連邦主義者ヴァルター・フェルバー（Walter Ferber, 1907-96）を主筆（Chefredakteur）として，1946年に故ヘルマン・プラッツ周辺の『アーベントラント』サークルが再結集して創刊されたものである[13]。

　ヴァイマル期の『アーベントラント』に引き続き，『ノイエス・アーベントラント』にも寄稿した人物としては，前者の編集責任者だったデンプフに加え，カトリック・アカデミカー連盟の会長フェルディナント・キルンベルガー（Ferdinand Kirnberger, 1875-1962），政治学者のヴァルター・ハーゲマン（Walter Hagemann, 1900-64），戦後にバイエルンのカトリック・アカデミーの設立に関わった中世史家のヘルムート・イーバッハ（Helmut Ibach, 1912-96），司祭で歴史家のフリードリヒ・ツェプフル（Friedrich Zoepfl, 1885-1973），リガ生まれの著名な作家ヴェルナー・ベルゲングリューン（Werner

---

　聞社協会（Verein der Bayerischen Zeitungsverleger）の会長に選出され，46年末からアメリカ占領地区の出版社連盟（Verlegerverband）の会長も務めるなど，アメリカ占領地区の出版業界のなかで枢要な位置を占めるようになった。アメリカ占領機関の許可のもと，『ノイエス・アーベントラント』に加え，社会民主主義者のフレンツェル（Curt Frenzel, 1900-70）とともに『シュヴァーベン地方新聞（Schwäbische Landeszeitung）』を出版している。また，1946年から自らの出版社で「アーベントラント叢書（Abendländische Reihe）」の刊行を開始した。1948年には，彼の目標であったカトリックの日刊紙『アウクスブルガー・ターゲスポスト（Augsburger Tagespost）』の発刊に漕ぎ着けている。さらに1951年以来，『ドイチェ・ターゲスポスト（Deutsche Tagespost）』（現在の『ターゲスポスト（Die Tagespost）』）の編集も担った。1956年5月1日，ヴュルツブルクで死去（Brelie-Lewien 1986：77 f.；Schildt 1999：39；Plichta 2001a：320）。

13）フェルバーは，もともとナウマンとは別に，フランス占領下のフライブルクで『アーベントラント』という雑誌の出版を企画していたが，出版許可問題もあり，ナウマンと合流することになった。米仏の占領機関による許可問題も絡んで些か錯綜している『ノイエス・アーベントラント』創刊の経緯については，Brelie-Lewien 1986：77-80を参照。また，フランス占領下の連邦主義論議に関する研究として，Klöckler 1998がある。

『ノイエス・アーベントラント』の表紙
（1951年第1号）

Bergengruen, 1892-1964）らがいる[14]。

このように『ノイエス・アーベントラント』は，人的にも戦間期の『アーベントラント』にルーツを持ち，また創設者たちもヘルマン・プラッツやベネディクト・シュミットマンら戦間期のアーベントラント主義者たちとの接続を自覚し，公言していた[15]（とはいえ見逃せないのは，占領下の出版許可問題もあり，出版地が西部ドイツではなく，南ドイツのアウクスブルクに移ったことである）。そして，創刊号の巻頭にある「ドイツはアーベントラントと不可分である。ド

---

[14] 他にも，ローベルト・ヨーン（Robert John），アントン・マイアー（Anton Mayer），ヴィルヘルム・シュミット（Wilhelm Schmidt），ヘルマン・ポート（Hermann Port），アンドレアス・アンドラエ（Andreas Andrae）らカトリック・アカデミカー連盟の人びとが，ヴァイマル期に引き続くかたちで，『ノイエス・アーベントラント』に執筆した。Vgl. Conze 2005a：55.

[15] Vgl. "Benedikt Schmittmann, Hermann Platz, Theodor Haecker," *NA*, Jg. 1, Heft 1, 1946/47, S. 25-26.

イツは再び諸国民の共同体（Gemeinschaft der Völker）に組み込まれ
ねばならない」[16] というナウマンの宣言は，上述のドイツの精神風
土にぴたりと嵌るものであった。

初期『ノイエス・アーベントラント』の傾向

こうして出発した『ノイエス・アーベントラント』だが，少なく
とも初期は，現実政治に関わるよりは，文化的・哲学的・神学的・
歴史学的な問題に沈潜する傾向があった。確かに，歴史的な「アー
ベントラントの文化的統一性」[17] を強調するとともに，社会の「再
キリスト教化」を唱えることは，敗戦後の占領下ドイツにおいて政
治的な意味を持つと言えよう[18]。たとえば1948年のある論説は，
「キリスト教信仰によってのみヨーロッパは再生できる」[19] と主張し
ている。

また，フランス革命と世俗化，個人主義とナショナリズムこそが
20世紀に破滅的な帰結を齎したという歴史解釈は，第一次世界大
戦後のアーベントラント主義者の一貫した主張だったが，かかる主
張は，第二次世界大戦後，ナチズムをも近代あるいは世俗化の帰結
と捉えることで，ナチズムをドイツ固有の問題ではなく，近代全般
の問題として提示することに繋がった。フランスの歴史学者ジャ
ン・ソルシャニーは，こうした歴史解釈の道筋を「反近代主義から

---

16) Johann Wilhelm Naumann, "Neues Abendland," *NA*, Jg. 1, Heft 1, 1946/47, S. 1-3, hier S. 2.

17) Friedrich Zoepfl, "Abendländische Kultureinheit," *NA*, Jg. 1, Heft 1, 1946/47, S. 5-11. Vgl. auch：Walter Ferber, "Das historische Europa als Kultureinheit," *NA*, Jg. 4, Heft 11, 1949, S. 321-324.

18) E.g. Ella Schmittmann, "Demokratie als personale Volksordnung," *NA*, Jg. 2, Heft 1, 1947, S. 1-3.

19) Carl Speckner, "Rückkehr zu Europa," *NA*, Jg. 3, Heft 5, 1948, S. 151.

反全体主義へ」とまとめているが（Solchany 1996：379 f.），かかるナチズム解釈はもちろん，ドイツ人の「集団的罪責」を否認する意味を持っている。実際，1946年から47年の『ノイエス・アーベントラント』には，反近代主義的な視座から罪責問題を扱った論説が少なくない（1946年10月号は「罪責問題」特集である）[20]。

　しかし，草創期の『ノイエス・アーベントラント』では，これらの主張は極めて観念的なものにとどまり，具体的な政治目標と結びつけられることは稀であった。編集責任者ナウマンによる前述の創刊号の巻頭言も，「トライチュケやドロイゼンやジーベル以来プロイセン化されたドイツ史解釈に反対し，連邦主義的・普遍主義的な伝統を保つこと」，「プロイセンの傲慢，歴史の歪曲，大衆化された軍国主義と闘うこと」を，「われわれの課題」として掲げるものであった[21]。実際，より政治的な雑誌を目指していたフェルバーは，ナウマンの文化的・宗教的な方向性に飽き足らず，半年で『ノイエス・アーベントラント』の主筆を降りてしまい，自らが編集する『連邦主義冊子（Föderalistische Hefte）』の創刊へと向かうのである（Brelie-Lewien 1986：80；Klöckler 1998：94）。

連邦主義論の展開

　それでも，初期の『ノイエス・アーベントラント』では，ヨーロッパ統合に直結するような，一つの政治思想が積極的に展開されていた。連邦主義である。

---

20) Vgl. Carl Klinkhammer, "Die deutschen Katholiken und die Schuldfrage," *NA*, Jg. 1, Heft 8, 1946/47, S. 12-16；Walter Ferber, "Geschichtliche Betrachtung zur Schuldfrage," *NA*, Jg. 1, Heft 8, 1946/47, S. 24-25.

21) Johann Wilhelm Naumann, "Neues Abendland," *NA*, Jg. 1, Heft 1, 1946/47, S. 1-3, hier S. 3. Vgl. auch：ders., "Hegel und der preußische Geist," *NA*, Jg. 1, Heft 5, 1946/47, S. 29-30.

初期の『ノイエス・アーベントラント』の寄稿者には，ヴァイマ
ル時代以来のアーベントラント主義者に加え，ケルン大学の公法学
教授エルンスト・フォン・ヒッペル（Ernst von Hippel, 1895-1984）
や高名な作家ラインホルト・シュナイダー（Reinhold Schneider,
1903-58）も名を連ねていたが，それにも増して見逃せないのが，
ジャーナリストのパウル・ヴィルヘルム・ヴェンガー（Paul Wil-
helm Wenger, 1912-83）や，歴史学徒のエルンスト・ドイアーライ
ン（Ernst Deuerlein, 1918-71）やフランツ・ヘーレ（Franz Herre,
1926-）ら若い世代の存在である。彼らこそ，初期の『ノイエス・
アーベントラント』で積極的に打ち出された（ほぼ唯一の）政治思
想である連邦主義の担い手となったからである。

へーレやヴェンガーは，ヨハン・ヴィルヘルム・ナウマンやヘレ
ーネ（エラ）・シュミットマン（第3章第3節を参照）とともに，
1947年8月にバート・エムスで創設された「ドイツ連邦主義者同
盟（Bund der Deutscher Föderalisten)」の積極的な参加者であった。

ドイツ連邦主義者同盟は，1925年10月にヘレーネの夫ベネディ
クト・シュミットマンらが設立した「ドイツ連邦主義者全国作業共
同体（Reichsarbeitsgemeinschaft Deutscher Föderalisten)」の後継組織
だが，当時ヘッセン州議会CDU議員団長だったハインリヒ・フォ
ン・ブレンターノや，ラインラント゠プファルツ州首相のペータ
ー・アルトマイアー（Peter Altmeier, 1899-1977）らCDUの政治家
から，『フランクフルター・ヘフテ』のオイゲン・コーゴン（Eugen
Kogon, 1903-87）などカトリック左派知識人までも含む，ドイツに
おける宗派系勢力のヨーロッパ連邦主義運動の担い手であった。こ
の団体は，欧州各国のヨーロッパ連邦主義運動の集合体である「ヨ
ーロッパ連邦主義同盟（Union européenne des fédéralistes：UEF)」
に，1948年7月に加盟している（Lipgens 1982：653 f.)。

つまり，初期の『ノイエス・アーベントラント』は，このドイツ連邦主義者同盟とのメンバーシップの重なりもあり，戦後のドイツでヨーロッパ連邦主義を積極的に喧伝する媒体の一つという役割も果たしていたのである。

なお，当時のドイツには，他にもいくつかのヨーロッパ連邦主義運動が存在したが，ドイツ連邦主義者同盟は，たとえば社会主義系の連邦主義運動とは異なり，ドイツにおける「アーベントラント的な連邦主義」の「長い伝統」を強調する傾向にあり，「キリスト教的＝アーベントラント的な土台に基づいた」「ヨーロッパの統一（Zusammenschluß）」を求めていた。ヘーレは，連邦主義を端的に「アーベントラントの秩序原理」と表現している[22]。そして，ヘーレやドイアーラインら歴史家たちは，そうしたドイツにおけるヨーロッパ連邦主義の思想的伝統を歴史学的に掘り起こしていく作業にも従事していくことになる[23]。

ちなみに，こうしたドイツにおける連邦主義の伝統を探る過程でヘーレ，ヴェンガー，ドイアーライン，フェルバーらアーベントラント主義者が再発見したのが，19世紀にビスマルク的な小ドイツ主義に抗して，キリスト教的・普遍主義的な中欧連邦を構想したコンスタンティン・フランツ（Constantin Frantz, 1817-91）である。たとえば，「ヨハン・ヴィルヘルム・ナウマン出版」が刊行していた「アーベントラント叢書」の一冊であるフェルバーの『連邦主

---

22) 『ノイエス・アーベントラント』に掲載された，1950年にコンスタンツで開催された「ドイツ連邦主義者同盟」のヨーロッパ国際会議に関するヘーレの報告を参照。Franz Herre, "Föderalismus als abendländisches Ordnungsprinzip. Europakongreß des Bundes Deutscher Föderalisten in Konstanz," *NA*, Jg. 5, Heft 9, 1950, S.370-372. 引用は S. 370 から。

23) のちに彼らが著した歴史書として，Herre 1967 や Deuerlein 1972 がある。とくにドイアーラインの著作は，現在でも参照に値する連邦主義思想史の古典である。

義』（初版 1946 年）はフランツへの賛辞に満ちているし（Ferber
1948：14 ff.），同叢書はフランツの著作を復刊している（Frantz
1949）。「プロイセン化されたドイツ史解釈に反対し，連邦主義的・
普遍主義的な伝統を保つ」（ナウマン）ための恰好の先人として，
フランツはアーベントラント主義者にもて囃されたのである [24]。

『ノイエス・アーベントラント』の政治化・右傾化

さて，1949年から51年にかけて，『ノイエス・アーベントラント』
に転機が訪れる。端的に言えば，文化雑誌から政治的な雑誌へ，カ
トリック左派的な立場から保守化・右傾化へと舵を切っていくので
ある。

この点で第一に重要なのが，1949 年 1 月号からのエミール・フ
ランツェル（Emil Franzel, 1901-76）の主筆就任である [25]。以下の叙
述の鍵となる人物でもあるので，いわゆるズデーテン・ドイツ人で
あるフランツェルの経歴をやや詳しめに確認しておこう [26]。

24）ただし，第二次世界大戦後にコンスタンティン・フランツを再評価したのは，アー
　ベントラント主義者に限らない。敗戦後に第二帝政以降のドイツ史全体が問い直さ
　れるなか，ドイツ史の別の可能性を提示していた政論家として，そして平和主義者
　およびヨーロッパ連邦主義者として，フランツは注目を浴びたのである。戦後直後
　のフランツ再評価の代表的な例としては，経済学者ヴィルヘルム・レプケ（Wilhelm
　Röpke, 1899-1966）の『ドイツ問題』（Röpke 1945：180）や，歴史家フリードリヒ・
　マイネッケ（Friedrich Meinecke, 1862-1954）の『ドイツの崩壊』（Meinecke
　1946：27, 85, 158 f.［邦訳：30 f., 95, 180］）が挙げられよう。フランツの思想とそ
　の再評価について詳しくは，板橋 2010：第 2 章，とくに 47-51 および 63-67 頁を
　参照。

25）フランツェル以前の初期『ノイエス・アーベントラント』の主筆職は交代が激
　しかった。前述のように初代主筆のフェルバーが半年で Föderalistische Hefte に
　移った後，1946 年 7 月からナウマン，47 年 1 月からルーペルト・ジーグル（Rupert
　Sigl, 1915-?），そしてまた 47 年 10 月からナウマンへと変遷している。

26）フランツェルの経歴については，伝記的研究である Keller 2012 および Conze
　2011a を参照。また回顧録として，Franzel 1983 がある。

第 4 章　第二次世界大戦後のアーベントラント運動　129

エミール・フランツェルの回顧録
『時代の風に抗して』の表紙
出典：Franzel 1983

　フランツェルは，1901 年 5 月 25 日にボヘミアで教師の家に生まれ，プラハ，ミュンヘン，ウィーンで歴史学やゲルマニスティークや地理学を学んだ。とりわけ影響を受けたのは，大ドイツ主義的な歴史家ハンス・ヒルシュ（Hans Hirsch, 1878-1940）だったようである（Franzel 1936：8；ders. 1983：61-63）。1925 年に博士号を取得したのち，ジャーナリストとしての活動を始めている。もともと社会民主主義者だったこともあり，1934 年まで社会民主党の党教育施設の指導者を務め，34 年から 37 年まではプラハの党機関紙『社会民主主義者（Sozialdemokrat）』の外交部門の編集を担当していた。しかし同時に，雑誌『キリスト教的職能身分制国家（Der christliche Ständestaat）』（第 3 章第 3 節参照）とも密接に交流し，さらにはナチ党を除名されたオットー・シュトラッサー（Otto Strasser, 1897-1974）と知遇を得，彼の雑誌『ドイツ革命（Deutsche Revolu-

tion)』にも寄稿するようになる。こうした 1930 年代における漸次の右傾化によって，フランツェルは社会民主党内で孤立するようになり，37 年に同党を脱退した[27]。その後フランツェルは，ズデーテン・ドイツ人党（Sudetendeutsche Partei）に加盟するなど，ナチに接近し，第二次世界大戦期はそのプロパガンダにも加担していたようである。それまでの反ナチ的な姿勢から転向したわけだが，これが機会主義的なものなのか，確信的なものなのかは定かではない（Conze 2011a：192-194）。ともあれ，終戦後にプラハから追放された後はバイエルンに定住し，すぐにジャーナリスト活動を再開した。『ノイエス・アーベントラント』以外にも，『ドイチェ・ポスト（*Deutsche Post*）』や，被追放者の雑誌『人民の使者（*Volksbote*）』，『バイエルン州新聞（*Bayerischer Staatsanzeiger*）』などに携わっている。また，ミュンヘンのバイエルン州立図書館の研究員として勤務しながら（1951 ～ 63 年），失われたドナウ圏を追想する歴史書を中心に，多くの単著を著した。

　注目すべきは，第二次世界大戦後に展開されるフランツェルの基本的な思想は，社会民主主義から離反した 1930 年代後半には出来上がっていたことである。第 3 章でも言及した 1936 年の『アーベントラントの革命』という著作で，すでに「中世の古きライヒ思想が，アーベントラントの諸民族共同体およびヨ̇ー̇ロ̇ッ̇パ̇連邦（<u>Europäische Föderation</u>）の模範となるだろう」と記している（Franzel 1936：258）（なお，この『アーベントラントの革命』では，ナチのヨーロッパ構想は明確に否定の対象であった）。

　かかる経歴・思想を持つフランツェルのもと，『ノイエス・アー

27）のちにフランツェルは，社会民主党に所属していた時期を「わたしは全くの無知であった」と回顧している（Franzel 1983：33）。

ベントラント』は，より政治的で攻撃的な論調にシフトしていく。たとえば1950年にフランツェルは，「ドイツの脅威はもっぱら［SPD党首の］クルト・シューマッハーである」[28]と書いている。フランツェル自身の言によると，「1948年の時点では，わたしは社会民主党の政策の断固たる敵対者では全くなかった。［…］しかし，シューマッハーの反動的なナショナリズム，［1949年11月25日の連邦議会で］アデナウアーを『連合国の首相』と詰った彼の悪意ある闘い方，憎悪に満ちた反カトリック的態度，社会的市場経済に対する頑なな拒否，これらがわたしを社会民主主義に対する激しい敵対者にしたのである」（Franzel 1983：426 f.）。こうしてフランツェルは，反SPDを『ノイエス・アーベントラント』で前面に押し出していく。

　さらにフランツェルは，『フランクフルター・ヘフテ』周辺のディルクスやコーゴンらカトリック左派すら攻撃の的にした。彼によると，「左派カトリック，宗教的社会主義者，社会主義的キリスト者，権威を敵視する反乱者，そして彼らのドイツにおける代弁者である『フランクフルター・ヘフテ』」は，「独自のキリスト教的秩序像を持っていない」がゆえに，「ボルシェヴィズムに対して極めて無防備」だからである[29]。

　フランツェルは，多くの筆名を駆使しながら，こうした攻撃的な論説を大量に『ノイエス・アーベントラント』に掲載していったのである[30]。

28）Emil Franzel, "Quo vadis Germania?" *NA*, Jg. 5, Heft 12, 1950, S. 474-476, hier S. 476.

29）Ders., "Walter Dirks und der Kommunismus," *NA*, Jg. 7, Heft 3, 1952, S. 129-143, hier S. 138.

30）フランツェルは Bohemicus, Capitaneus, Carl von Boeheim, Coriolan, Erik Falkner, Fortinbras, Franciskus, Franz Murner, Lynkens, Michael Gaismeyer,

『ノイエス・アーベントラント』の右傾化の要因として第二に重要なのは，1951年初頭に上シュヴァーベンの貴族エーリヒ・フォン・ヴァルトブルク＝ツァイル侯（Erich Fürst von Waldburg zu Zeil und Trauchburg, 1899-1953）に買収されたことである[31]。これに伴い，1951年の4月号をもって，発行がアウクスブルクの「ヨハン・ヴィルヘルム・ナウマン出版」から，ミュンヘンの「ノイエス・アーベントラント出版（Verlag Neues Abendland G.m.b.H.）」に代わった。と同時に，インスブルックの「ティロリア出版社（Verlagsanstalt Tyrolia)」を通して，オーストリアにも流通するようになった[32]。その活動の重心も，完全に南ドイツおよびオーストリアへシフトしたと言えよう。

こうして『ノイエス・アーベントラント』には，かつて存在していたカトリック左派的な論調が消滅し，反自由主義・反議会主義志向が前面に押し出されるとともに，被追放者の利害代弁や「中欧」

Pacificus, Rudolf, Spectator, Stefan Heym, Stefan Fattinger, Sudeticus, Timon, Witiko など多くの筆名を持っており，『ノイエス・アーベントラント』でもかなりの数の記事を筆名で書いた。筆名の特定については，Keller 2012：117 f. を参照。

[31] ヴァルトブルク＝ツァイルは，1806年に陪臣化（Mediatisierung）された貴族の家系。1899年8月21日に生まれたエーリヒ・フォン・ヴァルトブルク＝ツァイルは，父の戦死により，1918年に19歳で爵位を継承した。ヴァイマル共和国時代，エーリヒ侯は，民主主義を社会主義の前段階として拒否していたが，中央党およびバイエルン人民党の指導者たちとは常に接触していた。1932年に彼はフリッツ・ゲルリヒ（Fritz Gerlich, 1883-1934）とともにカトリック系の新聞『まっすぐな道（Der gerade Weg)』（発行部数10万部以上）を創刊している。この雑誌はナチに抵抗を試みたものであり，1933年に出版が停止され，ゲルリヒはダッハウ収容所で殺害された（Großmann 2014：63-65）。エーリヒ侯は1953年5月24日に自動車事故で死去。彼の経歴については，『ノイエス・アーベントラント』に掲載された訃報記事（NA, Jg. 8, Heft 6, 1953 の巻頭)，および次の追悼記事を参照。"Auf geradem Wege. Dem Fürsten Erich August von Waldburg zu Zeil und Trauchburg zum Gedächtnis," NA, Jg. 8, Heft 7, 1953, S. 387-396. なお，ヴァルトブルク＝ツァイル家に関する研究として，Dornheim 1993 がある。

[32] "An die Leser," NA, Jg. 6, Heft 4, 1951, S. 145.

への追憶が顔を出すようになった（詳しくは本章第3節参照）。いまや『ノイエス・アーベントラント』は「カトリック雑誌のなかでは最も右寄りに」位置するようになったのである（Brelie-Lewien 1986：207）。無論，この転換を支えたのは，冷戦の本格的開始と，それに伴う激しい反共主義の台頭であった。

東西ドイツの建国間もない1949年の12月号のタイトルページで，『ノイエス・アーベントラント』の編集部は，これまでの歩みと今後の課題を次のように端的にまとめている。

　　まず最初に廃墟からの新たな出発という根本的な問題があり，次いでとりわけドイツの連邦制度構想をめぐる闘いがあったとするなら，新しいドイツが確固としたかたちを取り始めた1948年末からは，ヨーロッパの救済とアーベントラントの刷新という具体的な課題が生じたのであり，これにわれわれは尽力している。政治と歴史と文化のための雑誌という名に相応しく，四年目の『ノイエス・アーベントラント』の内容は［…］空虚な理論ではなく，アクチュアリティ，信仰告白，そして攻撃と防御によって特徴づけられる。鉄のカーテンとレヴァル［タリン］＝オデッサ線のあいだにある，かつてのアーベントラントの空間は，いまやヨーロッパをめぐる戦場である。［…］われわれは，カトリシズムがアーベントラントの救済を求める闘いにおいて最も強い力であると信じている［…］[33]。

---

33) "Ein Wort an unsere Leser," *NA*, Jg. 4, Heft 12, 1949.

第2節 アーベントラント運動の組織化──アーベント ラント・アクションとアーベントラント・アカデミー

ゲルハルト・クロルと「アーベントラント・アクション」

　以上のように,『ノイエス・アーベントラント』は1950年前後を境に政治化していく。これに伴い，アーベントラントは組織化の局面を迎えることになる。

　この組織化に与ったのが，ナウマンに代わり，1951年から新たに『ノイエス・アーベントラント』の編集責任者となったゲルハルト・クロル（Gerhard Kroll, 1910-63）である。

　クロルも，フランツェル同様，社会民主主義者からカトリック保守へと転向した経歴を持つ[34]。1910年8月20日にブレスラウで生まれたクロルは，ブレスラウ，ウィーン，ベルリンで国家学と国民経済学を学び，1934年にベルリンで博士号を取得後，ベルリンの景気変動研究所員ならびにジーメンス＆ハルスケでの見習生を経て，36年から38年までベルリンで哲学と宗教学を学んでいる。1938年から42年まで統計学者として働いたのち，43年から45年までは空軍に徴兵された。

　こうした過程で，1933年まで社会民主党員だったクロルは，次第にアクティブなカトリックとなっていく。とりわけ重要だったのは，ウィーンでオトマル・シュパン（Othmar Spann, 1878-1950）の講義を聴き，「世界観の衝撃」を体験したことである（第2章で述

---

34) クロルの経歴については，彼自身が作成した履歴書，および未公刊の回顧録的覚書を参照。Archiv für Christlich-Soziale Politik (ACSP), NL Gerhard Kroll, Nr. 1 (Memoiren/Lebensläufe)：Tabellarischer Lebenslauf, 2 Seiten；Handschriftlicher Lebenslauf vom 26. 1. 1959, 21 Seiten；Manuskript seines memoirenartigen "Lebenslaufes," 80 Seiten.

第 4 章　第二次世界大戦後のアーベントラント運動　135

議会評議会でのゲルハルト・クロル
出典：Uertz 2008：218

べたように，シュパンは『アーベントラント』の寄稿者でもある）。その後もクロルはシュパンとの交流を続け，彼から国家論や社会教説を学んだ[35]。

　第二次世界大戦後，クロルは，被追放者の一人としてバンベルクに移り住み，当地でバイエルンのキリスト教社会同盟（CSU）の設立に携わり，1949 年まで草創期 CSU の要職を担い，基本法を制定した議会評議会（Parlamentarischer Rat）のメンバーも務めている[36]。

---

[35] クロルは 1935 年にウィーン大学に滞在したが，そのことを「シュパン巡礼（Pilgerfahrt）」と名づけている。Vgl. ACSP, NL Gerhard Kroll, Nr. 1：Manuskript seines memoirenartigen "Lebenslaufes," Bl. 17-20. シュパンの政治思想については，村松 2006：第 3 章を参照。

[36] 議会評議会におけるクロルの活動について論じたものとして，Uertz 2008 がある。なお，議会評議会での活動・研究を基にしてクロルは『国家とは何か』（Kroll 1950）という著作を公刊したが，興味深いのは，政治学者の矢部貞治（1902-67）が，ドイツ国家学の系譜を辿るなかでクロルのこの本に注目していることである（矢部 1961）。矢部は，「私の渉猟した限りでは，ナチスに対する深刻な批判として見る

1949 年 2 月には「ナチ時代研究所（Institut zur Erforschung der na-tionalsozialistischen Zeit）」（後のミュンヘン現代史研究所 Institut für Zeitgeschichte）に初代所長（Generalsekretär）として招聘されるが，研究所の政治性のあり方と将来の方向性をめぐって当時の歴史学界の重鎮ゲルハルト・リッター（Gerhard Ritter, 1888-1967）と対立し，51 年 1 月に所長を辞任する。その直後に，同研究所にいたフランツ・ヘーレの仲介により，クロルは『ノイエス・アーベントラント』に加わった[37]。そして重要なのは，クロルの活動が，出版のみにとどまらず，政治組織化を志向するものであったことである。

1951 年，クロルは『ノイエス・アーベントラント』で「われわれは戦闘的な対決の局面に入った」と宣言し，「アーベントラント・アクション（Abendländische Aktion）」という団体の設立を提唱した[38]。こうしてクロルのイニシアティブにより，1951 年 8 月 25 日にミュンヘンで「アーベントラント・アクション」の創立式典が開かれる。中心に双頭の鷲をあしらった白地に赤の聖ゲオルギウス十字の団体旗まで用意する気合の入れようであった。

この式典で注目すべきは，クロルや，カトリックの東欧史家ゲオルク・シュタットミュラー（Georg Stadtmüller, 1909-85）と並んで，

べきものは，国家論の領域では，今のところ僅かにゲルハルト・クロルの『国家とは何か』を挙げうるに過ぎない」（同：279）として，クロルの国家論を評価するものの，「人間と国家の基本問題について多くの問題点を提起し，その回答はすべて神の啓示の中に持ちこむというのでは，キリスト信者には極めて有効であっても，一般に妥当性を持つ国家学とはいえない」（同：282）と論評している。

37）Vgl. ACSP, NL Gerhard Kroll, Nr. 1：Manuskript seines memoirenartigen "Lebenslaufes," Bl. 69. 現代史研究所の設立については，Möller 2009 に詳しい。とくにクロルとリッターの対立については，S. 32 を参照。

38）"An die Leser," *NA*, Jg. 6, Heft 4, 1951, S. 145. 続けてクロルは，当座のマニフェストを 3 号にわたって連載した。Gerhard Kroll, "Die Ursachen des abendländischen Verfalls," *NA*, Jg. 6, Heft 4, 1951, S. 146-152/Jg. 6, Heft 5, 1951, S. 223-229/Jg. 6, Heft 6, 1951, S. 291-300.

バンベルク出身の福音派であるヴォルフガング・ハイルマン（Wolf-gang Heilmann, 1913-92）も講演を行っていることである[39]。「アクション」が超宗派的な団体であることを示そうとしているのが看取できる。

　同時にクロルは，自ら「アーベントラント・アクション」の指針となるパンフレットを 2 冊著した（Kroll 1951 ; ders. 1953）。たとえば，その 1 冊『アーベントラント・アクションの秩序像』の「序文」には次のようにある。

　　アーベントラント・アクションは，没落しつつあるアーベントラントの刷新に尽力しようとする精神的な運動である。
　　近代（Neuzeit）の始まり以来，人間は次第に恣意的になり，万物の尺度たる神の要請を軽視するようになった。その結果，科学と技術は急速に進歩したものの，人間の内面と，あらゆる人間的秩序は崩壊した。神と人間に対する軽視は，野蛮にまで行き着き，筆舌に尽くしがたい混乱を導いた。［…］そうした世界の最終的表現が，ボルシェヴィズムである。
　　宗教的・倫理的刷新なくして，人間の救済は不可能である。経済・国家・社会・文化における恣意を克服することなくして，内面的な転換が真の共同体秩序を実現させることなど不可能である。［…］（Kroll 1953 : 7）

キリスト教保守派による近代批判の典型的な文章といえよう。こ

39）アーベントラント・アクションの創立式典については，『ノイエス・アーベントラント』に掲載されたレポートを参照。"Abendländische Aktion. Zur Gründung am 25. 8. 1951 in München," *NA*, Jg. 6, Heft 9, 1951, S. 508-512. ハイルマンは，のちにアーベントラント・アカデミーの研究主任（Studienleiter）を務めることになる。

うして「アーベントラント・アクション」は反近代的な主張を掲げて活動を開始した。1952年3月4日にはミュンヘンのコルピング寮で最初の公開集会を催している[40]。しかし，クロルと，出資者であるエーリヒ・フォン・ヴァルトブルク゠ツァイルとの関係が悪化したため，1953年にクロルは『ノイエス・アーベントラント』の編集責任者を降り，同時にアクションは活動を実質的に停止した[41]。

「アーベントラント・アカデミー」

　「アーベントラント・アクション」と並行して，そして「アクション」よりエリート主義的な構成で，エーリヒ・フォン・ヴァルトブルク゠ツァイルのイニシアティブにより1952年に設立されたのが，「アーベントラント・アカデミー（Abendländische Akademie）」という組織である（アクションの活動停止後，アクションのメンバーもアカデミーに移行している[42]）。この組織は，すでに進行していたヨーロッパ統合を背景に，「有機的かつ連邦的に編成された超民族的な秩序（eine organisch und föderativ gegliederten übervölkischen Ordnung)」[43]の組織化を掲げていた。

　初代会長は，著名な軍人であり，CSUの他，数々のカトリック系および保守系の団体に属していた国法学者フリードリヒ・アウグスト・フォン・デア・ハイテ（Friedrich August Freiherr von der Heydte, 1907-94）が務めることになった。フォン・デア・ハイテは，

---

40) Vgl. "Zur ersten Kundgebung der Abendländischen Aktion am 4. März 1952 in München," *NA*, Jg. 7, Heft 4, 1952, S. 242-245.

41) ACSP, NL Gerhard Kroll, Nr. 1 : Manuskript seines memoirenartigen "Lebenslaufes," Bl. 70-73.

42) Ebd., Bl. 72 f.

43) *Abendländische Akademie. Wesen, Ziel und Organisation*, München : Verlag Neues Abendland, 1953, S. 3.

戦間期からカトリック・アカデミカー連盟に所属し，「ライヒ」理念にも共鳴していた人物である[44]。このハイテが，アカデミーの最高決定機関である執行部（Vorstand）を指導した。また副会長には，1953年5月に自動車事故で死去したエーリヒ侯に代わり，その息子ゲオルク・フォン・ヴァルトブルク゠ツァイル侯（Georg Fürst von Waldburg zu Zeil und Trauchburg, 1928-2015）が就いた。

　執行部には，フォン・デア・ハイテやゲオルク侯，東欧史家シュタットミュラー，福音派でドルトムント大学哲学教授ハイルマン，そして『ノイエス・アーベントラント』の主筆イーバッハ（このときフランツェルは主筆職から一時退いていた）に加え，エーリヒ侯の従弟で司祭のフランツ・ゲオルク・フォン・ヴァルトブルク゠ツァイル，その姻戚にあたるエーバーハルト・フォン・ウーラッハ侯

---

[44] フリードリヒ・アウグスト・フォン・デア・ハイテ男爵は，1907年3月30日にミュンヘンで生まれ，法律を勉強しながら，18歳で陸軍に入隊した。法学をミュンヘン，インスブルック，グラーツ，ベルリン，ウィーンで学び，1932年に法学の博士号を取得している。戦間期にはカトリック・アカデミカー連盟に所属しており，1933年のマリア・ラーハにおける連盟の第3回社会学特別大会（第3章第2節参照）に出席した際には，連盟のナチスへの接近に賛同した。1932年から35年までケルン，ウィーン，ミュンスターで研究助手として働くが，35年に再び軍に戻っている。44年12月のアルデンヌ戦中に捕虜となっており，釈放されたのち，49年にミュンヘンで教授資格を得て，51年にマインツ大学に招聘された。そして，54年にヴュルツブルク大学に転じ，そこでハイテは75年の定年退職まで国法学を教えていた。なおハイテは，連邦軍の予備将校として出世し，1968年には予備役准将にまでなっている。また彼は，シュピーゲル事件の際，国家反逆罪で件の雑誌を告訴したことで耳目を集めた。政治活動としては，ハイテは1947年以来CSUに所属しており（1966年から70年までバイエルン州議会議員），また「アーベントラント・アカデミー」の他にも，一連の保守系団体に所属していた（たとえば「ドイツ・サークル（Deutscher Kreis）」「西欧防衛団（Westliches Wehrwesen）」「自由を守れ（Rettet die Freiheit）」「聖墓騎士団（Ritterorden vom heiligen Grab）」など）。さらに，1948年から56年まで「ドイツ・カトリック中央委員会（Zentralkomitee deutscher Katholiken）」のメンバーでもあった。1994年7月7日に死去。フォン・デア・ハイテの経歴については，Conze 2005a：63-71 を参照。また，回顧録に von der Heydte 1987 がある。

（Eberhard Fürst von Urach, 1907-69），福音派のオルデンブルク地区監督ヴィルヘルム・シュテーリン（Wilhelm Stählin, 1883-1975），ゲオルク・フォン・ガウプ＝ベルクハウゼン（Georg von Gaupp-Berghausen, 1918-85）らがいた[45]。とりわけガウプ＝ベルクハウゼンは，アカデミーの事務局長とノイエス・アーベントラント出版のマネージャーを兼務し，アーベントラント運動の実務面で中枢的な役割を担った（Großmann 2014：112 f.）。

そして，執行部の活動を精査し，毎年末に執行部の報告書を承認するアカデミーの理事会（Kuratorium）には，ドイツ連邦共和国の政界・経済界・学界の重要人物が集められた。理事のリストでとりわけ目を引くのは，当時の与党キリスト教民主同盟／社会同盟（CDU/CSU）やドイツ党[46]の指導的な政治家たちの名前である。「大物」としては，CDU の連邦議会議員団長で 55 年から連邦外務相を務めたハインリヒ・フォン・ブレンターノ（Heinrich von Brentano, 1904-64）がいる（フォン・ブレンターノについては後述）。

また，要職にありつつアーベントラント運動に熱心に参加した特筆すべき理事の一人として，ハンス＝ヨアヒム・フォン・メルカッツ（Hans-Joachim von Merkatz, 1905-82）がいる。フォン・メルカッツは，プロイセンのポメルン出身のプロテスタントで，1949 年から 69 年まで連邦議会議員を務め，53 年から 55 年までドイツ党の連邦議会議員団長，55 年から 62 年まで連邦参議院相，56 年から

---

45) アーベントラント・アカデミーの執行部や，次に述べる理事会や顧問会については，*Abendländische Akademie. Wesen, Ziel und Organisation*, München：Verlag Neues Abendland, 1953 を参照。また，追って加わった理事については，Schildt 1999：57, Anm. 169 を参照。

46) ドイツ党は，北ドイツのニーダーザクセン州に基盤を持つ右派自由主義・保守政党。第 1 次〜第 3 次アデナウアー政権（1949 〜 1961 年）の連立与党だった。1960 年に党が分裂し，フォン・メルカッツら有力議員は CDU に移った。

57 年まで連邦司法相，60 年から 61 年まで被追放者相（Bundesminister für Vertriebene, Flüchtlinge und Kriegsgeschädigte）を歴任している（1960 年から CDU 所属）。上記の閣僚職以外にも，パンヨーロッパ連盟ドイツ支部の委員会で長く活動し，のち支部長（1967 年から 79 年まで）に就任している。さらに，1952 年から 58 年まで欧州石炭鉄鋼共同体（ECSC）の共同総会（のちの欧州議会）のメンバーであり，1964 年から 68 年までユネスコの執行委員会の西ドイツ代表を務めるなど，国際的にも要職にあった人物であった（Strelow 1995；Conze 2005a：92-99）。

他にも，現役の連邦閣僚，あるいはのちに閣僚となる人物として，CSU 所属で連邦郵政相（49〜53 年）のハンス・シューベルト（Hans Schuberth, 1897-1976），被追放者相（53 〜 60 年）のテオドール・オーバーレンダー（BHE，のち CDU）（Theodor Oberländer, 1905-98），連邦家族相（53 〜 62 年）のフランツ＝ヨーゼフ・ヴュルメリング（CDU）（Franz-Joseph Wuermeling, 1900-86）らが，アーベントラント・アカデミーの理事に名を連ねている。

さらに，CSU 所属の連邦議会議員で，のちの連邦議会副議長リヒャルト・イェーガー（Richard Jaeger, 1913-98），同じく CSU でバイエルン州議会議長のアーロイス・フントハマー（Alois Hundhammer, 1900-74），そして戦中は「クライザウ・サークル」のメンバーであり（第 3 章第 3 節参照），シュレスヴィヒ＝ホルシュタイン州の首相（1945 〜 47 年）を務めたテオドール・シュテルツァー（CDU）ら錚々たる顔ぶれが並ぶ [47]。

47）なお，連立与党のなかで，自由民主党（FDP）関連の人物は，アーベントラント・アカデミーのなかには見当たらない。加えて言えば，『ノイエス・アーベントラント』の寄稿者のなかにも，FDP 関連人物はいないようである。彼らの主張からすれば自然ではあるが，一応ここで確認しておきたい。

加えて，理事会の構成員として見逃せないのは，マリア・ラーハの修道院長バジーリウス・エーベル（Basilius Ebel, 1896-1968），パーダーボルンの大司教ローレンツ・イェーガー（Lorenz Jaeger, 1892-1975），アイヒシュテットの司教ヨーゼフ・シュレファー（Joseph Schröffer, 1903-83）などカトリック教会の重要人物や[48]，ヴァルトブルク＝ツァイル家をはじめとする貴族たち[49]，そして同郷会連盟（Verband der Landsmannschaften）の会長ルドルフ・フォン・アオエン（Rudolf Lodgman von Auen, 1877-1962）やアルベルト・ズィーモン（Albert Karl Simon），CDU/CSU 連邦被追放者委員会会長のヴァルター・フォン・コイデル（Walter von Keudell, 1884-1973）ら被追放者の代表者たちである。

　以上のメンバーや諸機関の構成にも示されているが，アーベントラント・アカデミーは，カトリックの枠を超えた超宗派性を（アーベントラント・アクション以上に）強調していた。福音派のアーベントラント・アカデミーの参加者としては，上述のハイルマンやシュテーリンに加え，たとえばキールの監督教区長ハンス・アスムッセン（Hans Asmussen, 1898-1968），ハンブルクの神学者パウル・シュッツ（Paul Wilhelm Schütz, 1891-1985），マールブルクの教区監督カール・ベルンハルト・リッター（Karl Bernhard Ritter, 1890-1968）らがいた[50]。シュテーリンはのちに「宗派の境界を超えた共通の政治

48）　多くのカトリック高位聖職者同様，ローレンツ・イェーガーは，1941 年 10 月
　　19 日に独ソ戦を「われらの祖国におけるキリスト教の守護のための，反キリスト
　　教的ボルシェヴィズムの脅威から教会を救済するための」戦争であるとして正当化
　　した人物である（Winkler 2002：82 ［邦訳：80]）。
49）　ヴァルトブルク＝ツァイル家の面々やその姻戚のエーバーハルト・フォン・ウー
　　ラッハ侯の他にも，エリマール・フォン・ヒュールステンベルク男爵（Freiherr
　　Elimar von Fürstenberg, 1910-81）などがいる。
50）　アスムッセンやリッターは，アカデミーの顧問会のメンバーでもあった。なお，
　　アスムッセンにつき，邦語では宮田 2000 を参照。

的責任を意識していた」と回顧している（Stählin 1968：714）。もちろん彼らは西ドイツの福音派のなかでも保守的な層ではあったが，アカデミーの超宗派性の主張はアリバイ以上のものであったと言えよう（Schildt 2000b：187）[51]。

　また，アーベントラント・アカデミーは，ドイツの枠を超えた国際性を志向していた。それは西ドイツのみならず，オーストリア，スイス，フランス，スペイン，イギリスの有識者を集めた，アカデミーの顧問会（Beirat）に表れている。たとえばフランスからは，銀行史で知られる経済学者アシル・ドーファン＝ムーニエ（Achille Dauphin-Meunier, 1906-84），ゲルマニストでアデナウアーの伝記も執筆しているロベール・ダルクール（Robert d'Harcourt, 1881-1965），キリスト教的実存主義で著名なガブリエル・マルセル（Gabriel Marcel, 1889-1973），ザールラント大学学長のジョセフ＝フランソワ・アンジェロス（Joseph-François Angelloz, 1893-1978）らが顧問に名を連ねていた。ロシア出身のヴァレンティン・トンベルク（Valentin Tomberg, 1900-73）やスイスの文化史家マックス・ピカート（Max Picard, 1888-1963）も顧問会のメンバーだった。

　確かにアーベントラント・アカデミーは，たとえば当時の代表的なヨーロッパ統合推進団体であるヨーロッパ連盟（Europa-Union）などと比べると（Loth 1990 を参照），国際性の点で劣っていたと言えるかもしれない。とはいえ，西ドイツのアーベントラント主義者たちは，1952 年にスペインを拠点として設立された「ヨーロッパ

51）とはいえ，シュテーリンが「福音派のサークルと指導的な教会人をさらに誘おう」としても，「政治的反動に対する不安」や「反カトリック・コンプレクス」に起因する「疑い深い自制」や「隠しきれない不信」に遭遇したと回顧しているように（Stählin 1968：714 f.)，アーベントラント・アカデミーは，やはり福音派の主流からは，カトリック中心の反動的な団体と見なされていたようである。

文書・情報センター（Das Europäische Dokumentations- und Informationszentrum/Centre Européen de Documentation et d'Information：CEDI)」にも加盟し，スペイン，フランス，オーストリアをはじめとする各国の保守主義者たちと国際的な連携を強めている（CEDIについては後述する）[52]。

　このようにアーベントラント・アカデミーは，超宗派性と国際性の二つを組織構成の目標としていた。優先順位は，どちらかといえば前者にあったと言える。1956 年の時点でアーベントラント・アカデミーの活動を振り返ったゲオルク・フォン・ヴァルトブルク＝ツァイルは，「これまでのアカデミーの活動の重点は，アカデミー内のカトリックと福音派の協働にあり，[…]［西ドイツ以外の］他の諸国との協働はそれほど強くなかった」と反省している[53]。

　ともあれ，アーベントラント・アカデミーは，講演会の開催や各種団体との交流をはじめ，1950 年代前半は順調に活動を進めた。とりわけ重要なのが，バイエルンのアイヒシュテットで毎年開催された年次大会である。この年次大会は，あるテーマをもとにメンバーや内外の識者が集まり講演・討論するシンポジウム形式のもので，200 人から多いときは 500 人が参加し，大会後には報告集（講演原稿，討論の議事録，要旨，大会に関する各メディアの報道の抜粋が収録されている）も順次刊行されている。講演者の選択を見ると，やはり超宗派性と国際性が意識されていたことが分かる。たとえば，あ

52）それは，アーベントラント・アカデミーの事務局が刊行する小冊子 *Die Abendländische Akademie* にも見て取れる。たとえば，1955 年の 7 月号はすべて CEDI の年次大会に関するレポートである。Vgl. *Die Abendländische Akademie*, hg. vom Generalsekretariat der Abendländischen Akademie, Jg. 2, Nr. 6/7, Juli 1955.

53）"Sitzungsprotokoll des Vorstandes, Beirates und Kuratoriums der Abendländischen Akademie am 17. Juni 1956 um 20 Uhr in Eichstät," ACDP, Nachlaß Hans-Joachim von Merkatz, 01-148-146/01, hier Bl. 5.

る一つの演題について，カトリックとプロテスタントが一人ずつ，あるいはドイツ人と外国人が一人ずつ講演するという形式が多い。また，年次大会のテーマは，1952 年は「アーベントラントにおける価値と形式」，53 年は「人間と自由」，54 年は「国家，民族，スープラナショナルな秩序（Staat, Volk und übernationale Ordnung）」，55 年は「諸国民から見るアーベントラント」，56 年は「政治的実存における保守的態度」といった興味深いものが並ぶ。そして，後述の事情で 4 年間の空白の後，1961 年は「多元主義，寛容，キリスト者」，62 年は「現代世界におけるヨーロッパの遺産」，63 年は「社会とその法」がテーマとなっている[54]。

アカデミーの出版物はノイエス・アーベントラント出版が担当し[55]，年次大会の費用については，ヴァルトブルク＝ツァイル家の資金と，1952 年に連邦内務省の管轄として創設された連邦祖国奉仕センター（Bundeszentrale für Heimatdienst：現在の連邦政治教育センター Bundeszentrale für politische Bildung）[56]の資金で賄われた（本

---

[54] アーベントラント・アカデミーの年次大会報告書（*Jahrestagung der Abend-ländischen Akademie*）は，以下 *JAA* と略記する。各巻の書誌情報については後掲の参考文献一覧の定期刊行物欄を参照。なお 1963 年の大会報告書については存在を確認できなかった。

[55] ノイエス・アーベントラント出版は，たとえばピウス 12 世のアンソロジー（Mayr 1955）などを刊行しているが，興味深いのは，アメリカの反共保守主義者ウィリアム・バックレーによるマッカーシー擁護本の翻訳（Buckley 1954）も出版していることである。ノイエス・アーベントラント出版については，Großmann 2014：73 f. を参照。

[56] 連邦祖国奉仕センターは，左右の「反民主主義勢力」によるプロパガンダから連邦共和国を守るために，国民に政治教育を行う機関として創設された。もちろん，このとき「反民主主義勢力」として政府の念頭にあったのは，ナチというよりは，共産主義であろう。また当センターには，ヨーロッパ思想の普及という目標も課せられていた。センター設置を定めた 1952 年の内務省布告には，「連邦祖国奉仕センターは，ドイツ国民のあいだに，民主的・ヨーロッパ的思想を確固たるものとし，その普及を図ることを課題とする」と記されている（近藤 2005：58 f.）。

146

章第5節で述べるように，この連邦からの資金が後に問題とされる）。

　このように，1950年代にアーベントラント主義者たちは，「アクション」や「アカデミー」というかたちで組織化の時代に入った[57]。では彼らは，いかなる政治・社会を目指していたのだろうか。そして，彼らにとってヨーロッパ統合はいかなる意味を持っていたのだろうか。

第3節 ｜ アーベントラント主義者の世界像

　本節では，アーベントラント主義者たちの思考様式を，とりわけその世界観や政治秩序像，そしてヨーロッパ統合観に焦点を当てて検討する。もちろん「アーベントラント主義者」と言っても決して思想的に一枚岩ではないが，『ノイエス・アーベントラント』やアーベントラント・アカデミーの年次大会報告書から，あくまで全般的な傾向を抽出していきたい。とくに分析の中心に据えるのは，『ノイエス・アーベントラント』の編集責任者であり，「アーベントラント・アクション」の設立者であるゲルハルト・クロルや，『ノイエス・アーベントラント』主筆エミール・フランツェルらアーベントラント運動の中核を担った人物（アカデミーの年次大会にもクロルやフランツェルは参加している）の言説である[58]。

---

57) ユルツのように，反動的・君主主義的なアーベントラント・アクションと，学術的色彩の強いアーベントラント・アカデミーの区別に拘る研究者もいるが（Uertz 2001），見逃してはならないのは，クロルやフランツェルのような『ノイエス・アーベントラント』の中心人物は，アクションに関わりつつ，アカデミーの年次大会にも参加していたことである。また，アカデミーの会長フォン・デア・ハイテは，同時にアクションの執行部のメンバーでもあった。Vgl. Erklärung von Dr. Gerhard Kroll, Gräfelfing, den 17. Okt. 1955, in：ACDP, Nachlaß Hans-Joachim von Merkatz, 01-148-146/01, hier Bl. 7.

58) なお，クロルとフランツェルは個人的には折り合いが悪かったようであり，一

「アーベントラント」の「復興」

まず，戦間期からアーベントラント主義者に一貫している思考様式について，とりわけヨーロッパ統合に関連する諸点を確認しておこう。

第一に，戦間期以来，ほとんどすべてのアーベントラント主義者に共通する目標は，「アーベントラント」という同一の文化的紐帯で結ばれている（はずの）諸民族・諸国民・諸国家の協調や連帯，あるいは「統合（Integration）」である。後段でも確認するように，「アーベントラント」の範囲（たとえば「中欧」を含むか否か）や，統合の手法（たとえば経済統合を優先するか否か）に関して意見の相違はあるにせよ [59]，「アーベントラント」をシンボルとした「スープラナショナルな秩序（Übernationale Ordnung）」の形成へのコンセンサスは，少なくとも中核メンバーのあいだには存在していた。その意味でアーベントラント主義者は，「ヨーロッパ統合」というプロジェクトに対して，言わば「総論賛成」の側にあった。

その際，アーベントラント主義者たちは，ヨーロッパ統合が，決して新奇なプロジェクトではなく，「アーベントラント」あるいは

時的にフランツェルは「新編集責任者ゲルハルト・クロル博士との根本的な対立のあと，［『ノイエス・アーベントラント』の］編集部から退いた」こともあった（Franzel 1983：424）。とはいえ，フランツェルはその後も『ノイエス・アーベントラント』に執筆しているし，1956 年には主筆に復帰している。また，そのあいだにもアーベントラント・アカデミーや CEDI の会合に参加し，CEDI の雑誌『世界政治・経済週報（*Dokumentation der Woche für Weltpolitik und Wirtschaft*）』（1956-1960）の編集にも参加していた。Vgl. auch：Conze 2011a：188.

59) たとえば，「国家，民族，スープラナショナルな秩序」をテーマとした，1954 年のアーベントラント・アカデミーの年次大会における「スープラナショナルな秩序」をめぐる議論（*JAA*, 1954, S. 69 ff.）を参照。とりわけ，フォン・デア・ハイテの講演を起点とした，（本来は普遍的であるべきはずの）「アーベントラント」と（地理的に限定された）「ヨーロッパ統合」との関係についての討論記録は，Ebd., S. 122-128 にある。

「ヨーロッパ」の「復興」「再生」であることを強調した。たとえば
1950 年にフランツェルは,「政治的左派」や「社会主義者たち」が
「ヨーロッパ連邦の形成をめぐる現在の議論において,ヨーロッパ
の共同体意識やヨーロッパ諸民族・諸国家の連帯 (Solidarität) が
これまで一度も存在しなかったかのように論じている」ことを批判
し,「かつて存在していたアーベントラントの共同体感情」を想起
させようとしている [60]。フランツェルによれば,19 世紀以来のナ
ショナリズムの勃興こそが,「悲劇」の根源だった。

　　[…] 完結した国民国家への追求が,われわれをヨーロッパ全
　体の戦争へと巻き込んだ。[…] ヨーロッパ意識,王朝の連帯,
　貴族の国際的な関係性が自明であった旧いヨーロッパの終焉に
　タレーランが位置しているように,コンラート・アデナウアー,
　シューマン,デ・ガスペリは,新しいヨーロッパの出発点に位
　置しているのである。共通の苦しみが,われわれに次のことを
　再び認識させる。諸国民 (Nationen) としてのわれわれは,ナ
　ショナリズムによってではなく,その克服によってのみ,生存
　しうるのだということを [...] [61]。

　すなわち,ナショナリズムを産んだ「近代」こそが,「アーベン
トラント」の歴史にとっては逸脱だったのである。

重層的な政治秩序像――ゲルハルト・クロルの議論を中心に
　第二に注目すべきは,その重層的な政治秩序像である。たとえば

---

60) Emil Franzel, "Vom alten zum neuen Europa," *NA*, Jg. 5, Heft 10, 1950, S. 399-404.
　引用は S. 399.
61) Ebd., S. 402.

クロルの著作を一読すれば分かるように，彼らの想い描く秩序像は，家族に始まり，国家を経て，「スープラナショナルな秩序」に至る，それぞれ神聖かつ固有な「神が創りし秩序（Schöpfungsordnung）」が重層的に積み上げられたものである（Kroll 1953）。

　以下では，「アーベントラント・アクション」を創設するにあたってクロルが一般向けに刊行したパンフレット『アーベントラント・アクションの秩序像』に基づき，アーベントラント主義者（少なくともクロル）が理想とした重層的な秩序像の内実を簡単に確認しよう。

　まず「家族」は，「あらゆる人間共同体の原像（Urbild）」と位置づけられる（『アーベントラント・アクションの秩序像』第1章）。そこでは，婚姻の神聖性や，両親が子供を育てる義務などが強調されている（Ebd.: 9）。

　「経済・社会秩序（Wirtschafts- und Sozialordnung）」については，私有財産の保護を前提とした市場経済が旨とされ，「経済的自由の原則」が尊重されるが，「近代の恣意的な精神に由来する経済的リベラリズム」や「社会主義」は退けられる（同書第2章）。クロルは，自らの理想として「秩序化された経済（geordnete Wirtschaft）」という言葉を掲げている。そこでは，基本的には「職能身分（Berufsstände）」の「自治」が重視され，職能団体・労働組合・経営者団体の協調が説かれる。そのうえで，「公益（Gemeinwohl）」のために，調停者としての国家がしばしば経済・社会秩序に介入する必要があるとされる。たとえば，大企業による中小企業の吸収は避けられねばならないし，手工業や農業は保護されねばならない。また，国家は社会保障も整えねばならない。その反面，階級闘争は非難され，罷業権は否定されている（Ebd.: 11-16）。

　なお，この「経済・社会秩序」の関連で，ヨーロッパの統合にも

言及される。

アーベントラント・アクションは，ヨーロッパ経済圏の統一
（Einheit des europäischen Wirtschaftsraumes）を主張する。追求
すべきは，貿易障壁の漸次撤廃および通貨と課税原則の統一で
ある。この統一的なヨーロッパ経済領域の形成にあたっては，
弱いメンバー（Glieder）に対して特別な配慮が必要とされる
（Ebd.：16 f.）。

このように，「経済・社会秩序」は，国家の範囲を超えるものと
して提示されている。

第三に，「国家（Staat）」も「神が定めし秩序（gottgewollte Ord-
nung）」とされる（同書第3章）。クロルによると，「国家の最重要
の課題は，法の維持と公益の促進」である。すぐ後で述べるように，
「補完性原理」に従い，国家は家族や社会の自治に介入してはなら
ない。

「民主主義」については，「歴史的に発展してきた限りにおいて承
認される」。ここでクロルは，国家の社会契約論的な構成を拒否し，
国家権力が人民（Volk）に由来するという考えを退ける。そうした
考えは「大衆国家（Massenstaat）」を生み，必然的に「専制（Tyran-
nis）」に至るというのである。代わりにクロルが持ち出すのが「職
能身分と，公的活動に熟達した人びと」による政治である。フラン
ツェルにも共通するが，ここに見られるのは，「大衆民主主義」「形
式民主主義（Formaldemokratie）」に対する敵意であり，権威主義的
に構成された職能身分制国家という理想像である（Kroll 1953：18-

21）[62]。かかる議論は，後述するように，同時代のスペインやポルトガルの政治に対する憧憬に繋がっていくことになる。

　第四に挙げられるのが，「スープラナショナルな秩序（übernationale Ordnung）」である。クロルはこう宣言する。

　　アーベントラント・アクションは，アーベントラント諸国民の結合（Zusammenschluß der abendländischen Völker）に全力を尽くす。国家秩序と同様，スープラナショナルな秩序も，神が創りし秩序の構成要素である。それゆえ諸国民には，スープラナショナルな法秩序（Rechtsordnung）としての国際法共同体（Völkerrechtsgemeinschaft）を構成する義務がある。アーベントラント・アクションは，アーベントラントの伝統を尊重した，ヨーロッパ国際共同体（europäische Völkergemeinschaft）の形成を要求する（Kroll 1953：22）。

　こうした〈家族−経済・社会−国家−スープラナショナル〉と積み上げられた諸秩序を包み込むのが，「法秩序（Rechtsordnung）」である。ここで Recht とは，実定法ではなく，「自然法および神の法」を意味している。あくまで実定法は，自然法および神の法に反しない限りで有効なのである（Ebd.：24）[63]。

62）フランツェルやヒッペルによる同様の社会契約論批判については，以下を参照。Emil Franzel, "Zur Verfassung des deutschen Bundes," *NA*, Jg. 3, Heft 9, 1948, S. 257-260；Ernst von Hippel, "Rousseaus Staatslehre als Mystik der Menschheit," *NA*, Jg. 6, Heft 7, 1951, S. 337-345.

63）この他に『アーベントラント・アクションの秩序像』でクロルは，文化と国家の関係，とりわけ芸術・学問の自由，報道の自由，教育の義務について，さらに教会と国家の関係について論じているが，本書では割愛したい。

補完性原理と連邦主義

さて，以上の諸秩序間の関係を律するのが「補完性原理（Subsidiaritätsprinzip）」に他ならない。「補完性原理」とは，「より大きな集団は，より小さな集団が自ら目的を達成できるときには介入してはならない」という限定の原理（消極的補完性）と，「大きい集団は，小さな集団が自ら目的を達成できないときには介入しなければならない」という義務の原理（積極的補完性）の二つの側面を含む原理であり，これが1992年に調印されたマーストリヒト条約以降，EUの多元・多層的な秩序を基礎づける構成原理となっていることはよく知られていよう（詳しくは遠藤 2013：第10章）。

そして，本書が対象としているアーベントラント主義者たちも，自分たちが構想する重層的な秩序を律するものとして「補完性原理」を重視していた。たとえばクロルは，著書で国家の権能を論じた箇所でも，国家は「補完性原理の尊重」を義務付けられ，家族や職能身分などの「自治（Selbstverwaltung）」に介入してはならないとしている（Kroll 1953：18 f.）。

本書にとってより重要なのは，「スープラナショナルな」レベルでの「補完性原理」である。再びクロルの言を確認すると，「ヨーロッパ国際共同体」は，域内の「自由と平和を保護し，戦争を防ぎ，国際法を保障する使命を持つ」一方で，「各民族（国民：Volk）が独力で解決できる課題には介入してはならない」し，「[各民族の]自立性，言語，習俗を破壊してはならない」と述べている（Ebd.：22 f.）。

さらに，アーベントラント・アカデミー会長のフォン・デア・ハイテは，「もはや『古典的な』主権概念に存在事由はない。それに

代わるべきものが，正しく理解された補完性の概念である」[64]と述べ，近代主権国家モデルと自分たちの秩序モデルを明確に対置している。

なお，こうした議論を支えているのは，1931年に公布されたピウス11世の回勅「クアドラジェジモ・アンノ」をはじめとする，カトリックの社会教説である。「クアドラジェジモ・アンノ（40周年）」は，その名が示す通り，レオ13世（在位1878-1903）の回勅「レールム・ノヴァールム」（ローマ教皇が社会問題に関して発言した最初の回勅）の公布40周年を記念した回勅だが，イタリアでムッソリーニ政権にカトリック青年運動が呑み込まれ，ファシズム体制下で教会の自律的領域が侵食されていくなか，社会に対する国家介入の制限を前面に押し出したものとなった[65]。この回勅を，アーベントラント主義者たちは「スープラナショナルな」レベルにも適用していくのである。

たとえば，戦後にラインラント・プファルツ州憲法を起草し，同州の司法相兼文部相を務め，議会評議会ではCDU/CSU会派の副代表として基本法制定に枢要な役割を果たしたアードルフ・ジュスターヘン（Adolf Süsterhenn, 1905-74）[66]は，1954年のアーベントラント・アカデミーの年次大会における講演で「クアドラジェジモ・アンノ」を詳細に解説したのち，次のように述べている。

---

64) Friedrich August Freiherr von der Heydte, "Die übernationale Ordnung," in：*JAA*, 1954, S. 88-99, hier S. 94.

65) 補完性原理との関わりで「クアドラジェジモ・アンノ」を解説したものとして，澤田1992を，回勅の主たる執筆者の一人であるネル＝ブロイニングの議論も参照しながら，その職能身分制秩序論を論じたものとして，村松2006：274-278を参照。

66) ジュスターヘンは学生時代にケルン大学で「ゲレス・サークル（Görres-Ring）」に参加しており，そこでベネディクト・シュミットマン（第3章3節を参照）に強く影響を受けている。ジュスターヘンに関する浩瀚な研究として，Hehl 2012がある。

教皇ピウス 11 世が補完性規則（Subsidiaritätsregel）を最上の社会哲学的原理とされたという事実は，それがすべての人間生活の領域に妥当することを意味する。個人と共同体の関係，あるいは様々な国内の諸共同体と国家との関係のみならず，それは，国家を超えた，国際共同体の秩序（Ordnung der Völkergemeinschaft）にも妥当性を要求するのである。国家は人間による共同体形成（Vergemeinschaftung）の最終的かつ最上の形式ではなく，諸国家も，国際的かつスープラナショナルな協働（die internationale und übernationale Zusammenarbeit）に頼らざるをえないのだ。[…] 諸国民および諸国家の政治的・経済的共同体の構築には，補完性と連帯の原理が同様に重要である。[…] こうした観点のもとでこそ，たとえば欧州石炭鉄鋼共同体や防衛共同体や政治共同体のような，スープラナショナル（supranational）な基盤の上に国家を超えた秩序を形成する努力は，日常政治的な必要性を超えて，根本的な意義を得ることができるのである。したがって，教皇ピウス 11 世が公布された補完性の原理は［…］個人と家族に始まり，様々な地域的・社会的団体を経て，国家，そして国家を超えた国際共同体に至る，すべての人間の共同体生活の構築にとっての根本法（Grundgesetz）なのである [67]。

また，「補完性原理」と同様に重層的な政治秩序を築き上げる原理としてアーベントラント主義者がもて囃すのが，すでに第 1 節で

---

[67] Adolf Süsterhenn, "Das Stufungsprinzip," in : *JAA*, 1954, S. 50–68, hier S. 67 f. なお，ジュスターヘンは，この演説で補完性原理とともに「連帯（Solidarität）」原理の重要性も詳しく説いているが，本引用では省略した。

触れたように，「連邦主義（Föderalismus）」である。繰り返しになるが，彼らにとって「連邦主義」とは，そもそも「キリスト教的＝アーベントラント的な」ものであり，「長い伝統」を持つものであった[68]。「近代」の中央集権的な主権国民国家こそが災厄の源であり，「伝統的な」連邦主義への回帰こそ，「平和」や「寛容」を達成する手段であるというのが彼らの論法である。フランツェルやパウル・ヴィルヘルム・ヴェンガーらが，『ノイエス・アーベントラント』の「ドイツ問題」特集（1956年第3号）で，メッテルニヒの助言者だったフリードリヒ・ゲンツ（Friedrich von Gentz, 1764-1832）や，ビスマルクの「小ドイツ主義」に反対したコンスタンティン・フランツらの文章を引用しながら，「連邦主義がドイツとヨーロッパの運命」であり，「ドイツ問題の唯一可能な解決策」だと主張したことは，歴史家ヴィンクラーも指摘する通りである（Winkler 2002：172 f.［邦訳：169]）[69]。

　加えて，『ノイエス・アーベントラント』初代主筆でヨーロッパ連邦主義者のヴァルター・フェルバーの議論に明瞭だが，アーベントラント主義者にとって連邦主義は，「全体国家の教義を克服しうる」[70]一方で，やはり「形式民主主義的な大衆化（formaldemokra-

---

[68] Franz Herre, "Föderalismus als abendländisches Ordnungsprinzip. Europakongreß des Bundes Deutscher Föderalisten in Konstanz," *NA*, Jg. 5, Heft 9, 1950, S. 370-372, hier S. 371.

[69] ただしヴィンクラーは，ヴェンガーの論説のタイトルを誤記している。Vgl. Emil Franzel, "Die deutsche Frage," *NA*, Jg. 11, Heft 3, 1956, S. 213-243；Paul Wilhelm Wenger, "Föderalismus – deutsches und europäisches Schicksal," *NA*, Jg. 11, Heft 3, 1956, S. 245-253. ヴェンガーの「小ドイツ」主義批判については，Wenger 1959 も参照。

[70] Walter Ferber, "Das Wesen des Föderalismus," *NA*, Jg. 1, Heft 1, 1946/47, S. 4-5, hier S. 4.

tische Vermassung)」を避けるための手段でもあった[71]。

さて，これまで本節で述べてきた点は，ある意味で典型的なキリスト教保守派の思考様式の一系譜とも言えよう[72]。そして，かかる思考様式を現実のヨーロッパ統合に接続したもの，別言すれば，第二次世界大戦後のアーベントラント主義者をいわゆる「ヨーロッパ統合主義者」としたのは，「世界観の戦争」あるいは「現代の『宗教』戦争」（フォン・デア・ハイテ）[73]たる冷戦であった。

反共と反米

アーベントラント主義者たちは，他の多くの保守的知識人と同様，おしなべて強烈な反共主義者である。彼らは第二次世界大戦後に「西側結合」の支持者となったが，その理由は，一義的にはこの反共主義に由来する。無論，戦間期からアーベントラント主義者の多くは無神論批判の文脈から反共産主義者だったが，独ソ戦の経験と冷戦のエスカレートは，この傾向にいっそう拍車をかけることになった。

フランツェルなどは，「東側とのいかなる妥協もドイツを死に導きかねない」と述べている[74]。彼は，すでに1948年末にドイツを

---

71) Ders., "Historisch-politische Betrachtungen," *NA*, Jg. 1, Heft 2, 1946/47, S. 20-22, hier S. 22. フェルバーのまとまった連邦主義論としては，前述の「アーベントラント叢書」の一冊として刊行された．Ferber 1948 を参照。

72) アーベントラント主義者における重層的な秩序像と補完性原理の重視は，カトリックに限られない。たとえば，福音派のシュテーリンの次の論考を参照。Wilhelm Stählin, "Das Begriffsfeld der Ordnung," *NA*, Jg. 8, Heft 10, 1953, S. 601-608.

73) Frhr. von der Heydte, "Krise der Neutralität," *NA*, Jg. 7, Heft 3, 1952, S. 143-149, hier S. 149. 本論説は，法学者のフォン・デア・ハイテらしく，カール・シュミットの「差別的戦争観への転換」の議論に依拠しつつ，冷戦時代における中立の困難さを論じたものである。

74) Emil Franzel, "Nach der Konferenz," *NA*, Jg. 4, Heft 8, 1949, S. 245.

軍事的に西側同盟に編入したうえでのヨーロッパ軍を提唱していたし[75]，49年初頭にはドイツの分断を不可避であると承認し，「西ドイツ（Westdeutschland）」を含む「全西欧の連邦化（Föderalisierung ganz Westeuropas）」を唱えていた[76]。加えてフランツェルは，「合衆国が核爆弾の製造・開発を中止しても，世界平和は齎されないし，恐ろしい兵器の使用も妨げることはできず，ただソヴィエトの侵攻を誘発するだけだろう」と述べ，アメリカの核による抑止にも賛同している[77]。

　こうして，アーベントラント主義者たちは概して親「西側（West）」となった。しかし，「西側」と言っても，アメリカ合衆国に対する彼らの態度はアンビヴァレントである。彼らは，共産主義の脅威からドイツを含む西側を防衛する，西側の軍事的・経済的な盟主として，アメリカ合衆国に頼らざるをえないことを認めていた。「いまやアメリカは世界全体に責任を持ち，アメリカなくして平和はありえない」（ナウマン）[78]。「自由世界は，ボルシェヴィズムの攻撃に対抗するために，アメリカ合衆国の指導のもとで，利用可能なあらゆる力を結集せねばならない」（クロル）（Kroll 1951：7）。この点，当時流行していたヨーロッパ＝「第三勢力」論に彼らは（戦後直後の時期を除けば）与していない[79]。少し後の話になるが，

---

75) Ders., "Europäische Zwischenbilanz," *NA*, Jg. 3, Heft 11, 1948, S. 321-326.

76) Ders., "Staatsform und geschichtlicher Raum," *NA*, Jg. 4, Heft 2, 1949, S. 47-51, hier S. 51.

77) E.F. [=Emil Franzel], "Ein notwendiges Nachwort," *NA*, Jg. 5, Heft 5, 1950, S. 181-183, hier S. 182. 本段落のフランツェルの議論については，Conze 2005a：136 および Schildt 1999：49 も参照。

78) Johann Wilhelm Naumann, "Licht und Schatten aus USA," *NA*, Jg. 5, Heft 1, 1950, S. 4-10, hier S. 6.

79) たとえば次の文章を参照。「第三勢力は存在しない。ただ［東西の］二つの勢力があるのみであり，どちらが生き残るのかを見極めねばならない！」Zit. aus Ro-

1954年夏にフランス国民議会の批准拒否によって欧州防衛共同体（EDC）が挫折すると、『ノイエス・アーベントラント』で外交を専門としていたイングリム（フランツ・クライン）は、西ドイツのNATO加盟を全面的に支持している（Ingrim 1955）。

しかし、軍事的・経済的庇護者としてのアメリカの存在を肯定していたとしても、アーベントラント主義者たちが「西」の価値を受容したということを意味するわけではない。彼らにとって西側同盟に属することは、共産主義に対抗するための「より少ない悪（kleineres Übel）」（イーバッハ）であった[80]。

この点で重要なのが、アーベントラント主義者たちの（戦間期以来の紋切型の）反アメリカニズムである。彼らは、共産主義に対するのと同様、アメリカ合衆国の「非キリスト教的な」「物質主義」を拒否している。たとえば『ノイエス・アーベントラント』にアメリカ滞在記を連載したナウマンは、彼の地における「信仰心の欠如」「拝金主義」「純粋な物質主義」を報告しているが[81]、かかるアメリカ像はアーベントラント主義者に共通している。

第1章でも述べたように、「物質主義」批判によってナチズムと共産主義を諸共に退けるのは、この時代のキリスト教民主主義者や保守派の特徴の一つである。そしてアーベントラント主義者たちは、ナチズムや共産主義のみならず、アメリカニズムも「物質主義」の

---

bert Ingrim, "Der Rat der Tse-Tse-Fliege," *NA*, Jg. 9, Heft 8, 1954, S. 475-476, hier S. 476.「第三勢力」論については、ヴィルフリート・ロートの諸論文に詳しい（Loth 1995a；ders. 1995b）。

80) Helmut Ibach, "Die andere Möglichkeit. Das Kriegsrisiko der Friedenspolitik," *NA*, Jg. 8, Heft 1, 1953, S. 33-38, hier S. 35. 次の筆名の記事も、NATO を「より小さい悪」と表現している。Vemanianus, "Verschweizerung, nicht Amerikanisierung!" *NA*, Jg. 6, Heft 2, 1951, S. 85-86, hier S. 75.

81) Johann Wilhelm Naumann, "Licht und Schatten aus USA," *NA*, Jg. 5, Heft 1, 1950, S. 4-10, hier S. 6.

現れと見たのである。この「物質主義」の波からアーベントラント は守られなければならない。家族相でアーベントラント・アカデミ ーの理事であるヴュルメリングはこう述べている。「無神論的な物 質主義は，鉄のカーテンの向こう側で待ち伏せしているだけでなく， 日々至るところで自由なるキリスト教的アーベントラントに入りこ んでいるのだ」[82]。

　そこで彼らの出した結論は，「キリスト者は『西（Westen）』にも 『東（Osten）』にも与しえない」[83]というものである。これはアーベ ントラント・アカデミーの研究主任を務める福音派のヴォルフガン グ・ハイルマンの言葉だが，彼は次のようにも述べている。

　　東も西も，キリスト者にとっては異質な，それどころか非キリ
　　スト教的な理念である。対抗する二つの帝国，すなわちソ連と
　　アメリカ合衆国は，この二つの理念の体現者である。両帝国は，
　　世俗化され，非キリスト教的であり，それどころか無神論的で
　　すらある［…］[84]。

　さらに，フランツェルが統合ヨーロッパを「異教の混沌に対する キリスト教文化の防塁」と想い描くとき，その「異教の混沌」とは， 共産主義だけでなく，アメリカニズムも指していた。すなわち「ア ーベントラント」は，「文化なき（kulturlos）」アメリカに対して， 軍事的・経済的には庇護してもらうものの，文化的・精神的にはな

---

82) Dr. Wuermeling, Festrede zur Feier des 500-jährigen Jubiläums des Mittagläutens, Köln, 18. 11. 1956, ACDP, Nachlaß Franz-Josef Wuermeling, 01-221-033, Bl. 5.

83) Wolfgang Heilmann, "Christliches Gewissen zwischen Ost und West," *NA*, Jg. 6, Heft 11, 1951, S. 597-606, hier S. 601.

84) Ebd., S. 602.

お優越しているとされるのである（Conze 2005b：204）[85]。「現実政治的には西側を決断すると同時に，文化的には『モスクワ』と『デトロイト』から等しく距離をとる」（Schildt 2009：47）。アクセル・シルトが指摘するように，冷戦に対峙したアーベントラント主義者たちは，こうした「綱渡り」の論法を用いざるをえなかったのである（Schildt 1999：49）[86]。

「アーベントラントの担い手」としてのドイツとフランス

　このアメリカに対するアンビヴァレンスと，戦間期以来の独仏協調路線の伝統から，当然のごとくアーベントラント主義者たちは，ヨーロッパ統合の中核を独仏に見出している。すでに1948年にフランツェルは，「ヨーロッパの運命はフランスのイニシアティブ次第である」と喝破し，「連邦主義が独仏協調（deutsch-französische Verständigung）へと導き，ヨーロッパへと導くだろう」と述べている[87]。

　また，シューマン・プラン発表の数カ月前である1950年1月の『ノイエス・アーベントラント』の巻頭に，フランツェルは「アーベントラントの担い手としてのフランスとドイツ」と題した論説を

---

85) 文化面・精神面での「アーベントラントの優位」を『ノイエス・アーベントラント』で論じた早い例として，Wilhelm Schmidt, "Gegenwart und Zukunft des Abendlandes," *NA*, Jg. 3, Heft 5, 1948, S. 129-136, hier S. 131.

86) ただし，オーストリア貴族で1937年から47年までアメリカに滞在していたエーリク・フォン・キューネルト゠レディン（Erik von Kuehnelt-Leddihn, 1909-99）のように，アメリカを「アーベントラントの不可分の構成要素」とする者も『ノイエス・アーベントラント』の寄稿者のなかには存在した。また，やはりアメリカに亡命経験があるイングリムは，1953年以降のドワイト・D・アイゼンハワー政権における「保守主義の勝利」に期待を寄せている（Schildt 1999：59）。

87) Emil Franzel, "Europäische Zwischenbilanz," *NA*, Jg. 3, Heft 11, 1948, S. 321-326, hier S. 326.

寄せている。ここでフランツェルは，カール大帝（シャルルマーニュ）以来の歴史を振り返りつつ，ドイツとフランスを「言語は二つに分かれているものの，一つの人民（Volk），すなわち一つのキリスト教的人民であった」とまで述べ，独仏間の宗教的・文化的な一体性の歴史を綴っている。彼によると，まさにドイツとフランスこそが歴史的に「アーベントラントの担い手」なのであった。しかし，「プロイセンの国家思想と，ジャコバン主義の台頭によって，アーベントラントの統一性の基盤が破壊されてしまった」のである[88]。

　それゆえ，アーベントラントを現代に再生させるためには，再び独仏の一体性を甦らせねばならない。現代において「イタリア人，スペイン人，スラヴ人，スカンディナヴィア人，オランダ人，ポルトガル人」，そしてイギリス人をも含む「アーベントラント諸国民の交響曲」が求められているが，「この交響曲のモティーフの決定的なパートを占めるのは，常にフランス人とドイツ人」なのである。「彼ら［ドイツ人とフランス人］なくしてアーベントラントの歴史はなく，彼らの協働なくしてアーベントラントに未来はない」。まさにドイツとフランスは現代においても「アーベントラントの担い手」とならねばならないのである[89]。

　そしてフランツェルは，「かつてブリアンとシュトレーゼマンが従事した独仏協調に，現在ではシューマンとアデナウアーが取り組んでいるが，これが政府の仕事にとどまってはならず，両国民の責務とならなければならない」と訴えている[90]。

---

[88] Ders., "Frankreich und Deutschland als Träger des Abendlandes," *NA*, Jg. 5, Heft 1, 1950, S. 1-4, hier S. 2.

[89] Ebd., S. 4.

[90] Ebd.

「中欧」への追憶──オットー・フォン・ハプスブルクの夢

注目すべきは，アーベントラント主義者の少なからぬ人びとが，冷戦による東西分断を暫定的なものだと見なしていたことである。彼らにとっては，失われた「中欧」もまた「アーベントラント」に属すべき地域であった。同郷会連盟のアルベルト・ズィーモンが述べるように，「中欧」「ドナウ圏」は，「ヨーロッパの中核圏（Kernräume Europas）の一つ」なのである[91]。

こうした立場は，自身ズデーテン・ドイツ人であり，被追放者の利害を代弁していたフランツェルなどに代表される。フランツェルは回顧録で「古き多民族帝国オーストリアへの愛，古来の王家への忠誠」を記している（Franzel 1983：11）。また，レンベルク（ウクライナのリヴィウ）生まれで，ミュンヘンの東欧研究所（Osteuropa-Institut）の所長を務めていたハンス・コッホ（Hans Koch, 1894-1959）は，1955年のアーベントラント・アカデミーの年次大会における講演で，やはり「東欧」が「アーベントラント」あるいは「ヨーロッパ」に属していることを強調している（なおコッホは，同年9月のアデナウアーのモスクワ訪問に「学問的助言者」として随行した人物である）[92]。

さらに，東西分断の暫定性と「ドナウ圏」の復活についてアーベントラント主義者周辺で説き続けたのが，ハプスブルク家の後裔，オットー・フォン・ハプスブルク（Otto von Habsburg, 1912-2011）である[93]。オットーは，1952年に『ノイエス・アーベントラント』

---

91) Albert Karl Simon, "Grundlagen einer politischen Ordnung im Donauraum," *NA*, Jg. 11, Heft 4, 1956, S. 332-334, hier S. 333. なお，この『ノイエス・アーベントラント』1956年第4号は「ドナウ圏」特集号である。

92) Vgl. Hans Koch, "Osteuropa," in：*JAA*, 1955, S. 82-95, bes. S. 83 u. 94.

93) オットーとアーベントラント運動の関係については，Conze 2005a：99-110を参照。また，オットーの経歴については，さしあたり本人御墨付きの伝記であるBai-

に掲載された「アメリカとヨーロッパ統合」という論説（もとは1951年にマインツで行った講演）で次のように述べる。

　　多くの俗物たちにとって，こんにちヨーロッパはヤルタ・ラインで止まっている。リアリストを自称する彼らは，ストラスブールに当座凌ぎとして創られた西欧の連合（die Westliche Union）を，永続的で堅牢なものだと思っている［…］。西欧が大陸のもう一つの部分なしでは生きていけないことを，彼らは忘れている。この［西欧の］連合は，地理にも歴史にも経済にも正当な根拠を持たない暫定措置（Provisorium）なのだ[94]。

　オットーによると，東西ヨーロッパの分断によって，本来アーベントラントの一員であるべき「1億人を超えるヨーロッパ人がソ連の頸木のもとで苦しんでいる」。それゆえオットーは，「リアリスト」たちの「小ヨーロッパ的解決（kleineuropäische Lösung）」（＝西欧のみの統合）に満足するのではなく，「ロシアの本来の境界線までのヨーロッパ」について考えねばならないと力説している[95]。さらに，1951年9月にアーベントラント・アクションの会合で行った演説では以下のように述べる。

―――――――――――――――

er & Demmerle 2012 を参照。

[94] Otto von Habsburg, "Amerika und die europäische Integration," *NA*, Jg. 7, Heft 5, 1952, S. 321-332, hier S. 324. この講演原稿は，「ヨーロッパとは何か？」というタイトルのもと，オットーの1953年の著作の巻頭論文として再録されている。Otto von Habsburg, "Was ist Europa?" Vortrag, gehalten am 16. Mai 1951 auf Einladung des Institutes für Staatslehre und Politik in Mainz, in：Habsburg 1953：13-42, hier, S. 20. 再録にあたっては，導入部分が削除され，多くの箇所で表現も変更されているが，論旨に大きな違いはない。

[95] Otto von Habsburg, "Amerika und die europäische Integration," S. 324.

ヨーロッパの構築（Aufbau Europas）は，われらの大陸の東側
（Osten）の政治的・経済的な状況を変更して初めて達成されう
るのだ。つまり，いわゆる衛星諸国が再びわれらのアーベント
ラントとドイツの一部となり，再び統一性を取り戻してこそ達
成されるのである [96]。

　時代状況を考えるならば，かかる主張は，ソ連との将来的な戦争
を煽動していると受け取られかねない。さすがにオットーはそこま
で主張せず，「西側の統一戦線」，あるいは「力の政策（Politik der
Kraft）」によってソ連を撤退させることを示唆している（Habsburg
1953：87）。
　ともあれ，オットーは「アーベントラント」および「ヨーロッ
パ」にとって「ドナウ圏」が不可欠であることを説く。そこで鍵と
なる位置を占めるのが，オーストリアである。

　　オーストリアは，一つのネイション［＝ドイツ・ネイション］
　の一部以上のものであり，それ自体ネイションでもない。オー
　ストリアは，最も本質的なアーベントラント共同体の責務の担
　い手（Funktionsträger der Abendländischen Gemeinschaft）の一つ
　なのだ。［…］オーストリアは，自らがドナウの国であり，ハ
　ンガリー，ボヘミア，スロヴァキア，クロアチア，そしてトリ
　エステと永遠に結びついていることを決して忘却することはで
　きない。かつまたオーストリアは，神聖ローマ帝国における自

96） Ders., "Die europäische Bedeutung des Donauraumes," Vortrag, gehalten am 8.
September 1951 bei einem Treffen von Mitgliedern und Freunden der Abendlän-
dischen Aktion in Zeil, und aus einem Vortrag, gehalten am 14. Oktober 1952 in Bonn
vor dem Bund deutscher Föderalisten, in：Habsburg 1953：85-101, hier, S. 86.

らの傑出した使命が，歴史の偶然ではなく，その本質に由来するということを否定することもできない［…］。オーストリアとドイツ圏（der deutsche Raum）のあいだには，引き裂くことのできない絆がある。／この［ドナウ圏とドイツ圏との］二重の結合から，オーストリアの重要なアーベントラントの責務が生じている。つまり，西と東のあいだの，ドイツとドナウ圏のあいだの架け橋となる責務である［…］（Habsburg 1953：95）。

　前章の第3節で検討した戦間期のオーストリア的「アーベントラント」理念からの継続性は明らかだろう。こうしてオットーは，「ドイツ圏の西方でラインラントが担う使命と同様に，オーストリアは東方で諸民族を結びつける使命（völkerverbindende Mission）を担っている」（Ebd.：97）と主張し，アーベントラント主義者にあらためて「ドナウ圏」の重要性を思い起こさせるのである[97]。

　もちろんオットーも，来るべき「ヨーロッパ合衆国」あるいは「ヨーロッパ連合（europäische Union）」における独仏関係の重要性を指摘している。しかしオットーは，形成されつつある西欧の共同体では西ドイツとフランスの二国の力だけが突出しており，「危険」だと主張する。それゆえ，この点でも彼は，一種のバランサーとして，「ドナウ諸国」が「地域的連邦（regionale Föderation）を形成し，ヨーロッパにおける平和と均衡に奉仕する」ことが必要だと説くのである（Habsburg 1953：98-101）。

97）1956年の論説では，「ライン＝ヨーロッパ」と「ドナウ＝ヨーロッパ」という表現が用いられている。Otto von Österreich, "Donau-Europa und Rhein-Europa," *NA*, Jg. 11, Heft 4, 1956, S. 311-322. また，同年の論説でオットーは，「中欧（Mitteleuropa）の独自性」という表現も用いている。Otto von Habsburg, "Gedanken zur Staatsform," *NA*, Jg. 11, Heft 2, 1956, S. 111-120, hier S. 111.

こうしたオットーの議論を『ノイエス・アーベントラント』は掲載していた。オットーや，彼とともにアメリカに亡命していたローベルト・イングリムおよびエーリク・フォン・キューネルト＝レディンたち[98]，あるいは1951年の連邦議会で自らが「君主主義者」であることを公言していたフォン・メルカッツは別として[99]，アーベントラント主義者たちは，概して君主制論者であったわけではない。しかし，オットーとの交わりは，アーベントラント運動に「君主主義」というレッテルが貼り続けられる一因となった。たとえば前述の1951年9月のアーベントラント・アクションの会合でオットーが演説したことについて，翌月にアクションの執行部は「アーベントラント・アクションは君主主義的な運動ではない」し，「分離主義的なドナウ連邦（separatistische Donauföderation）の計画」も企てていないし，オットーとの交流が「ドイツ内でのオーストリア家［＝ハプスブルク家］の何らかの要求や権利の主張を意味するものではない」と釈明せざるをえなかった[100]。それでも，フランツェル曰く「ヨーロッパ統一とアーベントラントの刷新の可能性と必然性について確信している」[101] オットーに対して，彼らは常に敬意を払い続けたのである。

98）Vgl. Erik von Kuehnelt-Leddihn, "Monarchie oder Monokratie? Jenseits des Interregnums," *NA*, Jg. 8, Heft 3, 1953, S. 147-158.

99）*Verhandlungen des Deutschen Bundestages, 1. Wahlperiode. Stenographische Berichte*, Bd. 9, Bonn, 1951, S. 6799 B, C (166. Sitzung am 10. Oktober 1951).

100）"Beschluß des deutschen Landesvorstandes der Abendländischen Aktion vom 20. Oktober 1951," *NA*, Jg. 6, Heft 12, 1951, S. 652-653.

101）Emil Franzel, "Das Haus Habsburg," *NA*, Jg. 6, Heft 5, 1951, S. 209-222, hier S. 221.

イベリアへの憧憬

そして，アーベントラント主義者にとって理想の国家像を体現していたのは，同時代のサラザール（António de Oliveira Salazar, 1889-1970）のポルトガルであった。当地のカトリシズムに基づいた職能身分制国家こそが，彼らにとって理想の国家＝社会関係だったのである。サラザールは「現代における数少ない正真正銘の政治家（Staatsmänner）の一人」[102] として『ノイエス・アーベントラント』で頻繁に参照されたし，フランツェルは，ポルトガルを「ヨーロッパのなかで最も良く統治された国家」とまで呼んでいる[103]。

また，サラザールのポルトガルとともに，フランコ（Francisco Franco Bahamonde, 1892-1975）のスペインも，一つのモデルと目された[104]。現に『ノイエス・アーベントラント』にはスペインに関する論説が多数掲載されており（とくに1957年第4号はスペイン特集である），スペインを「真のアーベントラント」と呼ぶ者もいた[105]。オットー・フォン・ハプスブルクは言う。スペインは「わ

---

102) Robert Ingrim, "Atom und Angst," *NA*, Jg. 6, Heft 1, 1951, S. 3.

103) Emil Franzel, "Portugal, der bestregierte Staat Europas," *NA*, Jg. 7, Heft 5, 1952, S. 266-272. また，以下も参照。Franz Niedermayer, "Portugals Denken zwischen Tradition und Gegenwart," *NA*, Jg. 7, Heft 5, 1952, S. 307-311；ders., "Ein Tag im Leben des Antonio Oliveira Salazar," *NA*, Jg. 7, Heft 7, 1952, S. 440-441；Hispanófilo, "Salazars iberische Rolle," *NA*, Jg. 12, Heft 4, 1957, S. 328-332.

104)「アデナウアー時代」における西ドイツ＝スペイン関係については，Weber 1992；Aschmann 1999；Lehmann 2006がある。とくに西ドイツのアーベントラント主義者とスペインの関係については，Aschmann 1999：425-435；Lehmann 2006：65-75を参照。なお，フランコ体制に関しては日本でも近年研究が充実しつつあるが，フランコ体制とカトリックの関係については，武藤 2014：第2章，フランコのカトリックへの拘りについては，細田 2016：48 f. を参照。

105) Franz Niedermayer, "Spanien –echtes Abendland," *NA*, Jg. 5, Heft 7, 1950, S. 293-294. Vgl. auch：ders., "Wo ist das „wahre Spanien"?" *NA*, Jg. 6, Heft 3, 1951, S. 110-115；ders., "Spanien sucht Europa," *NA*, Jg. 7, Heft 12, 1952, S. 753-754. 以下も参照。Herbert Auhofer, "Spanischer Katholizismus heute," *NA*, Jg. 8, Heft 6, 1953, S. 376-

れわれヨーロッパの共同体（europäische Gemeinschaft）が現代の東方の野蛮人に勝利するための力を与えてくれる」[106]。

　他方で，スペイン側からの『ノイエス・アーベントラント』への寄稿者たちも，そうした「アーベントラント」の模範としての自国像を宣伝した。たとえばマルケス・デ・バルデイグレシアス（José Ignacio Escobar y Kirkpatrick, III Marqués de Valdeiglesias, 1898-1977）は，第二次世界大戦時に東部戦線に義勇兵「青師団（División Azul）」を派遣したフランコの反共政策を褒め称えるとともに[107]，「スペインの貢献」という論説では，現在のスペインが「アーベントラントの再生にとって根本的なもの，すなわち，ヒューマニズムや合理主義やリベラリズムによって抑圧されてきた，キリスト教的・普遍的な国家秩序および世界秩序の理想像を，外国に提供しうる」と主張している[108]。

　結局，サラザールのポルトガルとフランコのスペインを模したような権威主義国家が相互に連邦主義的に結びつくのが，アーベントラント主義者たちにとっての理想のヨーロッパ統合なのだと言えよう。そしてそのモデルは，中世の神聖ローマ帝国，「ライヒ」秩序

378；ders., "Spaniens soziale Wirklichkeit," *NA*, Jg. 12, Heft 4, 1957, S. 317-327；Alfons Dalma, "Spaniens Euroäertum," *NA*, Jg. 8, Heft 11, 1953, S. 697-698；Hans von Gianellia, "Spanisches Maß für Spanien," *NA*, Jg. 10, Heft 9, 1955, S. 572；Maximilian von Loosen, "Europa von einem Spanier gesehen," *NA*, Jg. 5, Heft 5, 1950, S. 187-193.

[106] Otto von Habsburg, "Spanien und Europa," *NA*, Jg. 12, Heft 4, 1957, S. 291-299, hier S. 299.

[107] José Ignazio Escobar Marqués de Valdeiglesias, "Spanien in Europa," *NA*, Jg. 9, Heft 3, 1954, S. 147-156. Vgl. auch：ders., "Spaniens Lehre an Europa," *NA*, Jg. 9, Heft 9, 1954, S. 527-536.

[108] Ders., "Der Beitrag Spaniens," *NA*, Jg. 10, Heft 5, 1955, S. 285-291, hier S. 287. アーベントラント・アカデミーの 1954 年の大会でも，バルデイグレシアスは，スペインでは「精神的な諸価値の優位が守られている」と主張している（Ders., "Die übernationale Ordnung," in：*JAA*, 1954, S. 69-78, hier S. 72）。

に他ならない。この中世のヨーロッパ秩序こそが，彼らにとって「自由な連邦秩序」なのである[109]。さらに，クロルやヘルムート・イーバッハに至っては，明け透けに「アーベントラントの刷新はライヒの刷新ともなるだろう」と口を揃えて述べている（Kroll 1951：94）[110]。

なお，ここまでの叙述からも分かるように，アーベントラント主義者たちは，「大衆民主主義」や「形式民主主義」を嫌い，それがヨーロッパ構想に反映されることも拒否していた。そのことは，欧州審議会（CE：Council of Europe/Europarat）への懐疑にも表れている。たとえばフランツェルは，欧州審議会の設立間もない1950年初頭には，それを来るべきヨーロッパ統合の中核と考え，CEが設置されたストラスブールを「復活するアーベントラントの将来の首都」とまで呼んでいたが[111]，次第にCEの「形式民主主義」に幻滅を表明するようになる[112]。クロルも1951年の著作で欧州審議会を「机上の連合」と呼んでいる（Kroll 1951：78）。実際に当時の欧州審議会がフランツェルの言うような「形式民主主義」的であったかは甚だ疑問だが，ここでは彼らが「民主主義」や「人権」（欧州

---

109) Walter Ferber, "Das historische Europa als Kultureinheit," *NA*, Jg. 4, Heft 11, 1949, S. 321-324, hier S. 322.

110) Helmut Ibach, "Oradour und das Reich," *NA*, Jg. 8, Heft 3, 1953, S. 177-178, hier S. 177. ただし，さすがに中世をそのまま称揚するような言説はアーベントラント運動のなかでも共有されていたわけではない。たとえば，アーベントラント・アカデミー会長のフォン・デア・ハイテは，単純に中世の神聖ローマ帝国を称揚することは戒めている。Vgl. Friedrich August von der Heydte, "Volkssouveränität," Vortrag, gehalten in der Evangelischen Akademie Herrenalb im Herbst 1953, ACDP, Nachlaß F. A. von der Heydte, 01-156-002/2.

111) Emil Franzel, "Frankreich und Deutschland als Träger des Abendlandes," *NA*, Jg. 5, Heft 1, 1950, S. 1-4, hier S. 1.

112) "Straßburger Europarat lustlos," *NA*, Jg. 6, Heft 7, 1951, S. 391. これは，欧州審議会の第3回諮問議会に関する記事である。

審議会は 1950 年 11 月に欧州人権条約を採択している）に基づいたヨーロッパ統合に極めて懐疑的であったことを確認しておきたい。

第4節 アデナウアーとアーベントラント運動

アデナウアーの「アーベントラント」言説

かかる世界像を有していたアーベントラント主義者たちは，西ドイツ初代首相であり，CDU 初代党首であるコンラート・アデナウアーによる政治を積極的に支持することになる。

第1章第3節で述べたように，アデナウアーは，ドイツ再統一を棚上げにしてでも，西側世界との緊密な関係の構築を最優先する「西側結合（Westbindung）」路線を推進した。そうすることで，共産圏に対抗し，西ドイツの政治社会を安定させるとともに，他国との「平等権」の獲得を目指したのである。

そして，本書にとって重要なことは，アデナウアーが，「西側結合」路線を正当化する際に，「アーベントラント」という概念を頻繁に，そして印象的に使用したことである。以下では，アデナウアーによる「アーベントラント」言説の例を，重要なものに絞って紹介していこう。

まずは，1949 年 9 月 20 日の連邦議会での首相就任演説（1949 年9 月 20 日）である。ここでは，演説の締めくくりに「アーベントラント」が登場している。

閣僚全員の名において，わたしは次のことを確言いたします。わたしたちのすべての仕事は，キリスト教的・アーベントラント的な文化の精神によって，そして法への敬意，人間の尊厳へ

の敬意によって支えられていくだろうということを[113]。

またアデナウアーは，自党の CDU を「キリスト教的・アーベントラント的な世界観とキリスト教倫理に立脚した」政党と表現していた（Adenauer 1965：51［邦訳：49 f.］）。

さらにアデナウアーは，「アーベントラントの救済」の唯一の策としてヨーロッパ統合を常に提示するとともに（板橋 2014a：69-71），「アーベントラント」復興の鍵は独仏友好であることを強調し続けた。すでに占領期からアデナウアーは，たとえば『ライニッシャー・メルクール』のインタビュー（1948 年 2 月 21 日刊）で次のように述べている。

　　かつてロアール川とヴェーザー川のあいだには，キリスト教的なアーベントラントの心臓が鼓動していました。ドイツ西方の荘厳な建造物であるケルン大聖堂の様式は，フランスの地にその根源を有しています。アーベントラント思想の刷新は，ドイツとフランスの実りある出会いの結果としてでしかありえないでしょう[114]。

1951 年 9 月にはキリスト教民主主義の国際組織である NEI（第 1 章参照）でも，次のような演説をしている。

　　もしわたしたちがアーベントラントの文化とキリスト教的ヨーロッパを救おうとするならば，ヨーロッパを統合せねばなりま

---

113) Erste Regierungserklärung von Bundeskanzler Adenauer, 20. September 1949, in：Adenauer 1975：153-169, hier S. 169.

114) *Rheinischer Merkur*, 21. 2. 1948, zit. aus Schwarz 1980：435.

せん。ヨーロッパ統合は，キリスト教的アーベントラントを救済することができる唯一の策なのです[115]。

また，1953 年 11 月に「ヨーロッパ運動（Mouvement Européen）」の名誉総裁に選ばれたアデナウアーは，議長のポール゠アンリ・スパーク（Paul-Henri Spaak, 1899-1972）に以下のように応じている。

わたしは，わたしたちの共通の祖国，すなわち統一されたヨーロッパこそが，アーベントラントの幸福かつ安全な未来を保証するという確信を持って，そしてそれが実現するだろうという確信を持って，喜んでこの栄誉に浴します[116]。

注目すべきは，アデナウアーが，アメリカが主導する NATO に関しても「アーベントラント的」といった形容をしていることである。すでに北大西洋条約調印直前の 1949 年 3 月 23 日には，列国議会同盟の会議上で次のように演説している。

この地上には二つの巨大な勢力圏が形成されました。一方には，アメリカ合衆国の指導下で大西洋条約のもとに一体化した勢力圏。これは，キリスト教的・アーベントラント的な文化財，自由，真の民主主義を擁護する一団であります。他方にはアジア，すなわち衛星諸国を従えたソ連圏があります[117]。

115）"Deutschland und der Friede in Europa," Ansprache vor den Nouvelles Equipes Internationales in Bad Ems, 14. September 1951, in：Adenauer 1975：224-232, hier S. 230.

116）"10. Dezember 1953 (Bonn)：An den Präsidenten des Mouvement Européen, Paul Henri Spaak, Brüssel," in：Adenauer 1995：Nr. 41, S. 57.

117）Rede Adenauers vor der Interparlamentarischen Union in Bern am 3. 23. 1949,

1955 年 5 月 9 日についに西ドイツは NATO 加盟を果たすが，そのときアデナウアーがパリで行った演説には，次のようなフレーズがある。

　　北大西洋条約機構は自由な諸国民の共同体であり，アーベントラント文化の共通の遺産（das gemeinsame Erbe der abendländischen Kultur），個人の自由，法の支配を守る決意を示すものであります[118]。

　このようにアデナウアーにとっては，NATO も「アーベントラント文化」を守るための共同体であった。アデナウアーは，1955 年 9 月 8 日から 14 日にかけてモスクワを訪問し，ソ連との外交関係を樹立したが，そのことを報告した連邦議会演説（同年 9 月 22 日）でも，以下のように言い切っている。

　　ドイツの西側（Westen）への帰属は，単なる政治情勢によるものではなく，もっと深遠なものです。つまり，ドイツがキリスト教的・アーベントラント的な文化サークル（der christlich-abendländische Kulturkreis）に分かちがたく帰属しているということに根拠があるのです。[…] 連邦政府はこれからもヨーロッパ統合と自由の防衛への尽力を緩めたりはしません。む

---

　in：Weidenfeld 1976：308-319, hier S. 308 f. なお，本演説は回顧録にも収録されているが（Adenauer 1965：182），引用部分では「アジア」といった表現が削除されている。

[118]　Rede anläßlich der Aufnahme der Bundesrepublik Deutschland in die NATO, Paris, 9. Mai 1955, in：Adenauer 1998：97-99, hier S. 98.

しろ強めていくつもりです。この場でもわたしは強調したいと
思います。連邦政府はヨーロッパ統合を絶対不可欠なものと考
えているということを。(CDU/CSU，FDP，DP の喝采) 119)

　以上からもすでに明らかなように，アデナウアーにおいても「ア
ーベントラント」概念は，強烈な反共主義と対になっている。たと
えば 1954 年のイースターにあたって『ヴェストファーレンポスト』
に寄せたメッセージのなかで，「依然としてボルシェヴィズムは，
キリスト教的アーベントラントを脅かす巨大な危険なのです」120) と
記している。また，第二次ベルリン危機が勃発して半年後の 1959
年 5 月の書簡でも，「わたしたちは今まさに共産主義と，キリスト
教的なアーベントラントおよび自由とのあいだの闘いのなかにいる
のです」121) と述べている。
　なお，上記の引用からも分かるが，アデナウアーは，Abendland
(あるいは形容詞の abendländisch) という言葉を余り単体では用いな
い。つまり，ほとんどの場合，「キリスト教的 (christlich)」という
形容詞を付すか，「文化 (Kultur)」という名詞を形容するのが，ア
デナウアーの「アーベントラント」言説の特徴である (例:「キリ

---

119) *Verhandlungen des Deutschen Bundestages, 2. Wahlperiode. Stenographische Berichte*, Bd. 26, Bonn, 1955, S. 5644 C, D (101. Sitzung am 22. September 1955).

120) Konrad Adenauer, "Trotz H-Bombe : „Fürchtet Euch nicht!"," *Westfalenpost*, 17. April 1954, Faksimiledruck in : Adenauer 1995 : 94. アデナウアーは，1954 年 4 月 21 日に当記事とほぼ同文の演説を行っている (Adenauer 1995 : Nr. 80A, Anm. 1, S. 447)。

121) "19. Mai 1959 (Rhöndorf) : An den Vorsitzenden der CDU/CSU-Fraktion des Deutschen Bundestages, Dr. Heinrich Krone, Bonn," in : Adenauer 2000 : Nr. 248, S. 263-270, hier S. 268 f. なお，本書簡はアデナウアーの大統領選立候補問題 (板橋 2014a : 184-186) をめぐるものであり，引用箇所は，当時対立が先鋭化していた エアハルトの外交姿勢への批判の文脈で述べられている。

スト教的アーベントラント（das christliche Abendland）」「アーベント
ラント文化（die abendländische Kultur）」「キリスト教的・アーベン
トラント的（christlich-abendländisch）」）[122]。

アーベントラント主義者によるアデナウアーへの積極的評価

さて，こうしたアデナウアーの再三にわたる「（キリスト教的）
アーベントラント」への言及，そして反共とヨーロッパ統合への固
い意志は，もちろんアーベントラント主義者たちを喜ばせるもので
あった。たとえばフランツェルにとって，「アデナウアーのヨーロ
ッパ政策」は「わたし自身のヨーロッパの夢の実現」であった
（Franzel 1983：446）。回顧録のなかでフランツェルは次のように書
いている。

> わたしにとってアデナウアーが取り組んでいる目標は，決して
> 新しいものではなかった！ わたしは 1936 年に著書『アーベ
> ントラントの革命』のなかで，100 年前にトクヴィルが 20 世
> 紀の支配者と描いたロシアとアメリカの「超大国」によって政
> 治的にも精神的にも致命的に包囲されたヨーロッパを救済する
> ための唯一の可能性として，ヨーロッパ合衆国を提示していた
> からである（Franzel 1983：425）。

また，「宰相民主主義」と言われたアデナウアーの権威主義的な
統治スタイルも，アーベントラント主義者たちの嗜好に合っていた。
たとえば 1951 年 1 月，アデナウアーの 75 歳の誕生日にあたって，

---

[122] たとえばアデナウアーの回顧録には，Abendland および abendländisch が少な
くとも 17 カ所出てくるが，そのほとんどが「キリスト教」あるいは「文化」と結
びつけられている。

『ノイエス・アーベントラント』は巻頭で祝辞を掲載している（フランツェルが執筆）[123]。この 1950 年から 51 年にかけての時期は，アデナウアーが強引にドイツ再軍備政策を進めているさなかであり，決して国内でのアデナウアー政治の人気は高くなかった。50 年末の時点でアデナウアー政権の支持率は 24％にまで落ち込んでおり（不支持率は 36％），各州選挙で CDU の敗北が続いていた。西ドイツ全域で「オーネ・ミッヒ（わたしはごめんだ）」という標語を掲げた再軍備反対のデモや集会が広がり，閣内では内相のグスタフ・ハイネマン（Gustav Heinemann, 1899-1976）が再軍備政策をめぐってアデナウアーと衝突し，50 年 10 月に辞任している（板橋 2014a：117 f.）。

　こうしたなか，『ノイエス・アーベントラント』は再軍備支持の論陣を張っていたのであり[124]，フランツェルも上の祝辞でアデナウアーの政治を断固として擁護している。その際，フランツェルの賞賛の力点は，「大衆」に阿らずに「寡黙に」政策を進めていることに置かれている。アデナウアーが，「党人（Parteimann）」，あるいは「大衆のしもべ（Massendiener）」「大衆の人気者（Massenliebling）」としてではなく，「ドイツの偉大な政治家（Staatsmann）」として振舞っていると褒め称えるのである[125]。

　またフランツェルは，ビスマルク以降のドイツの宰相を論じた文章のなかで，「現実への眼差しと責任への勇気，偉大な決断の喜び

123）E.F. (=Emil Franzel), "Der Kanzler. Zum 75. Geburtstag Konrad Adenauers am 5. Januar 1951," *NA*, Jg. 6, Heft 1, 1951, S. 1-3.

124）E.g. Georg von Gaupp-Berghausen, "Ist Verteidigung – Remilitarisierung?" *NA*, Jg. 6, Heft 5, 1951, S. 253-254；Anonym, "Kann Europa verteidigt werden?" *NA*, Jg. 6, Heft 6, 1951, S. 273-279.

125）E.F. (=Emil Franzel), "Der Kanzler. Zum 75. Geburtstag Konrad Adenauers am 5. Januar 1951," *NA*, Jg. 6, Heft 1, 1951, S. 2 f.

と冷血さ，剣士の優雅さ，本質的なものへの拘り，妥協への準備と戦略的な機転」を兼ね備えた「真のビスマルクの最初の後継者」として，アデナウアーを賞賛している[126]。そして，「もし彼［アデナウアー］がわれわれを大西洋あるいはヨーロッパの新しいアーベントラントの共同体（eine atlantische oder europäische Gemeinschaft des neuen Abendlandes）へと導くのならば，彼はビスマルク以上のことを成し遂げたと言えるのであり，その業績は数十年どころか，数百年は失われないだろう」と述べている[127]。

　以上のように，『ノイエス・アーベントラント』はアデナウアー政治を支持し続け，フランツェルに至っては，自らを「コンラート・アデナウアーの政治と理念に最も忠実で，最も勇敢な最古参の闘士」（Franzel 1983：453）と誇るまでになるのである[128]。

アデナウアー政権とアーベントラント運動

　もちろん，アデナウアーの断固たる「西側結合」志向（第1章第3節参照）と，アーベントラント主義者の思想世界とがどこまで重なっていたかは疑問である。共通分母は，ドイツにおける「プロイセン的伝統」に対する批判，「物質主義」の拒否，反共産主義，独仏和解の重視，超宗派性への志向[129]だろう。しかし，ラインラン

---

126) Emil Franzel, "Von Bismarck zu Adenauer," *NA*, Jg. 6, Heft 2, 1951, S. 51-65, hier S. 63. ここでフランツェルは，ビスマルクの統治スタイルを論じているのであって，そのプロイセン中心主義，小ドイツ主義的政策を評価しているわけではない。

127) Ebd., S. 65.

128) ちなみに，1966年に「ドイツ財団（Deutschland-Stiftung e.V.）」というCDU/CSUに近い保守右派系の団体が設立され（名誉総裁にはアデナウアー，ただし翌年に死去），フランツェルとシュテーリン（アーベントラント・アカデミーの理事）は，この団体が授与する「コンラート・アデナウアー賞」を1968年に受賞している（Franzel 1983：453）。

129)『ノイエス・アーベントラント』誌上におけるCDU/CSUの超宗派性への高い評

ト出身のアデナウアーには，「中欧」や「ドナウ圏」への郷愁など微塵もみられない。また，アデナウアーもアメリカの「物質主義」には違和感を抱いていたが，アーベントラント主義者ほどの反米意識はないと言ってよい[130]。

さらに（戦後の）アデナウアーが抱いていた「キリスト教倫理」は，共同体の権威よりも，「個人の自由」および「個人の尊厳や価値」を優先させるものであった。アデナウアーは，「個人の尊厳は一切に，したがって国家権力にも優越するという原則は，アーベントラント的キリスト教の本質から発展したものである」と述べている（Adenauer 1965：52［邦訳：50］）。これに関連して，アデナウアーはコーポラティズム的な発想ともほとんど縁がなかった[131]。以上から，アデナウアーの政治的志向とアーベントラント主義者の思想世界の隔たりは，決して小さくはなかったと言えよう。

付け加えるなら，アデナウアーは，アーベントラント運動をCDUと公式に結びつけることは望んでいなかったと思われる。たとえば，1955年6月3日のCDU連邦幹部会でアデナウアーが，「物

　　価としては，Helmut Ibach, "Bilanz der Union," *NA*, Jg. 10, Heft 10, 1955, S. 577-578.
130）アデナウアーがアメリカへの疑念を抱いていたとすれば，なによりもそれは「ポツダムの悪夢」（＝ドイツの頭越しに大国間でドイツの運命が決められてしまうこと）であり，アデナウアーが「西側結合」を進めた動機の一つはここにある（板橋2014a：126）。こうして首相就任から10年以上にわたってアデナウアーは「疑わしき場合はつねにアメリカの指導に従う」という原則（Schwarz 1979：482）を遵守してきたが，第二次ベルリン危機，盟友ダレス（John Foster Dulles, 1888-1959）米国務長官の死去，ド・ゴール（Charles de Gaulle, 1890-1970）仏大統領との関係緊密化などにより，1950年代末からアデナウアーはアメリカと一定の距離を置くようになる（板橋 2014a：187-200）。
131）第二次世界大戦後のアデナウアーの世界像については，板橋 2014a：63-71を参照。より詳細には，Doering-Manteuffel 1994；Poppinga 1975；Weidenfeld 1976を参照。アデナウアーの外交構想のなかでキリスト的なものが占める位置価値については，Schwarz 1999を参照。

質主義的な世界解釈（die materialistische Weltauffassung）が最大の危険であること」を喚起し，「キリスト教的な世界観（die christliche Weltanschauung）が正しいこと」を訴えるような機関の設立を提唱したとき，アーベントラント・アカデミーの理事で連邦家族相のヴュルメリングが「すでにアーベントラント・アカデミーがあるではありませんか！」と発言したが，それに対してアデナウアーは「もちろんアーベントラント・アカデミーもありますが，わたしは別のものを求めているのです」といなしている[132]。

とはいえ，アデナウアー率いる CDU は，アーベントラント運動の有益性を明らかに認識していた。それゆえ CDU は，選挙の際に「アーベントラント」という言葉を連発し，CDU の選挙ポスターには，しばしば「アーベントラントを救え！」といったスローガンが印刷された。さらに，第3回連邦議会選挙を前にした 1957 年 3 月には，『ノイエス・アーベントラント』にアデナウアーの署名入りの選挙アピールを掲載したのである。このアピールは，内政面の成果には一切触れず，アデナウアー政権の外交政策，とりわけヨーロッパ政策の成果とそれに対する支持のみを訴えかけているという点で特異である。すなわち，連邦政府が「積極的なヨーロッパ政策（Europapolitik）」を遂行してきたことを強調し，ローマ条約（欧州経済共同体設立条約および欧州原子力共同体設立条約）という成果を示し，将来的には「統一ヨーロッパ（ein geeintes Europa）」の達成を謳うものであった。また，このアピールは，「ヨーロッパ的精神を持つすべての民族は統一ヨーロッパに属する権利を有する」とし，「アーベントラントの偉大な時代からの共通の不朽の遺産」が「ヨ

---

132) "Organisatorische Aufgaben der CDU. Bonn, 3. Juni 1955," in：*Adenauer: "Wir haben wirklich etwas geschaffen." Die Protokolle des CDU-Bundesvorstands, 1953–1957*, bearb. von Günter Buchstab, Düsseldorf：Droste, 1990, hier S. 570 f.

ーロッパの共通の未来にとっての基盤」となると訴えている [133]。

　要するにアデナウアーは,「アーベントラント」というトポスを駆使することによって,実際には自身の「西側結合」路線よりも保守的,あるいは反近代的な層を支持者として取り込むことを図っていたといえる。この点,「ジャグラー」(Granieri 2003:18 ff.) と称されたアデナウアーの本領発揮というところであろう。

　ただし,もちろん CDU のなかにも,福音派を中心に,アーベントラント運動に批判的な者たちも少なくなかったことは指摘しておきたい。1952 年に CDU/CSU 内には福音派作業グループ (Evangelischer Arbeitskreis:EAK) が設立されたが,その二代目代表 (1954 ～55 年) であり,53 年から 55 年まで無任所相だったローベルト・ティルマンス (Robert Tillmanns, 1896-1955) や,EAK 三代目代表 (55 ～ 78 年) で,内相 (53 ～ 61 年),外相 (61 ～ 66 年),防衛相 (66 ～ 69 年) を歴任するゲルハルト・シュレーダー (Gerhard Schröder, 1910-89) らは,アーベントラント運動から明確に距離をとっていた (Geiger 2009:51 f.) [134]。他方,連邦議会議長 (54 ～ 69 年) で福音派の神学者でもあったオイゲン・ゲルステンマイアー (Eugen Gerstenmaier, 1906-86) は,「カトリック的なアーベントラント」は拒みつつも,アーベントラント・アカデミーや CEDI の大会に参加

---

[133] Konrad Adenauer, "Entscheidung über Deutschland," *NA*, Jg. 12, Heft 2, 1957, S. 97.

[134] なお,「アトランティカー対ゴーリスト論争」(本章第 6 節参照) に関する浩瀚な研究書を著した歴史家のティム・ガイガーは,EAK 初代代表であり,1950 年から 54 年まで連邦議会議長を務めたヘルマン・エーラース (Hermann Ehlers, 1904-54) もアーベントラント運動から距離を取っていたとするが (Geiger 2009:52),これには若干の留保が必要である。エーラースには「アーベントラント」をタイトルに掲げた演説が少なくないし (E.g. ACDP, Nachlaß Hermann Ehlers, 01-369-044/3),エーラース文書のなかにはヴィルヘルム・シュテーリンから献呈された『ノイエス・アーベントラント』が残されている (Vgl. Ebd., 01-369-039/1)。

するなど，アーベントラント主義者との対話を続けたが，彼はむしろ例外的な存在だったと言えよう[135]。

第5節　アーベントラント運動の衰退

　ここまで見てきたように，戦後の 10 年間，アーベントラント概念・運動は，占領下，および建国期のドイツ連邦共和国でかなり浸透した。しかし，アーベントラント運動の絶頂と同時に，その凋落の契機となる出来事が 1955 年に起きた。「レヒフェルトの戦い千年祭」である。

レヒフェルトの戦い千年祭

　アーベントラント・アカデミーは，年次大会などの成功を受け，活動の幅をいっそう広げようと試みる。その絶好の機会が 1955 年に訪れた。この年は，レヒフェルトの戦い，すなわち 955 年にザクセン朝ドイツ王オットー 1 世（のちの神聖ローマ帝国初代皇帝）がアウクスブルク近郊のレヒフェルトでマジャール軍を破った戦いからちょうど千年にあたった。これを機に，カトリック教会の主導で，アウクスブルクで「聖ウルリヒ千年祭」という大規模な祝祭が催されることになった。聖ウルリヒは，955 年当時のアウクスブルクの司教であり，祈禱によって戦士たちに力を与え，神の助けによって

135）たとえばゲルステンマイアーは，自らが創刊した福音派の雑誌『キリストと世界』と，ヴェンガーが編集するカトリック系の『ライニッシャー・メルクール』の双方に，宗派和解的な「アーベントラント」論を掲載している。Vgl. Eugen Gerstenmaier, "Evangelisches Abendland?" *Christ und Welt*, Jg. 6, Nr. 33, 1953 (12. Aug. 1953), S. 17；ders., "Katholisches Abendland? Die Einigung Europas in evangelischer Sicht," *Rheinischer Merkur*, Jg. 8, Nr. 34, 1953 (21. Aug. 1953), S. 3. ゲルステンマイアーについては，Buchstab 2006 を参照。

ハンガリーに対する勝利を齎したとされる人物である。この聖ウルリヒを讃えて，1955 年が「ウルリヒ年（Ulrichsjahr）」とされ，7 月に「聖ウルリヒ祝祭週（St. Ulrichs-Festwoche）」（3 日〜10 日）が設定された。「祝祭週」の各日は，「司祭の日」（4 日），「カリタスと女性の日」（5 日），「教育者の日」（6 日）などといった具合にそれぞれ名付けられ，アウクスブルクの大聖堂および聖ウルリヒ教会への巡礼に加え，市民参加の演劇やシンポジウムなど様々な催しが行われた。なかでも最後の 7 月 9 日と 10 日は「アーベントラント信仰の日々（Tage abendländischen Bekenntnisses）」と名付けられている[136]。

　歴史家マティーアス・パーペが指摘するように，この「聖ウルリヒ千年祭」（別名「レヒフェルトの戦い千年祭」）に限らず，第二次世界大戦後のドイツでは中世の人物・出来事に関する記念日を祝う催し（Jubiläum）がしばしば行われ，アーベントラント主義者の絶好の活動の場となっていた。そうしたものとしては，たとえば 1946 年のバンベルクにおける神聖ローマ帝国皇帝ハインリヒ 2 世（973-1024，在位 1002-1024）の列聖 800 年記念式典，1948 年のケルン大聖堂定礎 700 年記念式典，1953 年のシュパイヤー大聖堂におけるクレルヴォーのベルナルドゥス（聖ベルナール）没後 800 年記念式典，1954 年のフルダにおける聖ボニファティウス没後 1200 年記念

---

136)「聖ウルリヒ祝祭週」については，主催者側が出版した記念本『勝利の十字架』が最重要の資料となる。*Crux victorialis. Ein Erinnerungsbuch an die St. Ulrichs-Festwoche und die Tage abendländischen Bekenntnisses vom 2. bis 11. Juli 1955 in Augsburg*, hg. vom Lokalkomitee, bearb. von Leopold Schwarz und Max Hohenester, Augsburg：Winfried-Werk (1955?). 関連するアウクスブルク市の出版物として，講演録 *Tausend Jahre Abendland*, Augsburg/Basel：Verlag Die Brigg, 1955 がある。また，この祝祭に関する詳細かつ貴重な研究として，Pape 2001 を参照。

式典などが挙げられる（Pape 2001：276 f.）。

　そして，1955年の「聖ウルリヒ千年祭」は，アウクスブルク司教ヨーゼフ・フロインドルファー（Joseph Freundorfer, 1894-1963）が実行委員会の長を務め，あくまでカトリック教会主導で進められた[137]。とはいえ，CSU所属のアウクスブルク市長クラウス・ミュラー（Klaus Müller, 1892-1980）は，戦災からの市の復興と，戦後に流入してきたズデーテン・ドイツ人に代表される被追放民（彼らの多くはカトリックだった）の統合の成功をアピールしようと考え，この祝祭を支援した。このときアウクスブルク市の紋章と帝国宝珠（帝権の象徴である十字架つき宝珠）が印刷された，レヒフェルトの戦い千年祭の記念切手（20プフェニヒ）も発行されている（Pape 2001：277, 283, 293）。

　こうした教会主導の祝祭に乗じて，アーベントラント主義者たちも「アーベントラント信仰の日々」を祝うことになる。彼らは「ヨーロッパの社会構造」，「ヨーロッパの法統一の基本的特徴」，「ヨーロッパ文化の多様性と共同体」という三つのシンポジウムを組織したが，それらは演者の顔ぶれにしても進行方法（2名が基調講演を行ったあと討論に入るという形式）にしても，アーベントラント・アカデミーの年次大会に酷似したものだった。たとえばアカデミーの会長フォン・デア・ハイテは，法学者として「ヨーロッパの法統一の基本的特徴」について基調講演を行っている[138]。

　この祝祭には外国からも多くの賓客が招かれたが，最も注目すべき存在は，当時フランス司法相だったロベール・シューマンだろう。

137）本書では立ち入らないが，アウクスブルクのカトリシズムの特徴とフロインドルファーの経歴については，Pape 2001：283-293に詳しい。

138）"Grundzüge der Rechtseinheit Europas," Hauptreferat von Professor von der Heydte am zweiten Tag des Forums, in：*Crux victorialis*, S. 215-219.

シューマンは，アウクスブルクのルートヴィヒスバウで行った演説で，学生時代の思い出を語り，戦前の「アーベントラント運動」を想起させるとともに，シャルルマーニュの帝国を「文明化されたヨーロッパを統一する最初の成功した試み」と述べている[139]。

そして，祝祭週の最終日にあたる7月10日の日曜日，アウクスブルクのローゼナウシュタディオンには，実に6万人が集った。シューマンも再び演壇に立ち，独仏両国民の「キリスト教に基づく真の友情」を説いた[140]。まさにこのとき，アーベントラント運動は絶頂を迎えた。しかし，これは終わりの始まりでもあった。

問題となったのは，アーベントラント・アカデミーの理事で，当時連邦外相に就任したばかりのハインリヒ・フォン・ブレンターノが，このローゼナウシュタディオンで行った演説である。

そもそもフォン・ブレンターノは，CDUの主要政治家のなかでも「価値保守主義的（wertkonservativ）な理念政治家の典型」（Kroll 2010：193）と位置づけられる人物であり[141]，アーベントラント・アカデミーの理事就任以前から，「アーベントラント」理念によってヨーロッパ統合の歴史的・文化的な意義を説き続けてきた。彼にとってヨーロッパ統合とは，決して経済的なものではなく，理念的・文化的なものであり，古典古代以来の「アーベントラントの文

---

[139] Ansprache von Präsident Staatsminister Robert Schuman, Frankreich, in der öffentlichen Versammlung im Ludwigsbau, in：*Crux victorialis*, S. 258-265.

[140] "Im Dienste des Friedens und der Brüderlichkeit," Worte des französischen Justizministers, Präsident Robert Schuman, bei der Schlußkundgebung im Rosenaustadion, in：*Crux victorialis*, S. 307 f.

[141] フォン・ブレンターノについては，生誕100周年を記念して，当時ヘッセン州首相だったCDUのローラント・コッホ（Roland Koch, 1958-）を編者として刊行された論文・資料集である，Koch 2004を参照。とくに伝記的データと政治思想の概略については，同書所収のKroll 2004が有益である。

第 4 章　第二次世界大戦後のアーベントラント運動　185

1955 年 7 月 10 日、「聖ウルリヒ祝祭週」最終日にローゼナウシュタディオンに集った人びと
出典：*Crux Victorialis*, S. 299

ローゼナウシュタディオンで演説を終えたフォン・ブレンターノと拍手で迎えるロベール・シューマン
出典：*Crux Victorialis*, S. 306.

化」に基づくものであった[142]。彼のヨーロッパ統合に関する演説には，「キリスト教的アーベントラント」「アーベントラントの使命」「共通のアーベントラント文化」「アーベントラントの統一性の再建」「アーベントラントの価値」などのフレーズが，常にふんだ

---

142) そうしたフォン・ブレンターノの言説には枚挙に暇がないが，たとえば以下を参照。"Der europäische Auftrag der CDU," Rede in Goslar, den 21. 10. 1950, BArch Koblenz, NL 1239, Bd. 131, Bl. 250-287. 欧州石炭鉄鋼共同体についても，フォン・ブレンターノは，それが決して経済的な目的のためではなく，「理念的なもの」であることを強調している。Vgl. Rede Dr. von Brentano anlässlich der Feierstunde am 9. 5. 1955 (Straßburg, Montanparlament) [anlässlich des Inkrafttretens der Pariser Verträge], BArch Koblenz, NL 1239, Bd. 131, Bl. 120-128.

んに散りばめられていた [143]。

とはいえ，レヒフェルトの戦い千年祭における演説は，フォン・ブレンターノの演説のなかでも際どいものとなった。このときフォン・ブレンターノは，反共的な意図から，955年と1955年には「明白な類似性」があるとし，「東方」の「新しい異教」に対して「アーベントラント」の価値を守ることを訴えたのである。

　　［955年と現在の］類似性は驚くべきもの，いや，それどころか愕然とすべきものと言えます。［955年］当時，アーベントラントの門前，すなわちわたしたちがいるこの都市［アウクスブルク］の門前には，東方の異教徒の群れが迫っていました。破滅と没落の危機にあったのです。そして現在，この都市からそう遠く離れていないところに，やはり東方の群れが押し寄せているのです。［…］ある点では，現在の危険は当時よりも大きいと言ってよいでしょう。［…］わたしたちがいま直面しているのは，当時のようなバラバラの異教徒の群れではなく，未開の部族の異教徒でもありません［…］。わたしたちがいま直面しているのは，新しい異教徒，世俗的なファナティズム，此岸のメシアニズムの異教徒なのです［…］ [144]。

143）典型的なものが，1951年のNEIの大会におけるフォン・ブレンターノの演説である。本文で列挙した語句はこの演説にもすべて見られる。"Die Integration Europas," Referat von Dr. von Brentano-Kongreß der NEI [Nouvelles Equipes Internationales] in Bad Ems am 15. September 1951, BArch Koblenz, NL 1239, Bd. 131, Bl. 567-586 (auch in：ACDP, Nachlaß Bruno Dörpinghaus, 01-009-015/3).

144）"Innere und äußere Einheit Europas bringt Frieden. Die Bedrohung des Abendlandes–Lehren aus der Vergangenheit für die Gegenwart," *Bulletin des Presse- und Informationsamtes der Bundesregierung*, Nr. 128, Bonn, 14. Juli 1955, 1069 f. Auch in：*Crux victorialis*, S. 303-306, hier S. 303 f.

実のところ，フォン・ブレンターノが，その「マニ教的な世界観」（Baring 1974：449）から，カロリング朝や1683年の第二次ウィーン包囲などの過去を引き合いに出して，「東方」の脅威やヨーロッパ統合の必要性を説くのは常習的なことであった。たとえば1953年8月23日のシュパイヤー大聖堂におけるクレルヴォーのベルナルドゥス（聖ベルナール）没後800年記念式典でも，800年前と現在との「類似性」を指摘したうえで，聖ベルナールが異教の「非ヨーロッパ的」勢力の脅威に対して十字軍を訴え，アーベントラントの精神的な価値を護持したことを称えている[145]。あるいは，他の閣僚，たとえば家族相でやはりアーベントラント・アカデミーの理事だったヴュルメリングなども，15世紀の「キリスト教的アーベントラント」を守る戦いを，現在に重ね合わせるような演説をしていた[146]。

　しかし，「聖ウルリヒ千年祭」での講演は，フォン・ブレンターノが外相に就任して初めての公の場での演説であり，これまでと違い国内の注目度は極めて高かった（Kroll 2010：193-195）。また，1955年7月10日というと，2カ月前に西ドイツが主権を回復するとともにNATOに正式加盟したばかりであり，さらに1週間後には米英仏ソ四大国によるジュネーブ首脳会談を控えていた。つまり，極めてデリケートな状況下での新外相の演説だったのである。

アーベントラント運動に対する批判の波

　このフォン・ブレンターノの無神経な演説は，ただちにメディア

---

[145]　Rede zur 800-Jahr-Feier für Bernhard Clairvaux am 23. August 1953 in Speyer, BArch Koblenz, NL 1239, Bd. 131, Bl. 82-119.

[146]　Dr. Wuermeling, Festrede zur Feier des 500-jährigen Jubiläums des Mittagläutens, Köln, 18. 11. 1956, ACDP, Nachlaß Franz-Josef Wuermeling, 01-221-033.

によって槍玉に挙げられた。野党 SPD の広報も,「外交のための歴史のでっちあげ」と批判した[147]。

　なかでも影響力を持ったのが,雑誌『シュピーゲル』による批判である。フォン・ブレンターノ演説のちょうど 1 カ月後に刊行された 1955 年 8 月 10 日号で同誌は,新外相の演説が,単なる「失言」などではなく,フォン・ブレンターノが理事を務めるアーベントラント・アカデミーという組織の世界観の表出であると暴いた。そして『シュピーゲル』の同記事は,アーベントラント・アカデミーの主要メンバーの一覧表を写真つきで掲載するとともに,『ノイエス・アーベントラント』やゲルハルト・クロルの著作に依拠してアーベントラント主義者たちの世界像を明らかにし,その思想を君主主義的・教権主義的で,民主主義と基本法に反するものとして徹底的に批判したのである。さらに,アーベントラント・アカデミーには,フォン・ブレンターノに加えて,オーバーレンダー,ヴュルメリング,フォン・メルカッツら連邦政府閣僚,イェーガー連邦議会副議長ら与党議員の要人が参加していることが指摘され,加えて連邦内務省管轄の機関である連邦祖国奉仕センターからアーベントラント運動(ここではアーベントラント・アクションとアーベントラント・アカデミーの双方を指す)に資金が提供されていることも問題視された[148]。

---

147) "Die Mystik in der Außenpolitik：St. Ulrich und Heinrich von Brentano," *Sozialdemokratischer Pressedienst*, 18. Juli 1955, S. 4 f. (URL：http://library.fes.de/spdpd/1955/550718.pdf) その一方で,『トリーア地方新聞 (*Trierische Landeszeitung*)』のように,フォン・ブレンターノの演説を「類似性に関する冷静な指摘」と評価するものもあった。

148) "Abendland. Die missionäre Monarchie," *Der Spiegel*, Heft 33/1955 (10. Aug. 1955), S. 12-14 (URL：http://www.spiegel.de/spiegel/print/d-31970943.html). なお,クロルは,2 年前の 1953 年に活動を停止したアーベントラント・アクションと,アクションのために自分が執筆した著作が,アーベントラント・アカデミーととも

この『シュピーゲル』の記事を受けて，1955年12月7日の連邦議会では，野党SPDの議員で，のちに西独首相となるヘルムート・シュミット（Helmut Schmidt, 1918-2015）が，閣僚のアーベントラント・アカデミー参加問題について，連邦内相ゲルハルト・シュレーダーに質問している。少し長くなるが引用しよう。

シュレーダー内相：[…] 連邦政府は，アーベントラント・アカデミーへの閣僚たちの所属という問題について，これまで取り組む機会がありませんでした。とりわけ，この組織が憲法に反する秩序を目指したものであるという根拠については関知しておりません。また，連邦政府が入手した資料によると，アーベントラント・アカデミーと，最近の報道で非難されているアーベントラント・アクションとのあいだには，形式的にも実態的にも関連はありません。

ゲルステンマイアー議長：追加質問！

シュミット議員：大臣，あなたは最後の点について，本年8月にアーベントラント・アカデミーの副会長が，アーベントラント・アクションの使命は2年前からアーベントラント・アカデミーに引き継がれていると公表している事実を，見落としていないでしょうか？　また，アーベントラント・アクションとアーベントラント・アカデミーは，同じところ［連邦祖国奉仕センター］から資金を得てきた，そして得続けているという事実

に槍玉に挙げられていることに当惑を示している。Gerhard Kroll, "Politisches Verantwortungsbewußtsein unerwünscht! Kesseltreiben gegen Abendländische Aktion und Akademie," Manuskript (5 S.), ACSP, NL Gerhard Kroll, Nr. 11. とはいえ，クロル自身も記しているように（前掲注57参照），アーベントラント・アクションとアーベントラント・アカデミーは人的にも連続しており，『シュピーゲル』の非難も的外れではないと言えよう。

を，見落としていないでしょうか？　大臣，あるいは連邦政府は，ここでわたしが主張したことが調査によって真実であると判明した場合，閣僚たちにアーベントラント・アカデミーから脱退することを勧告する用意はあるのでしょうか？

シュレーダー内相：わたしは手元にある資料に基づいてお答えしました。あなたがいま述べたことについては入念に調査させます。そうすれば，不祥事として告発すべきか否か，どのような不祥事なのかが判明するでしょう。

ゲルステンマイアー議長：最後の追加質問！

シュミット議員：大臣，あなたは，アーベントラント・アクションとアーベントラント・アカデミー両方のサークルが公にした，すべての出版物を調査に含める用意はありますか？　そのなかには憲法敵対的な意見（verfassungsfeindliche Äußerungen）を含むものがあります。引用させてください。「統治の責任を担う者は，その良心において神に責任を持つことと ［…］ 議会制民主主義で慣例となっているように，議会の信任に従うということを両立させることはできない」[149]。

シュレーダー内相：議員が引用したところは注目すべきものです。わたしたちの調査は広範囲なものになると申し上げておきます [150]。

この連邦議会におけるシュミットの質問をきっかけとして，1956

---

[149] これは，Kroll 1951：66 からの引用である。

[150] *Verhandlungen des Deutschen Bundestages, 2. Wahlperiode. Stenographische Berichte*, Bd. 27, Bonn, 1955, S. 6196 B, C (116. Sitzung am 7. Dezember 1955). このシュミットの質問に関する『シュピーゲル』の報道は以下。*Der Spiegel*, Heft 51/1955 (14. Dez. 1955), S. 58.

年に入ってから『シュピーゲル』に続いて各紙誌もアーベントラント運動をよりいっそう批判的に取り上げた[151]。たとえば左派系の『フランクフルター・ルントシャウ』は、1956年2月4日に「反動の革命家たち」という記事を掲載し、アーベントラント運動を「憲法に反する（verfassungswidrig）」存在だと批判した[152]。また『フランクフルター・アルゲマイネ新聞』は、同年2月9日の「ハプスブルクを背景としたライヒの夢想」という記事で、アーベントラント主義者たちの思想を「保守的カトリシズムと君主主義とライヒ神話と十字軍ファンタジーを結びつけたもの」とし、「リベラルな政治思想に反する傾向」であると非難している[153]。

こうしたメディアや野党の批判に対し、ヴュルメリングやフォン・メルカッツ、フォン・ブレンターノら政府閣僚は公に反論した。たとえばフォン・ブレンターノは、『シュピーゲル』の記事が「ファンタジー」であり、「馬鹿げたもの」だと抗弁している[154]。また、『ノイエス・アーベントラント』に草創期から関わり、アーベントラント・アカデミーの理事で、アデナウアーの友人でもあった『ラ

---

151) ACDP のフォン・メルカッツ文書には、関係する新聞・雑誌のスクラップがまとめて保存されている。ACDP, Nachlaß Hans-Joachim von Merkatz, 01-148-146/01. シュミットによる連邦議会質問以前に出版された、比較的冷静かつまとまった記事として、Edmund Schopen, "Die Rechristianisierung Europas. Die „Abendländische Akademie" in München," *Außenpolitik*, Jg. 6, Heft 11, 1955, S. 776-783.

152) Hans Heinrich, "Die Revolutionäre der Reaktion – Was sich gewisse Herren unter konstruktivem abendländischem Verfassungsschutz vorstellen," *Frankfurter Rundschau*, 4. 2. 1956.

153) Hans-Jakob Stehle, "Nebel über dem "Abendland" – Reichsphantasien mit habsburgischem Hintergrund," *Frankfurter Allgemeine Zeitung*, 9. 2. 1956. Vgl. auch："Unvollständige Demokratie：Die Abendländische Akademie protestiert," *Frankfurter Allgemeine Zeitung*, 10. 3. 1956.

154) "Abendländische Akademie. Wo hört der Unsinn auf?" *Der Spiegel*, Heft 7/1956 (15. Feb. 1956), S. 18-19 (URL：http://www.spiegel.de/spiegel/print/d-31587424. html).

イニッシャー・メルクール』の主筆パウル・ヴィルヘルム・ヴェンガーは，『シュピーゲル』の記事に真っ向から反論した[155]。

　一方，アーベントラント・アカデミー本体も，1956 年 2 月 22 日に，「憲法敵対的という非難」に対して，自分たちは「自由で民主的な社会的法治国家の原理，とりわけドイツ連邦共和国の基本法」を尊重しているという公式声明を出さざるをえなかった。さらに同年 3 月 9 日にアカデミーは，フォン・メルカッツやイェーガー，シュテルツァーらの出席のもと，ボンのホテル・ケーニヒスホーフで釈明の記者会見を開いている[156]。

　アーベントラント・アカデミーの「憲法敵対性」については，1956 年 10 月に連邦行政裁判所付連邦検察官（Oberbundesanwalt：OBA）[157] が調査中止を発表した。OBA は，アーベントラント・アカデミーには「極めて尊敬すべき人びとが所属しており，その基本法への忠誠は疑いようがない」と述べている。また OBA は，『シュピ

---

155) Paul Wilhelm Wenger, "Jakobinische Gespensterjagd. Zum Kesseltreiben gegen die Abendländische Akademie," *Rheinischer Merkur*, Jg. 11, Nr. 6, 1956 (10. Feb. 1956). これに対し SPD の『フォアヴェルツ』は，「高邁かつ偽善的で疑似キリスト教的な文句，議会制民主主義と共和国へのルサンチマン，反ボルシェヴィズム十字軍の夢想，危険な中世のライヒ神話，これらが混じり合ったイデオロギーを育てている」として，『ライニッシャー・メルクール』とアーベントラント運動とアデナウアー政権をまとめて批判した。"Der "Rheinische Merkur" und das "Abendland"," *Vorwärts*, 9. 3. 1956. Vgl. auch："""Auffüllung" der Demokratie. Die "Abendländische Akademie" und die Kanzler-Prominenz," *Vorwärts*, 16. 3. 1956.

156) "Ist die Abendländische Akademie verfassungsfeindlich?" Pressekonferenz in Bonn vom 9. 3. 1956, in：*Die Abendländische Akademie*, Jg. 3, Nr. 1, 1956, S. 1-6 (ACDP, Nachlaß Hans-Joachim von Merkatz, 01-148-146/01). この記者会見への各メディアの反応は，ebd., S. 7 f. にまとめられている。

157) OBA は，連邦の公益を守るために設置された，連邦行政裁判所（BVerwG）付の検察官であり，「連邦公益代理人」とも訳される（南 1987：1004）。現在の Vertreter des Bundesinteresses beim Bundesverwaltungsgericht：VBI の前身である。OBA および VBI については，成蹊大学の巽智彦准教授にご教示いただいた。記して感謝申し上げる。

ーゲル』が最も問題にしたクロルの著作については，その世界像を
実現するには基本法の変更が伴わざるをえないことは認めたものの，
「明らかに非現実的な提案」であり，「現実との関連を欠いた思想・
願望にとどまっている」とした。クロルの著作は「全体的に抽象的
でユートピア的な思想にとどまっており，その具体的な実現は追求
されていない」という点で，表現の自由の範囲内であり，処罰不可
能であると判断されたのである [158]。こうしてアーベントラント運
動は，司法的追及は免れることになった。

アーベントラント運動の終焉

　司法的制裁は免れたとはいえ，以上の騒動がアーベントラント運
動に与えた打撃は大きかった。すでに 1955 年 11 月に，ゲオルク・
フォン・ガウプ = ベルクハウゼンはアーベントラント・アカデミー
の事務局長を退いていた。翌年 2 月にはフォン・デア・ハイテも会
長職を辞任した。後任はゲオルク・フォン・ヴァルトブルク = ツァ
イルであった（Großmann 2014：119）。彼はガウプ = ベルクハウゼ
ンを呼び戻すとともに，アーベントラント・アカデミーとアーベン
トラント・アクションは，全く内容を異にする別の組織であるとい
う論陣を張る戦略を選択した（前述の公式声明や記者会見もそうした
方針に沿っている）。しかしこうした戦略は，当然ながら，アーベン
トラント・アクションとクロルを犠牲にした蜥蜴の尻尾切りだと受
け止められた。実際にも，たとえばフォン・デア・ハイテはアーベ
ントラント・アクションの執行部構成員も兼ねており，かつてクロ
ルの著作『国家とは何か』や『アーベントラント・アクションの秩

158）以下の『シュピーゲル』の批判的な記事を参照。*Der Spiegel*, Heft 45/1956 (07.
　　Nov. 1956), S. 74 (URL：http://www.spiegel.de/spiegel/print/d-43064588.html).

第4章　第二次世界大戦後のアーベントラント運動　195

序像』を激賞しているなど[159]，アカデミーとアクションの重なり
は否定しづらかった。

　アーベントラント・アカデミーの執行部は，1956年夏の年次大
会について，当初予定されていた「キリスト教とイスラム教の対
話」を取りやめ，急遽テーマを「政治的実存における保守的態度」
に変更し，世論に訴えようとしたが[160]，無駄であった。結局，
1956年の間，アーベントラント運動への批判は続いた。そして，
『ノイエス・アーベントラント』は1956年から季刊へ移行し，つ
いに58年末に廃刊となる。アカデミーの年次大会も，56年を最後
に，61年まで再開されることはなかった。

　前述のように，この間の1957年の第3回連邦議会選挙において，
アデナウアーは『ノイエス・アーベントラント』に選挙アピールを
掲載したが，これは野党のSPDやFDP（56年2月に連立を離脱して
いる）によるCDU/CSU批判に利用された。たとえばSPDの広報誌
は「ドイツはスペインではない」という記事で，『ノイエス・アー
ベントラント』とアデナウアーを諸共に批判している[161]。すでに
SPDは1956年初頭には『ノイエス・アーベントラント』を「CDU
プロパガンダの道具」と位置づけ批判していたが[162]，選挙戦でそ

---

159) Erklärung von Dr. Gerhard Kroll, Gräfelfing, den 17. Okt. 1955, in：ACDP, Nach-
laß Hans-Joachim von Merkatz, 01-148-146/01, hier Bl. 6-8.

160) "Sitzungsprotokoll des Vorstandes, Beirates und Kuratoriums der Abendlän-
dischen Akademie am 17. Juni 1956 um 20 Uhr in Eichstät," ACDP, Nachlaß Hans-Joa-
chim von Merkatz, 01-148-146/01.

161) Ulrich Lohmar, "Deutschland ist nicht Spanien：„Neues Abendland" mit Konrad
Adenauer," *Sozialdemokratischer Pressedienst*, 1. August 1957, S. 5 f. (URL：
http://library.fes.de/spdpd/1957/570801.pdf)

162) "Offenbarter Machtwille：Dokumente aus dem „Neuen Abendland"," *So-
zialdemokratischer Pressedienst*, 20. Februar 1956, S. 5 f. (URL：http://library.fes.
de/spdpd/1956/560220.pdf)

れは激化した。かかる事態に対し，とりわけシュレーダーら CDU
福音派は神経を尖らせた。連邦議会選挙から 4 日後の 9 月 19 日に
開かれた CDU 連邦幹部会では，FDP がとくに北ドイツにおける選
挙戦でアーベントラント・アカデミーと CDU との繋がりを非難し
ていたという報告を受けて，「アーベントラント・アカデミーは全
く無価値なものだ！（Die Abendländische Akademie ist eine absolute
Null!)」といった発言まで出るようになった[163]。

　また，遅ればせながら 1950 年代末には東ドイツからも，「帝国
主義イデオロギーの似非学問的・宗教的な婉曲表現」として「アデ
ナウアー CDU に奉仕するアーベントラント・イデオロギー」を批
判する声があがるようになっていた（Büttner 1959：1803）[164]。

　以上の状況から，CDU/CSU の指導的な政治家たちは，アーベン
トラント・アカデミーから距離を置かざるをえなくなった。アカデ
ミーの年次大会は 1961 年に復活し，「多元主義（Pluralismus）」を
テーマとするなど社会に適応しようとするが，結局 1963 年の年次
大会が最後のものとなった[165]。アーベントラント・アカデミー自

---

163) 発言者は北バーデン CDU のフランツ・グルク（Franz Gurk, 1898-1984）。
"Aussprache über das Ergebnis der Bundestagswahlen. Verschiedenes. Bonn, 19.
September 1957," in：*Adenauer:"... um den Frieden zu gewinnen." Die Pro-
tokolle des CDU-Bundesvorstandes, 1957-1961*, bearb. von Günter Buchstab, Düs-
seldorf：Droste, 1994, hier S. 25.

164) テオドーラ・ビュトナーの論文（Büttner 1959）は，西ドイツのアーベントラ
ント主義者に関する同時代的観察としては，かなり詳細なものである。さらに時代
は下るが，やはり著名な東独歴史家による分析として，Herz 1963 と Stern 1965 が
ある。また，東ドイツによる「西ドイツの教権ファシズム（westdeutscher Kleri-
kalfaschismus）」批判については，Schildt 1999：78 を参照。

165) 1958 年からアーベントラント・アカデミーは，会長に CDU/CSU 連邦被追放者
委員会会長のヴァルター・フォン・コイデル，副会長にアイヒシュテット市長のハ
ンス・フッター（Hans Hutter, 1914-97），事務局長にアーロイス・ヴァルトブルク
＝ツァイル（Alois von Waldburg-Zeil, 1933-2014：エーリヒの子，ゲオルクの弟）
という体制になった。また，法学者のヴァルター・ヴェア（Walter Werr, 1925-86）が，

体はその後もニュルンベルクに拠点を移して存続するものの，すでに往時の力は失っていた[166]。

　こうしてアーベントラント運動は終焉を迎えたが，それに伴い，アーベントラント運動に近かった政治家たちも，1960 年代には「アーベントラント」という語彙を慎むようになる。1962 年 6 月にドルトムントで行われた CDU 連邦党大会では，かつてアーベントラント・アカデミーの年次大会に参加していたオイゲン・ゲルステンマイアーが，「われわれが反動的な社会構造を有する『キリスト教的アーベントラント』を目指しているという主張」に対して異議を呈している（Geiger 2009：56）。また，アカデミーの理事を務めていたフォン・メルカッツですら，1964 年には「カトリック的・保守的・アーベントラント的（katholisch-konservativ-abendländisch）」というレッテルを貼られることを嫌がるようになっていた（Ebd.）。

　論壇においても，1960 年代には「アーベントラント」の影は薄くなっている。たとえば 1962 年に『モナート（Der Monat）』誌上で，「国民保守派」の文筆家アルミン・モーラー（Armin Mohler, 1920-2003）の論考を皮切りに「こんにち真に保守的であるとは何を意味するのか」をめぐって論争が交わされたが，そこでモーラーは「こんにち政治的なジャーゴンで『アーベントラント主義者（Abendländer）』と呼ばれるグループは［…］貴族たちのロータリ

　　1960 年から研究主任を務めている。なお，年次大会は 1963 年が最後となったが，1964 年 10 月 22 日から 25 日まで，アイヒシュテットのバイリングリースにあるヒルシュベルク城（Schloß Hirschberg）で，「権力，支配，権威（Macht, Herrschaft und Autorität）」をテーマとする「研究会（Arbeitstagung）」が開催されていることが確認できる。Vgl. ACDP, Nachlaß Hans-Joachim von Merkatz, 01-148-146/02.

166) もはや本書では立ち入らないが，1960 年代前半におけるアーベントラント・アカデミーの没落については，Großmann 2014：351-355；Schildt 1999：78-82 を参照。また，フォン・メルカッツ文書のカートン ACDP, 01-148-146/02 では，1960 年代のアーベントラント・アカデミーの理事会の活動が確認できる。

ークラブのようなものに過ぎない」と一蹴している[167]。それに対し，この論争に参入したフォン・メルカッツもゲルステンマイアーも，もはや「アーベントラント」については語らなかった[168]。これは，その6年前の1956年に『ノイエス・アーベントラント』がやはり「保守」を特集し，同時にアーベントラント・アカデミーが「保守的態度」をテーマに年次大会を開いた際に，フォン・メルカッツがなお「アーベントラントの精神の再生」[169]や「キリスト教的アーベントラントの保守的な再生」[170]を語っていたのとは対照的であると言えよう（もちろん発表媒体の違いも考慮すべきだが）。

　もはや政治的な語彙としても，「アーベントラント」は魅力を失ったのである。

167）Armin Mohler, "Konservativ 1962," *Der Monat*, Jg. 14, Heft 163, 1962, S. 23-29, hier S. 24, Anm. 5. エルンスト・ユンガー（Ernst Jünger, 1895-1998）の秘書も務めていたモーラーは，「西側結合」と反共主義を基軸とする戦後西ドイツの保守派の主流とは異なり，ナショナリズムを重視した「国民保守派」の論客である（川合2003：第2章）。ちなみに，筆者はアーベントラント・アカデミーの年次大会報告書の大部分を北海道大学付属図書館所蔵の「アルミン・モーラー文庫」（モーラーの蔵書コレクション）で閲覧しており，モーラーもアーベントラント・アカデミーの年次大会に参加していたのではないかと推定している。

168）Vgl. Hans-Joachim von Merkatz, "Konservatives Denken–pseudo-konservative Theorie," *Der Monat*, Jg. 14, Heft 165, 1962, S. 54-56；Eugen Gerstenmaier, "Was heißt heute konservativ?" *Der Monat*, Jg. 14, Heft 166, 1962, S. 27-30.『モナート』誌上の保守主義論争に触れた邦語文献として，村松2006：17 f. を参照。なお，『モナート』では，この論争に関してエミール・フランツェルの論文の掲載も予告されているが（*Der Monat*, Jg. 14, Heft 163, 1962, S. 23），それは管見の限り果たされていない（掲載されなかった理由は分からない）。

169）Hans-Joachim von Merkatz, "Das Recht und die Pflicht zu konservativer Politik," *NA*, Jg. 11, Heft 2, 1956, S. 107-110, hier S. 110. なお，この号にはフランツェルも「保守」論を寄せている。Emil Franzel, "Versuch einer Deutung des Konservativen," *NA*, Jg. 11, Heft 2, 1956, S. 153-168.

170）Hans-Joachim von Merkatz, "Aufgaben und Möglichkeiten einer konservativen Politik," in：*JAA*, 1956, S. 40-49, hier S. 45.

第6節 | アーベントラントの再生？

このようにアーベントラント運動自体は60年代には力を失っていくが，アーベントラント主義者たちはその後も興味深いかたちで歴史に関わっていくことになる。本節では二つの動きを紹介しよう。

アトランティカー対ゴーリスト論争

第一は，ドイツ連邦共和国における，いわゆる「アトランティカー（大西洋主義者）対ゴーリスト（ド・ゴール主義者）論争」への関与である。この論争は，一義的には西ドイツの核アクセスの方途をめぐる外交路線対立であり，ひいては将来のヨーロッパ像，とくにヨーロッパの組織形態と，アメリカに対する自律性を問うものであった（川嶋 2007：第3章；板橋 2004a：195-198）。またそれは，現代史家エッカルト・コンツェが指摘するように，ドイツ連邦共和国がその国家の「暫定」的性格から脱け出し（＝近い将来における再統一の断念），新たな「国益」を模索した，いわば「第二の建国」のあり方をめぐる論争でもあった（Eckart Conze 2003；ders. 2006；ders. 2009：318 ff.）。そしてこの論争のなかで，かつてアーベントラント・サークルにいた政治家・文筆家たちは，その反米主義も手伝って，ほぼ例外なく「ゴーリスト」に与して活躍したのである（E. Conze 2006：115 f.）。

たとえば，パウル・ヴィルヘルム・ヴェンガーやエリマール・フォン・ヒュールステンベルク男爵（両人ともアーベントラント・アカデミーの理事）らは，ジャーナリストとして「ゴーリスト」の論陣を張っている。とくに『ライニッシャー・メルクール』の主筆だったヴェンガーは，1960年代を通して断固たる親仏路線を貫いた。1963年5月にドイツ連邦議会のアトランティカーたちがエリゼ条

約（独仏友好協力条約）に大西洋主義を確認する「前文」を挿入し
たときには，ヴェンガーは激しく憤った。また，エアハルト政権下
で親米的な路線をとるゲルハルト・シュレーダー外相に対して，ヴ
ェンガーやヒュールステンベルクは集中砲火を浴びせた[171]。CDU/
CSU の福音派作業グループ（EAK）の幹部だったヴィルヘルム・ハ
ーン（Wilhelm Hahn, 1909-96）が，EAK 代表のシュレーダーに，ゴ
ーリストたちはスペインをモデルにした権威主義的統治を欲してい
ると警告しているところを見ると[172]，敵対者であるアトランティ
カーたちも，ゴーリストとアーベントラント主義者の連続性を看取
していたのだろう。

　もはや反動的な言辞を用いず，「アーベントラント」という概念
も後景に退いたものの，アーベントラント主義者の強烈な反共主義
や，独仏枢軸志向，アメリカへの懐疑などは，1950 年代から変わ
らなかった。付け加えるなら，第二次ベルリン危機を契機として西
側同盟内の安全保障的な利害が分岐してきたことによって，50 年
代には文化的なものにとどまっていたアーベントラント主義者の反
米志向が，政治的にも前面に出てきたと言えよう。

「ヨーロッパへの逃避」

　第二に，ヨーロッパ・レベルでのアーベントラント主義者の組織
化が挙げられる。これは，より長期的な意義を持つことになった。
すでに西ドイツ国内で批判を浴びていた 1956 年 6 月のアーベント

171）ヴェンガーやヒュールステンベルクをはじめとするアーベントラント主義者の
　ゴーリスト路線と，それに対するアトランティカーの嫌悪については，Geiger
　2009：57-59 を参照。本書では立ち入らないが，政治家におけるアーベントラント
　主義者とゴーリストの連続性については，ebd.：60-63 und passim.
172）Prof. Dr. Wilhelm Hahn to Schröder, August 13, 1966, zit. aus Granieri 2009：19.

ラント・アカデミーの年次大会で，会長ゲオルク・フォン・ヴァルトブルク = ツァイルは，「本質的にスープラナショナル（übernational）な組織は，ナショナルな尺度で測ることはできない」と述べ[173]，「ヨーロッパへの逃避」（Großmann 2014：122）の構えを見せていた。

　「アーベントラント」概念の運命を辿ってきた本書では，もはやこの「ヨーロッパへの逃避」を詳細に追うことはしないが，一つだけ重要な動きについて言及しておく。それは，1952 年の設立当初から交流のあった，スペインを拠点とする「ヨーロッパ文書・情報センター（CEDI）」への活動の重点の移動である[174]。すでに雑誌『ノイエス・アーベントラント』は，1958 年に廃刊するにあたって，代わりに CEDI のドイツ語雑誌『世界政治・経済週報（*Dokumentation der Woche für Weltpolitik und Wirtschaft*）』（主筆はエミール・フランツェル）を購読するよう読者に勧めていた[175]。

　CEDI は，言わばアーベントラント運動の国際組織である。主たるメンバーはスペインや西ドイツ，オーストリア，フランスの政治家・知識人だが，小規模ながらもベルギー，スイス，イギリス，スウェーデン，リヒテンシュタイン，ポルトガル，フィンランドに支部が置かれた。初代会長はオットー・フォン・ハプスブルクが務め（のち名誉会長），主にマドリッド近郊のエル・エスコリアルで定期的な会合を行っている。これには，スペイン外務省も資金援助をしていた（Lehmann 2006：69）。1953 年の年次大会のテーマは「ヨー

---

[173] Georg von Waldburg-Zeil, "Aufgabe und bisherige Arbeit der Akademie," in：*JAA*, 1956, S. 9-11, hier S. 11.

[174] CEDI については，Großmann 2014；ders. 2010；Conze 2005a：169-206；Conze 2005b を参照。

[175] "An unsere Abonnenten und Leser," *NA*, Jg. 13, Heft 1, 1958, S. 1.

ロッパ連合−ラテンアメリカ連合（Europäische Union – Iberoameri-kanische Union）」，1954 年は「連邦的・キリスト教的ヨーロッパの構築」，55 年は「共存問題に立たされるヨーロッパ」，56 年は「核時代のヨーロッパ」であり，かなりアクチュアルな問題を論じあっていたようだ[176]。

CEDI の特徴は，会長オットーが述べるように，「大衆運動となることを目指してはいない」ことである。むしろ，「ヨーロッパの政治的・知的・経済的エリートを結集すること」に尽力する組織であった[177]。すなわち，エリート主義に徹し，ヨーロッパ各国の重要政治家への働きかけと，トランスナショナルなネットワーク形成を重視したのである。

西ドイツからは，アーベントラント・アカデミーの人びと，たとえばフォン・メルカッツやリヒャルト・イェーガーら政治家，フランツェルやヴェンガー，そして『ミュンヒナー・メルクール』のアルフォンス・ダルマ（Alfons Dalma, 1919-99），『ライニッシャー・メルクール』のオットー・レーゲレ（Otto B. Roegele, 1920-2005）らジャーナリストなどが CEDI に積極的に参加していた（フォン・メルカッツは 1964 年から 65 年まで CEDI の会長を務めている）。また，ミュンヘンに置かれた CEDI の西ドイツ支部は，アーベントラント・アカデミーと同様，フォン・デア・ハイテ，ゲオルク・フォン・ヴァルトブルク＝ツァイル，ゲオルク・フォン・ガウプ＝ベルクハウゼンが担っている。加えて，やはりヴァルトブルク＝ツァイ

---

176) アーベントラント・アカデミーの会報である *Die Abendländische Akademie* には，CEDI の年次国際大会の報告が掲載されている。

177) Otto von Habsburg, "Ziele und Arbeitsmethoden des CEDI," Rede gehalten bei der Gründungssitzung des CEDI Liechtenstein am 22. 12. 1958, zit. aus Großmann 2014：169.

ル家がこの組織の重要な出資者であった。このように，もともとアーベントラント・アカデミーと密接な関係にあった CEDI に，アーベントラント主義者は活動の場を移していくのである。

なお，CEDI 会長オットー・フォン・ハプスブルクを鎹にして，アーベントラント運動のメンバーたちは，パンヨーロッパ連盟とも結びついていく[178]。1972 年のクーデンホーフ = カレルギーの死後，オットーはパンヨーロッパ連盟の会長も担っている。第 2 章でも触れたように，アーベントラント主義者とパンヨーロッパ主義者は戦間期には競合関係にあったが（Ziegerhofer-Prettenthaler 2004：171 f.)，戦後にファシズムへの反省と冷戦によって党派のスペクトルが狭まっていくなか，協力関係に転じていったと整理することができよう。たとえばフォン・メルカッツは，すでに 1950 年代からパンヨーロッパ連盟ドイツ支部でも活動しており，67 年から 79 年まで会長を務めている。また，イェーガーやゲルステンマイアーらも，パンヨーロッパ連盟の名誉会員であった。

CEDI をはじめ，第二次世界大戦後から 1980 年代に至るまでの西欧の貴族・保守主義者のトランスナショナルなネットワークについて浩瀚な研究書を著したヨハネス・グロースマンは，こうした人的な連続性を明らかにしながら，アーベントラント運動と CEDI が「20 世紀後半の西欧における政治的保守主義の刷新のための出発点」であったと述べている（Großmann 2014：16）。かかるグロースマンの主張は極めて興味深く，「保守主義の刷新」も重要なテーマではあるが，あくまで「アーベントラント」を追跡してきた本書は，政治的理念としての「アーベントラント」が求心力を失い，アーベ

---

178) オットー・フォン・ハプスブルクとパンヨーロッパ連盟について邦語では，戸澤 2003：379 f. を参照。

ントラント主義者たちが「ヨーロッパ」へ「逃避」したことを区切りとして，ここで本論を閉じることとしたい。

お わ り に

　本書は，戦間期から1960年代前半までのキリスト教系の政治勢力とヨーロッパ統合の関係について，「アーベントラント」を掲げたキリスト教保守派の思想と運動を主たる対象として検討してきた。すでに本書の意図と研究史的な意義については序章で述べたが，最後に本書の考察から引き出せるより広範な含意を示しておきたい。

ヨーロッパ統合というプロジェクトの複合的性格

　まず，第1章で検討した戦間期のカトリック政治家・知識人の民主主義への曖昧な態度や戦後のNEI内部の対立軸，そして第2章から第4章で検討したアーベントラント主義者の秩序像の分析から明らかになるのは，この時代のキリスト教系政治勢力のヨーロッパ諸構想が，反共主義や独仏協調の追求，あるいは補完性原理の重視などの大枠で一致しつつも，自由民主主義に対する態度や，統合すべき「ヨーロッパ」の範囲については重要な相違を見せていたことである。一部のキリスト教民主主義研究者やヨーロッパ統合史家の想定とは異なり，たとえ反近代的で，自由民主主義的な諸価値を受容していなくとも，第二次世界大戦後のヨーロッパ統合を支持し，正統化するのは可能であった。

　つまり，本書が示したのは，アーベントラント主義者のような反近代的な勢力が，ヨーロッパ統合という，論者によってはポスト近代的とも位置づけうるプロジェクトの支持基盤にもなっていたという（一見したところの）逆説である。ヨーロッパ統合に積極的に関与する諸アクターが「同床異夢」にあることは，これまで様々な側

面から指摘されてきたが，本書は「夢」のなかでも最も反近代的な
「夢」の一つを示したと言えよう。あるいは，ミュラーとプリヒタ
が指摘するように，初期のヨーロッパ統合が石炭鉄鋼という機能
的・セクター的な統合，および欧州経済共同体（EEC）のように経
済的な統合から進められたために，「アーベントラント」は，そう
した経済的・機能的な統合に対する「理念的な赤字」を補完するイ
デオロギー的役割を果たしていたと整理できるかもしれない（Mül-
ler & Plichta 1999：19）。第二次世界大戦による荒廃，そして冷戦と
いう新しい時代のなか，ヨーロッパ人は新しいアイデアとともに，
「昨日の世界」にすがることも必要としたのである。

　このようなヨーロッパ統合というプロジェクトの複合的な性格に
ついて，これまでの研究が十分に留意してきたとは言い難い。本書
の冒頭で筆者は，ヨーロッパ統合史の単線的・近代主義的理解を批
判し，ヨーロッパ統合は，反近代と近代とポスト近代，これら近代
をめぐるそれぞれのベクトルがせめぎ合うなかで進められてきたと
述べたが，アーベントラント主義者たちは，反近代的なベクトルか
らヨーロッパ統合を支持し，正統化してきたのである。

　もちろん本書の考察は，限られた時代における，ヨーロッパ統合
の複合的性格の一端を示したに過ぎない。とはいえ，これまでのヨ
ーロッパ統合史研究は，「反近代的」あるいは「反リベラル」なヨ
ーロッパ構想を，あくまで「反ヨーロッパ的（anti-European）」な
ものとして描きがちであった（Gosewinkel 2015：17）。かかる単線
的・近代主義的なヨーロッパ統合（史）理解に抗して，「反近代」
と「ヨーロッパ統合」は，対義語ではなく，接続可能なものである
と主張しておくことは十分に意味があることだろう。「アーベント
ラント」のような反近代的なヨーロッパ構想も，当該時代において
はヨーロッパ統合プロセスの一部を構成しているのである。

1950 年代のドイツ連邦共和国における「西側結合」の歴史的・世界観的基盤をめぐって

加えて本書は，ヨーロッパ統合をめぐって「同床異夢」にあった諸勢力の糾合に成功した顕著な例が，西ドイツのアデナウアー政治だったことも，第 1 章および第 4 章で示してきた。

第二次世界大戦後のドイツ連邦共和国の政治・外交の最大の特徴は，言うまでもなく，アデナウアー政権が主導した「西側結合（Westbindung）」（あるいは「西側統合（Westintegration）」，「西側選択（Option für den Westen）」）である[1]。

外交史家ヴァルデマール・ベッソンは，1970 年の時点で次のように述べている。

> 1945 年にドイツ人は転換点を経験した。それは極めて重大なものであったので，それ以前のすべての外交政策の終焉を意味しているように思われた。1945 年に彼らは自分たちがこれまでとは全く異なった世界にいることを知り，自分たちをそこに適応させねばならなかった。コンラート・アデナウアーは，西ドイツ国家のためにこれを成し遂げたのである。彼は，合理的にというよりは本能的にではあるが，新しい西ドイツ国家の外交政策の諸条件と諸目的を把握した。アデナウアーの政策の偉大な成功は［…］連邦共和国における強力な新しい伝統路線を創り出した［…］。アデナウアーは，「中欧（Mitteleuropa）」というキーワードに要約される，それ以前のすべての経験からの断絶を達成したのである［…］（Besson 1971：61）。

---

1) その国際政治的な意味については，板橋 2014b：177-180 を参照。

かかるベッソンの診断をふまえつつ，ハンス＝ペーター・シュヴァルツは，「西側結合」を「連邦共和国の国家理性」と呼び（Schwarz 1975）[2]，「この『新しい伝統』の貫徹こそ，初代連邦首相の不朽の功績である」としている（ders. 1979：472）。

　こうして，ドイツ政治外交史分野の主流においては，アデナウアーの「西側結合」は，まさにドイツ外交における「革命」であると同時に，新しい「伝統」も創出したと評価されてきた。たとえば，ホルスト・メラーは「外交的にも憲政的にもドイツの伝統に存在しなかったもの」（Möller 1991：630 f.）と呼び，クラウス・ヒルデブラントは「文字通り革命的で，ドイツ外交の全く新しい伝統を創出した」（Hildebrand 1991：12）と述べ，クリスチャン・ハッケは「外交革命（außenpolitische Revolution）」（Hacke 2003：49）と表現した。

　筆者も，「中欧」概念の史的検討やアデナウアー伝を通しつつ，ドイツ政治外交史における「西側結合」の画期性・革新性を強調してきたが（板橋 2010：228 f.；同 2014a：3-7），ここで注意したいのは，その「西側結合」の世界観的基盤は，決して第二次世界大戦後に突如として生まれたものではないことである[3]。

　個別の歴史的事象の解明という点を超えて，本書がドイツ政治外交史に持ちうる含意を一つ挙げるならば，それは「西側結合」の革新性の背後にある，歴史的・世界観的な基盤の一端を明らかにしたことだろう。本書がアーベントラント主義者に即して検討したよう

---

[2]　ここで言う「国家理性（Staatsräson）」とは，個別利害や単なる「国益」を超えた，国家の存立基盤そのものに関わる行動準則のことであり，他のあらゆる外交目標に優先するものである。Vgl. auch：E. Conze 2009：318

[3]　この「西側結合」における「連続性・非連続性」の問題についても，筆者はアデナウアーの経歴や世界像の分析などを通じて示唆してきた。この問題については，山口 1988：46-57 も参照。

に，アデナウアーの「西側結合」路線は，戦間期以来の「アーベントラント」という（敢えて言えば）「伝統的な」世界観によっても正統化されていたのである。

もちろん，第二次世界大戦後から 1950 年代までの期間に「西側結合」を支持したのはアーベントラント主義者にとどまらないことは言うまでもない。アクセル・シルトがドイツ保守主義史のなかで指摘したように，アデナウアー政治の特徴は，「新自由主義，自由民主主義，キリスト教社会主義，カトリックのアーベントラント主義，国民保守主義，これら政府陣営に存在したイデオロギーの寄せ集めを，一つの国家教義に統合したこと」（Schildt 1998：227）にあると言えよう。

とはいえ，かつて山口定が指摘したように，「西側結合」は，「アデナウアーの政治路線上最も重要な問題でありながら，通常はその意味が意外に煮詰められて検討されていない」研究状況にあった（山口 1988：47）。その要因としては，これまで「西側結合」が，「西側結合か再統一か」，あるいは「西側結合か中立ドイツか」といった二項対立的な図式のなかで論じられてきたことが大きい（Granieri 2003：8-13）。もちろん，かかる状況は近年の研究の進展によって改善されつつあるが[4]，「西側結合」の中身（とりわけ「西」の意味内容）の丁寧な腑分けと吟味はなお途上にあると言えよう。そうした意味で本書は，アーベントラント運動という，1950 年代の「西側結合」の一翼を担ったグループの歴史と世界観を解明したと言える。そして，本書が示した像は，これまでの「西側結合」の革新性のみを強調してきた歴史理解に修正を促すだろう。

---

4) 建国期から 1960 年代までの「西側結合」路線について，純粋な外交史的記述とは一線を画し，外交と内政の連繋，とりわけ「西」をめぐる CDU/CSU 内部の対立軸を考察した重要な研究として，Granieri 2003；Geiger 2009 を参照。

＊＊＊

　さて，本書で示したように，アーベントラント運動は，戦間期からの連続性を顕著に示しつつ，東西冷戦という新しい文脈を与えられ，ヨーロッパ統合が次第に具体化・制度化していくなかで，自己の国際的な位置を模索するドイツ連邦共和国で新たに全盛期を迎えた。そして，1950 年代後半以降のアーベントラント運動の衰退は，無論ドイツ連邦共和国およびヨーロッパ全体における「価値観の転換」や「世俗化」，世代交代の進行と平行しており，その意味では本書で扱ったアーベントラント運動自体は過ぎ去った歴史的存在となった。また，あの時代にイベリア半島や「中欧」をも含む「ヨーロッパ」を想起していたアーベントラント主義は，現在からは荒唐無稽なものに見えるかもしれない。

　しかし，1989 年に東独市民をハンガリー経由で逃した「パンヨーロッパ・ピクニック」（この成功はオットー・フォン・ハプスブルクのネットワーク抜きには考え難い）がベルリンの壁を壊す一因となるほどの威力をふるったのを見るとき[5]，あるいは，イラク戦争以来のヨーロッパにおける反米言説，そして現在猛威をふるっている反イスラム，反移民・難民言説のなかで「西洋」ということばが過剰に政治性を帯びているのを見るとき，「アーベントラント」の歴史的位相を探る作業は，極めてアクチュアルな意味も有しているのだと主張してもよいだろう。

---

5)　たとえば，『NHK スペシャル こうしてベルリンの壁は崩壊した──ヨーロッパ・ピクニック計画』（DVD, NHK エンタープライズ, 2009 年）（1993 年放送）を参照。

あ と が き

　最近，奇しくも「西洋（アーベントラント）」という言葉が，ドイツの政治的言説に目につくようになった。最も目立つのは，2014年からドイツの排外主義運動として登場してきたペギーダの存在である。ペギーダ（Pegida）という名称は，Patriotische Europäer gegen die Islamisierung des Abendlandes（アーベントラントのイスラム化に反対する愛国的ヨーロッパ人）の頭文字をとったものである。なぜ「ヨーロッパのイスラム化」や「ドイツのイスラム化」ではなく「西洋（アーベントラント）のイスラム化」と彼らが称しているのか，その直接の経緯はよく分からない。ただ，イスラム系移民に対する排外的な言説に「アーベントラント」という言葉が頻繁に登場するのは，ペギーダ以前から（とりわけインターネット上で）感じていた。

　本書はそうした現在の言説状況の解明を意図したものではない。しかし，冷戦期の史料を読んでいるなかでも，しばしば「アーベントラント」が「イスラム」と対置されてきたことに気づく。たとえば，本文中でも言及したように，冷戦が本格化した1948年にフランスの政治家ビドーは共産主義の脅威を「新しいイスラム」と呼んでいる。また，1955年9月のアデナウアー訪ソに随行したミュンヘンの東欧研究所所長ハンス・コッホも，アーベントラント・アカデミーの1955年次大会で，共産主義を「新しい『イスラム』」と形容している（Hans Koch, "Osteuropa," in：*JAA*, 1955, S. 82-95, hier S. 93）。冷戦の終焉後にこの関係が転倒し，再びイスラムが保守派の主たる「外部の脅威」を構成するようになったということは言える

のかもしれない※。

＊　＊　＊

　本書の着想を得たのは9年前の2007年に遡る。近代ドイツにおける「中欧」概念の歴史を検討した博士論文（のち『中欧の模索』として刊行）をようやく書き終えようとしていた頃である。そこでわたしは，第二次世界大戦以前のドイツのヨーロッパ秩序構想が，戦後のドイツ連邦共和国におけるヨーロッパ理念や実際のヨーロッパ政策にも影響を与えていることを最終章で示唆した。その際，「アーベントラント」概念が鍵となるであろうことも，博士論文を纏める過程で薄々ながら気づいてはいた。

　そこで，本書でも頻繁に参照したコンツェらによる「アーベントラント」に関する研究について，2008年5月に「北大ドイツ史研究会」で報告する機会をいただいた（文章化したものとして板橋2009）。

　その後，国内で公刊資料を読み進めつつ，ヨーロッパ統合史とも絡めながら，粗削りな見取り図を描いてみたのが，遠藤乾・板橋拓

※ ペギーダの台頭をきっかけとして，「アーベントラント」という概念はあらためて一般の興味を惹き，新聞などのメディアにも取り上げられるようになった。たとえば2014年12月20日の『フランクフルター・アルゲマイネ・ツァイトゥング』では，ライナー・ハンクが，アクセル・シルトやヴァネッサ・コンツェを引きながら，いち早く「アーベントラント」概念の歴史と政治性に関して比較的詳しい記事を執筆している。また，2015年1月5日の『ターゲスシュピーゲル』では，歴史家のヴォルフガング・ベンツやハインリヒ・アウグスト・ヴィンクラーが，この概念の歴史を解説している。Vgl. Rainer Hank, ""Abendland" war stets ein Kampfbegriff," *Frankfurter Allgemeine Zeitung*, 20. Dezember 2014. http://www.faz.net/aktuell/wirtschaft/wirtschaftspolitik/pegida-abendland-war-stets-ein-kampfbegriff-13333220.html; "Historiker Wolfgang Benz zu "Pegida": "Das Abendland ist ein Mythos"," *Tagesspiegel*, 5. Januar 2015. http://www.tagesspiegel.de/politik/historiker-wolfgang-benz-zu-pegida-das-abendland-ist-ein-mythos/11188888.html

己（編）『複数のヨーロッパ——欧州統合史のフロンティア』（北海道大学出版会，2011 年）に収録された，「黒いヨーロッパ——ドイツにおけるキリスト教保守派の『西洋』主義」である。

　この論文で本テーマに手応えは感じていたものの，ここから手法的にも史料的にも試行錯誤を重ねた。本書と同じタイトルを持つ2011 年の論文から，本書の完成に至るまでさらに 5 年を費やしたわけだが，その間の試行錯誤について，ここで縷々述べる必要はあるまい。要は，ドイツ現代史研究とヨーロッパ統合史研究を，理念史研究とネットワーク研究を結びつけようと悪戦苦闘していたわけだが，それが成功したかどうかは，読者諸賢のご判断に委ねたい。

　ともあれ，本書のもととなる研究は，計 8 回のドイツでの資料収集を挟みつつ，そのつど学会・研究会での口頭報告や，紀要・学会誌への寄稿というかたちで成果を問うてきた。

　既発表論文と本書との関係について記すと，拙稿「『西洋の救済』(1)——キリスト教民主主義・保守主義勢力とヨーロッパ統合，1925-1965 年」（『成蹊法学』第 77 号, 2012 年）は本書第 1 章の，「『西洋の救済』(2)——戦間期における『西洋（アーベントラント）』概念の政治化」（『成蹊法学』第 79 号，2013 年）および「ヴァイマル期ドイツにおける『西洋』概念の政治化——ヘルマン・プラッツと雑誌『アーベントラント』」（『地域研究』第 16 巻 1 号，2015 年）は第 2 章のもととなっている（なお，『成蹊法学』に連載していた「西洋の救済」は，本書刊行をもって完結に代えさせていただきたい）。また，近刊の「『西洋を救え！』——アデナウアー政権とアーベントラント運動」（『ゲシヒテ』第 9 号）は本書第 4 章を 4 分の 1 ほどに圧縮したものである。

　なお，本書はわたしの三冊目の単著であり，上述の通り『中欧の模索——ドイツ・ナショナリズムの一系譜』（創文社，2010 年）の

直接の続篇である。また，対象とした時代と用いた史資料の重なり
から，『アデナウアー——現代ドイツを創った政治家』（中公新書，
2014年）の姉妹篇とも言える。もちろん，本書はひとつの完結し
た研究であり，ひとつの物語としてお読みいただけるが，前二作も
合わせてお読みいただけるならば，幸甚の至りである。

　さて，この間，実に多くの方々からご指導や励ましの言葉をいた
だいた。紙幅の都合上，ごく限られた方のお名前しか挙げることが
できないのが残念だが（お世話になったすべての方のお名前を記して
いくと，ゆうに本書の登場人物数すら超えてしまう），以下では，本
書成立にあたって直接お世話になった方々に御礼を申し上げたい。
　まずは，わたしの二人の指導教員，田口晃先生と遠藤乾先生に感
謝を申し上げたい。いつまで経っても甘えてばかりで学生気分の抜
けない「弟子」なのだけれども，本書が多少なりともお二人への報
恩となれば幸いである。
　また，福田宏さんと川嶋周一さんからは，大学院時代と変わらぬ
懇切丁寧なご指導をいただいている。いつもありがとうございます。
　博士論文執筆後にすぐさま次の研究に取り掛かることができたの
は，北海道大学大学院法学研究科で助教に，そして成蹊大学法学部
で助教に採用され，贅沢な研究時間を与えられたからである。また，
幸運にも成蹊大学法学部にテニュアとして採用され，魅力的な教職
員の方々と熱心な学生さんたちに囲まれて教育・研究に打ち込むこ
とができている。そろそろわたしも研究環境を「支えられる」側か
ら「支える」側に回らねばならないことは自覚しているが，ともあ
れ，愛すべき母校と本務校のみなさまに厚く御礼申し上げたい。
　また，大学の枠を越えた多くの学問的サークルからも，日々活力
をいただいている。とりわけ，2012年から半年に一度，同世代の

ドイツ政治外交史研究者を集めて研究会を開いているが，この会での議論は本当に愉しく，研究意欲を奮い立たせてくれる。メンバーである飯田洋介さん，河合信晴さん，北村厚さん，葛谷彩さん，妹尾哲志さんに御礼申し上げたい。

また 2013 年から「新秩序研究会」に加えていただいたことは，本書執筆の推進力となった。中心メンバーである網谷龍介，上原良子，戸澤英典，中田瑞穂，八十田博人の各先生方に感謝申し上げる。

さらに，学外でお世話になっている多くの先生方のなかでも，とりわけ，本書に関し重要なヒントをくださった小川有美先生，いつも有益なご助言と激励をくださる細谷雄一先生，尊敬すべき研究仲間である宮下雄一郎さん，そして実に学部一年生以来の付き合いである宮崎悠さんには，心よりの御礼を申し上げておきたい。

オランダ政治史を専門とする作内由子さんと，オーストリア政治思想史を専門とする高橋義彦さんには，本書のゲラを読んでいただいた。やや専門を異にするお二人からのコメントは，貴重で得難いものであった。万謝申し上げる次第である。

さらに，獨協大学作内ゼミのみなさんからは，研究者ではない目線から，本書の草稿に厳しいご指摘をいただいた。また，本書がもし一般の方にも読み易いものになっているとするならば，それは成蹊大学をはじめ，学習院大学，津田塾大学，かわさき市民アカデミー，世田谷市民大学の学生・聴講生のみなさんに鍛えられたお陰である。

本研究は，さまざまな学会・研究会で貴重な報告の機会を与えられ，現在の形に至っている。すでにお名前を挙げた先生方に加え，北大ドイツ史研究会での報告機会をくださった権左武志先生，日本国際政治学会 2010 年度研究大会の欧州国際政治史・欧州研究分科会で司会を務めてくださった鈴木一人先生と討論者の大竹弘二先生，

日本比較政治学会2012年度研究大会の企画「『保守』のヨーロッパ」に加えてくださった水島治郎先生，戦間期研究会にお誘いいただいた大島美穂先生，ドイツ現代史研究会で報告機会をくださった高橋秀寿先生と近藤正基先生に御礼申し上げたい。また，日本政治学会2015年度研究大会で「黒いヨーロッパ」という企画を提唱してくださった今野元先生には，とくに厚く御礼申し上げる。さらに，石田憲先生が主宰する世界政治研究会では，二度も本書に関連する報告をさせていただいた。記して感謝申し上げる。

　ほかにも日独の図書館および文書館，あるいは各大学の資料室・共同研究室のスタッフの方々など，実に多くの方に本書は助けていただいた。

　そして，吉田書店の吉田真也さんにはどう御礼を申し上げてよいかわからない。そもそもわたしは吉田書店のファンで，別企画をご依頼していたのだけれども，吉田さんと接するうちに，そして吉田書店から次々と素敵な本が刊行されていくうちに，ぜひ単著も吉田さんと作りたくなったのである。そんな一方的な願望に応えてくださった吉田さんに感謝申し上げたい。まさに本書は吉田さんとの二人三脚の産物である。

　謝辞の最後に，悲しいことをひとつ記さなくてはいけない。この間，わたしは一人の貴重な研究仲間を喪った。山中仁美さんである。2005年にある学会でお会いして以来，山中さんはわたしの研究を面白がってくださり，つねにわたしを励ましてくださった。ご自身が病床にあるにもかかわらず，たびたび倒れるわたしの心配までしてくださった。2014年9月に山中さんが亡くなられたことは，いまだに信じることができていない。つねに研究に真摯であった山中さんに恥じない研究者人生を送っていきたい。

さて，2016年9月から，わたしは成蹊大学の長期研修制度の恩恵にあずかり，ケルン大学歴史学科に客員研究員として所属することになった。激動のヨーロッパ政治の現状を注視しつつ，じっくりと腰を据えて，いろいろとあたためていた研究テーマに取り組んでいきたい。

最後に。本書は，妻の佐藤陽子に捧げたい。これは，巷間に溢れる「愛する妻に捧げる」といったものとは，ちょっとレベルの異なる献辞である。なぜなら彼女は，実質的にも本書の立役者だからだ。前著『アデナウアー』のあとがきにも書いたが，わたしは目眩もちで体も弱く，ときには研究に難儀するほどである。そんななか，彼女はわたしの研究を支え続け，場合によっては「助手（Hilfskraft）」と称してドイツの文書館に乗り込み，史料収集まで手伝ってくれた。一方で，わたしは彼女の研究（刑法）についてはまったくの役立たずである。ただひたすら，ありがとうと言い続けるしかない。

2016年7月

板橋拓己

【付記】
　本書は，以下のJSPS科研費による研究成果である。
①若手研究（スタートアップ）「20世紀ドイツにおけるヨーロッパ統合運動の研究——戦前・戦後の連続性と断絶を中心に」（2008～2009年度）（JP20830001）
②基盤研究（C）「ドイツ政治外交史像の再検討——『伝統』と『革新』の視角から」（2012～2014年度）（JP24530177）
③基盤研究（C）「『アメリカの社会科学』を超えて：20世紀国際秩序観

の再検討」（代表：葛谷彩，研究分担者として参加）（2013 〜 2015 年度）（JP25380208）

④基盤研究（B）「第二次大戦後ヨーロッパの『新秩序』構想の政治史的分析」（代表：中田瑞穂，研究分担者として参加）（2014 〜 2017 年度）（JP26285034）

⑤基盤研究（C）「戦間期中欧論の比較研究：民族自決原則と欧州統合の起点としての地域再編論」（代表：福田宏，研究分担者として参加）（2015 〜 2017 年度）（JP15K03316）

⑥基盤研究（C）「ドイツ外交とヨーロッパ地域秩序の形成——『政治としての和解』の視角から」（2015 〜 2017 年度）（JP15K03332）

　　また，本書の刊行に際しては，成蹊大学学術研究成果出版助成を受けることができた。記して感謝したい。

史料・参考文献一覧

※紙幅の都合上，一次資料として用いた雑誌や新聞の個々の論説・記事，および書簡や演説などの書誌情報は，以下の一覧には掲載せず，注に記載してある。また，下記の「定期刊行物」欄には，対象期間につき網羅的に閲覧したもののみを挙げている。本書では，「定期刊行物」欄で挙げたもの以外にも多くの雑誌・新聞を一次資料として引用しているが，それらについては個々の注を参照されたい。加えて，連邦議会の速記録や官報の類も注で挙げるのみにとどめておく。なお，雑誌『シュピーゲル（*Der Spiegel*)』と社会民主党（SPD）の定期刊行広報誌（*Sozialdemokratischer Pressedienst*）についてはオンライン版を使用したが，他のオンライン資料と同様に，注に URL を記したうえで，いずれも 2016 年 3 月 1 日に最終閲覧確認をしている。

〈未公刊史料〉

Archiv für Christlich-Demokratische Politik（ACDP), Konrad-Adenauer-Stiftung e.V., Sankt Augustin

Nachlaß Bruno Dörpinghaus（01-009）: 015/3（NEI, 1948-1951), 017/1（Genfer Konferenzen, 1949-1959）

Nachlaß Hans-Joachim von Merkatz（01-148）: 146/01, 146/02（Abendländische Akademie）

Nachlaß Friedrich August von der Heydte（01-156）: 002/2（Europäische Integration）

Nachlaß Franz-Josef Wuermeling（01-221）: 033（Reden und Aufsätze zu kirchlichen Themen und Anlässen）

Nachlaß Hermann Ehlers（01-369）: 039/1（Veröffentlichungen Dritter mit Widmungen für Hermann Ehlers), 044/3（Reden und Artikel von Hermann Ehlers, 1925-1954）

Archiv für Christlich-Soziale Politik（ACSP), Hanns-Seidel-Stiftung e.V., München

Nachlaß Gerhard Kroll

Bundesarchiv（BArch）Koblenz

　NL 1239（Nachlaß Heinrich von Brentano）

〈定期刊行物〉

Abendland. Deutsche Monatshefte für europäische Kultur, Politik und Wirt-
　　schaft（1925-1930）【*Abendland* と略記】

Die Abendländische Akademie（1954-1956）

Jahrestagung der Abendländischen Akademie（1952-1956, 1961, 1963）【*JAA*
　　と略記】

　　Jahrestagung der Abendländischen Akademie vom 6.-10. 8. 1952 in Eich-
　　　stätt, s.n., 1952.

　　Der Mensch und die Freiheit. Vorträge und Gespräche der 2. Jahresta-
　　　gung der Abendländischen Akademie von 1953, München: Verlag Neu-
　　　es Abendland, 1953.

　　Staat, Volk und übernationale Ordnung. Vorträge und Gespräche der 3.
　　　Jahrestagung der Abendländischen Akademie von 1954, München:
　　　Verlag Neues Abendland, 1954.

　　Das Abendland im Spiegel seiner Nationen. Vorträge und Gespräche der
　　　4. Jahrestagung der Abendländischen Akademie von 1955, München:
　　　Verlag Neues Abendland, 1955.

　　Konservative Haltung in der politischen Existenz. Vorträge und Ge-
　　　spräche der 5. Jahrestagung der Abendländischen Akademie von
　　　1956, München: Verlag Neues Abendland, 1956.

　　Pluralismus, Toleranz und Christenheit. Veröffentlichungen der Abend-
　　　ländischen Akademie e.V., Nürnberg, 1961.

　　Das europäische Erbe in der heutigen Welt. Veröffentlichungen der
　　　Abendländischen Akademie e.V., Nürnberg, 1963.

Neues Abendland. Zeitschrift für Poltik, Kultur und Geschichte（1946-1958）
　　【*NA* と略記】

Sozialdemokratischer Pressedienst（1955-1957）

Der Spiegel（1955-1956）

〈公刊史料集〉

Adenauer: "Es mußte alles neu gemacht werden." Die Protokolle des
　　CDU-Bundesvorstandes, 1950–1953, bearb. von Günter Buchstab, Stutt-

gart: Klett-Cotta, 1986.

Adenauer: "Wir haben wirklich etwas geschaffen." Die Protokolle des CDU-Bundesvorstands, 1953–1957, bearb. von Günter Buchstab, Düsseldorf: Droste, 1990.

Adenauer: "… um den Frieden zu gewinnen." Die Protokolle des CDU-Bundesvorstands, 1957–1961, bearb. von Günter Buchstab, Düsseldorf: Droste, 1994.

EVP-Fraktion des Europäischen Parlaments (Hg.) (1990), *Zur Geschichte der christlich-demokratischen Bewegung in Europa,* Melle: Ernst Knoth.

Gehler, Michael, und Wolfram Kaiser (Hg.) (2004), *Transnationale Parteienkooperation der europäischen Christdemokraten. Dokumente 1945–1965/ Coopération transnationale des partis démocrates-chrétiens en Europe. Documents 1945–1965,* München : K.G. Saur. 【*TPEC* と略記】

Juling, Peter (1977), *Programmatische Entwicklung der FDP 1946 bis 1969. Einführung und Dokumente,* Meisenheim am Glan: Anton Hain.

Lipgens, Walter (ed.) (1986), *Documents on the History of European Integration, Vol.2, Plans for European union in Great Britain and in exile, 1939–1945,* Berlin/New York: W. de Gruyter. 【以下の巻も含め, *DHEI* と略記】

Lipgens, Walter, and Wilfried Loth (eds.) (1988), *Documents on the History of European Integration, Vol.3, The struggle for European Union by political parties and pressure groups in Western European countries, 1945–1950,* Berlin/New York: W. de Gruyter.

Lipgens, Walter, and Wilfried Loth (eds.) (1991), *Documents on the History of European Integration, Vol.4, Transnational organizations of political parties and pressure groups in the struggle for European Union, 1945–1950,* Berlin/New York: W. de Gruyter.

遠藤乾（編）（2008）『原典ヨーロッパ統合史』名古屋大学出版会。

〈回顧録・書簡集・演説集など〉

Adenauer, Konrad (1965), *Erinnerungen 1945–1953,* Stuttgart: Deutsche Verlags-Anstalt（佐瀬昌盛訳『アデナウアー回顧録』全2巻, 河出書房, 1968年）.

Adenauer, Konrad (1966), *Erinnerungen 1953–1955,* Stuttgart: Deutsche Verlags-Anstalt.

Adenauer, Konrad (1967), *Erinnerungen 1955–1959*, Stuttgart: Deutsche Verlags-Anstalt.

Adenauer, Konrad (1968), *Erinnerungen 1959–1963 Fragmente*, Stuttgart: Deutsche Verlags-Anstalt.

Adenauer, Konrad (1975), *Reden 1917–1967. Eine Auswahl*, hg. von Hans-Peter Schwarz, Stuttgart: Deutsche Verlags-Anstalt.

Adenauer, Konrad (1984), *Briefe 1947–1949*, bearb. von Hans Peter Mensing, Berlin: Siedler.

Adenauer, Konrad (1987), *Briefe 1951–1953*, bearb. von Hans Peter Mensing, Berlin: Siedler.

Adenauer, Konrad (1995), *Briefe 1953–1955*, bearb. von Hans Peter Mensing, Berlin: Siedler.

Adenauer, Konrad (1998), *„Die Demokratie ist für uns eine Weltanschauung". Reden und Gespräche (1946–1967)*, Im Auftrag der Konrad-Adenauer-Stiftung e.V., hg. von Felix Becker, Köln/Weimar/Wien: Böhlau.

Adenauer, Konrad (2000), *Briefe 1957–1959*, bearb. von Hans Peter Mensing, Paderborn: F. Schöningh.

Andreotti, Giulio (1976), "Adenauer und de Gasperi," in: Dieter Blumenwitz u.a. (Hg.), *Konrad Adenauer und seine Zeit. Politik und Persönlichkeit des ersten Bundeskanzlers*, Bd. 1: Beiträge von Weg- und Zeitgenossen, Stuttgart: Deutsche Verlags-Anstalt, S. 390–394.

Baring, Arnulf (1974), *Sehr verehrter Herr Bundeskanzler! Heinrich von Brentano im Briefwechsel mit Konrad Adenauer, 1949–1964*, unter Mitarb. von Bolko v. Oetinger und Klaus Mayer, Hamburg: Hoffmann und Campe.

Blumenwitz, Dieter, u.a. (Hg.) (1976), *Konrad Adenauer und seine Zeit. Politik und Persönlichkeit des ersten Bundeskanzlers*, Bd. 1: Beiträge von Weg- und Zeitgenossen, Stuttgart: Deutsche Verlags-Anstalt.

Brentano, Heinrich von (1962), *Deutschland, Europa und die Welt. Reden zur deutschen Außenpolitik*, hg. von Franz Böhm, Bonn: Siegler.

Dörpinghaus, Bruno (1976), "Die Genfer Sitzungen. Erste Zusammenkünfte führender christlich-demokratischer Politiker im Nachkriegseuropa," in: Dieter Blumenwitz u.a. (Hg.), *Konrad Adenauer und seine Zeit. Politik und Persönlichkeit des ersten Bundeskanzlers*, Bd. 1: Beiträge von Weg- und Zeitgenossen, Stuttgart: Deutsche Verlags-Anstalt, S. 538–565.

Franzel, Emil (1983), *Gegen den Wind der Zeit. Erinnerungen eines Unbequemen*, München: Aufstieg-Verlag.

Heiber, Helmut (Hg.) (1972), *Goebbels-Reden. Bd. 2: 1939–1945*, Düsseldorf: Droste.

von der Heydte, Friedrich August Freiherr (1987), *Muß ich sterben – Will ich fallen.... Ein "Zeitzeuge" erinnert sich*, Berg am See: Vowinckel.

Lenz, Otto (1989), *Im Zentrum der Macht. Das Tagebuch von Staatssekretär Lenz 1951–1953*, bearb. von Klaus Gotto, Hans-Otto Kleinmann und Reinhard Schreiner, Düsseldorf: Droste.

Lewandowski, Rudolf (1976), "Das Europa der christlichen Demokratie," in: Andreas Khol, Robert Prantner und Alfred Stirnemann (Hg.), *Um Parlament und Partei. Alfred Maleta zum 70. Geburtstag*, Graz: Verl. Styria, S. 345–359.

Lewandowski, Rudolf (1990), "Der Traum von Europa. Die christlich-Demokratische Internationale: Ihr Ursprung und ihre Entwicklung," in: *Zur Geschichte der christlich-demokratischen Bewegung in Europa*, hg. von der EVP-Fraktion des Europäischen Parlaments, Melle: Ernst Knoth, S. 65–73.

Müller, Josef (1975), *Bis zur letzten Konsequenz. Ein Leben für Frieden und Freiheit*, München: Süddeutscher Verlag.

Platz, Hermann (1948), *Die Welt der Ahnen. Werden und Wachsen eines Abendländers im Schoße von Heimat und Familie, dargestellt für seine Kinder*, Nürnberg: Glock u. Lutz.

Rohan, Karl Anton (1954), *Heimat Europa. Erinnerungen und Erfahrungen*, Düsseldorf/Köln, Eugen Diederichs.

Stählin, Wilhelm (1968), *Via vitae. Lebenserinnerungen*, Kassel: Johannes Stauda.

Wenger, Paul Wilhelm (1976), "Schuman und Adenauer," in: Dieter Blumenwitz u.a. (Hg.), *Konrad Adenauer und seine Zeit. Politik und Persönlichkeit des ersten Bundeskanzlers*, Bd. 1: Beiträge von Weg- und Zeitgenossen, Stuttgart: Deutsche Verlags-Anstalt, S. 395–414.

〈同時代的著作（1965 年まで）〉

Abendländische Akademie. Wesen, Ziel und Organisation, München: Verlag Neues Abendland, 1953.

Briefs, Götz (1921), *Untergang des Abendlandes. Christentum und Sozialis-*

mus. Eine Auseinandersetzung mit Oswald Spengler, 2., verb. Aufl., Freiburg i.B.: Herder (zuerst 1920).

Buckley, William F. (1954), *Im Schatten der Freiheitsstatue*, München: Verlag Neues Abendland.

Büttner, Theodora (1959), "„Abendland"ideologie und Neo-Karolingertum im Dienste der Adenauer-CDU," *Zeitschrift für Geschichtswissenschaft*, Jg. 7, Heft 8, S. 1803-1824.

Crux victorialis. Ein Erinnerungsbuch an die St.-Ulrichs-Festwoche und die Tage abendländischen Bekenntnisses vom 2. bis 11. Juli 1955 in Augsburg, hg. vom Lokalkomitee, bearb. von Leopold Schwarz und Max Hohenester, Augsburg: Winfried-Werk (1955?).

Ferber, Walter (1948), *Der Föderalismus*, 2., erw. Aufl., Augsburg: J.W. Naumann (Abendländische Reihe, Bd. 5) (zuerst 1946).

Frantz, Constantin (1949), *Die Naturlehre des Staates als Grundlage aller Staatswissenschaft (1870)*, neu herausgegeben und mit einem Vorwort versehen von Walter Ferber, Augsburg: J.W. Naumann.

Franzel, Emil (1936), *Abendländische Revolution. Geist und Schicksal Europas*, Bratislava: Eugen Prager.

Habsburg, Otto von (1953), *Entscheidung um Europa*, Innsbruck/Wien/München: Tyrolia-Verlag.

Herz, Heinz (1963), *Morgenland – Abendland. Fragmente zu einer Kritik "abendländischer" Geschichtsbetrachtung*, Leipzig: Koehler & Amelang.

Ingrim, Robert (1955), *Bündnis oder Krieg*, München: Verlag Neues Abendland.

Kroll, Gerhard (1950), *Was ist der Staat?* München: Schnell & Steiner.

Kroll, Gerhard (1951), *Grundlagen Abendländischer Erneuerung*, München: Verlag Neues Abendland.

Kroll, Gerhard (1953), *Das Ordnungsbild der Abendländischen Aktion*, hg. von Landesvorstand der Abendländischen Aktion, 2., erg. Aufl., München: Neues Abendland (zuerst 1952).

Mayr, Monika (Hg.) (1955), *Vater der Christenheit. Pius XII. in seinen Enzykliken, Botschaften und Ansprachen*, München: Verlag Neues Abendland.

Meinecke, Friedrich (1946), *Die deutsche Katastrophe. Betrachtungen und Erinnerungen*, Wiesbaden: Eberhard Brockhaus Verlag (矢田俊隆訳『ドイツの悲劇』中公文庫，1974年).

Platz, Hermann (1913), *Die Früchte einer sozialstudentischen Bewegung*, Mönchen-Gladbach: Sekretariat sozialer Studentenarbeit.

Platz, Hermann (1914), *Im Ringen der Zeit. Sozialethische und sozialstudentische Skizzen*, Mönchen-Gradbach: Sekretariat sozialer Studentenarbeit.

Platz, Hermann (1922), *Geistige Kämpfe im modernen Frankreich*, München: J. Kösel & F. Pustet.

Platz, Hermann (1924a=1980), *Deutschland, Frankreich und die Idee des Abendlandes*, Köln: Verlag der Rheinischen Zentrums-Partei (auch in: Vincent Berning (Hg.), *Hermann Platz 1880–1945. Eine Gedenkschrift*, Düsseldorf: Patmos Verlag, 1980, S. 122‒141).

Platz, Hermann (1924b), *Um Rhein und Abendland*, Burg Rothenfels: Dt. Quickbornhaus.

Platz, Hermann (1924c), *Großstadt und Menschentum*, Kempten: Verlag J. Kösel & F. Pustet.

Platz, Hermann (1926), "Abendland," *Staatslexikon der Görres-Gesellschaft*, Bd. 1, 5., von Grund aus neubearb. Aufl., Freiburg i.B.: Herder, Sp. 2‒5.

Platz, Hermann (1930), *Deutschland und Frankreich. Versuch einer geistesgeschichtlichen Grundlegung der Probleme*, Frankfurt a.M.: Verlag Moritz Diesterweg.

Rohan, Karl Anton (1923), *Europa. Streiflichter*, Leipzig: Der Neue Geist-Verlag.

Rohan, Karl Anton (1926), *Die Aufgabe unserer Generation*, Köln: J.P. Bahem.

Rohan, Karl Anton Prinz (1930), *Umbruch der Zeit 1923–1930: Gesammelte Aufsätze*, eingeleitet von Rochus Freiherr von Rheinbaben, Berlin: Verlag von Georg Stilke.

Rohan, Karl Anton (1937), *Schicksalsstunde Europas. Erkenntnisse und Bekenntnisse, Wirklichkeiten und Möglichkeiten*, Graz: Leykam.

Röpke, Wilhelm (1945), *Die deutsche Frage*, Erlenbach: E. Rentsch.

Schemann, Ludwig (1919), *Paul de Lagarde. Ein Lebens- und Erinnerungsbild*, Leipzig: E. Matthes.

Spengler, Oswald (1920), *Der Untergang des Abendlandes. Umrisse einer Morphologie der Weltgeschichte*, Erster Band: Gestalt und Wirklichkeit, München: C.H. Beck.

Stern, Leo (1965), "Die klerikal-imperialistische Abendland-Ideologie," in: Joachim Streisand (Hg.), *Die bürgerliche deutsche Geschichtsschreibung von der Reichseinigung von oben bis zur Befreiung Deutschlands vom Faschismus*, Berlin（Ost）: Akademie-Verlag, S. 400-423.

Strucker, Arnold（Hg.）（1917）, *Die Kundgebungen Papst Benedikts XV. zum Weltfrieden. Im Urtext und in deutscher Übersetzung*, Freiburg i.B.: Herder.

Tausend Jahre Abendland, Augsburg/Basel: Verlag Die Brigg, 1955（darin: Friedrich Heer, "Deutsche und europäische Perspektiven der Lechfeldschlacht," S. 9-49; Walter Dirks, "Der Christ und der Heide," S. 51-75; Reinhold Schneider, "Das Kreuz im Osten," S. 77-112; Bruno Reifenberg, "Der Mensch unter der Windrose," S. 113-134）.

Wenger, Paul Wilhelm（1959）, *Wer gewinnt Deutschland? Kleinpreußische Selbstisolierung oder mitteleuropäische Föderation*, Stuttgart: Seewald Verlag.

Wirsing, Giselher（1932）, *Zwischeneuropa und die deutsche Zukunft*, Jena: Eugen Diederichs Verlag.

矢部貞治（1961）「ドイツ国家学の展開と帰結――第二次大戦前後のドイツ国家学を中心として」福田歓一（編集代表）『政治思想における西欧と日本――南原繁先生古希記念（上）』東京大学出版会，247-291 頁。

〈二次文献〉

Aschmann, Birgit（1999）, *„Treue Freunde...?" Westdeutschland und Spanien 1945–1963*, Stuttgart: Franz Steiner.

Asmussen, Nils（1997）, "Hans-Georg von Studnitz. Ein konservativer Journalist im Dritten Reich und in der Bundesrepublik," *Vierteljahrshefte für Zeitgeschichte*, Jg. 45, Heft 1, S. 75-119.

Baier, Stephan, und Eva Demmerle（2012）, *Otto von Habsburg 1912–2011. Die Biografie*, 6., überarb. u. erw. Aufl., mit einem Kondolenzschreiben von Papst Benedikt XVI., Wien: Amalthea（zuerst 2002）.

Bailey, Christian（2013）, *Between Yesterday and Tomorrow: German Visions of Europe, 1926–1950*, New York/Oxford: Berghahn.

Baring, Arnulf（1984）, *Im Anfang war Adenauer. Die Entstehung der Kanzlerdemokratie*, 3. Aufl., München: Deutscher Taschenbuch Verlag（zuerst: *Außenpolitik in Adenauers Kanzlerdemokratie*, München: R. Oldenbourg, 1969）.

Becker, Winfried（2005）, "Marc Sangnier und Hermann Platz. Eine frühe Wahrnehmung und Würdigung des „Sillon" in der Münchener Zeitschrift „Hochland"," *Zeitschrift für bayerische Landesgeschichte*, Bd. 68, Heft 2, S. 1009-1028.

Becker, Winfried (2006), "Wegbereiter eines abendländischen Europa. Der Bonner Romanist Hermann Platz (1880-1945)," *Rheinische Vierteljahrsblätter*, Heft 70, S. 236-260.

Becker, Winfried (2007), "Hermann Platz (1880-1945)," in: *Zeitgeschichte in Lebensbildern. Aus dem deutschen Katholizismus des 19. und 20. Jahrhunderts*, Bd. 12, hg. von Jürgen Aretz, Rudolf Morsey, und Anton Rauscher, Mainz: Matthias-Grünewald-Verlag, S. 22-33.

Becker, Winfried (2008), "Die Nouvelles Equipes Internationales und der Föderalismus," *Historisch-Politische Mitteilungen*, Heft 15, S. 81-102.

Berning, Vincent (1997), "Der deutsche Katholizismus am Ausgang der Weimarer Republik unter Berücksichtigung des »Katholischen Akademikerverbandes«. Eine Replik," in: Dieter Breuer und Gertrude Cepl-Kaufmann (Hg.), *Moderne und Nationalsozialismus im Rheinland. Vorträge des Interdisziplinären Arbeitskreises zur Erforschung der Moderne im Rheinland*, Paderborn: Ferdinand Schöningh, S. 577-642.

Berning, Vincent (2001), "Platz, Hermann Peter," in: *Neue Deutsche Biographie*, Bd. 20, Berlin: Duncker & Humblot, S. 519-521.

Berning, Vincent (Hg.) (1980), *Hermann Platz 1880–1945. Eine Gedenkschrift*, Düsseldorf: Patmos Verlag.

Besson, Waldemar (1971), "The Conflict of Traditions: The Historical Basis of West German Foreign Policy," in: Karl Kaiser and Roger Morgan (eds.), *Britain & West Germany: Changing Societies and the Future of Foreign Policy*, London: Oxford University Press, pp. 61-80 (zuerst: "Der Streit der Traditionen. Über die historischen Grundlagen der westdeutschen Außenpolitik," in: Karl Kaiser und Roger Morgan (Hg.), *Strukturwandlungen der Außenpolitik in Großbritannien und der Bundesrepublik*, München: R. Oldenbourg, 1970, S. 94-109).

Blindow, Felix (1999), *Carl Schmitts Reichsordnung. Strategie für einen europäischen Großraum*, Berlin: Akademie Verlag.

Bock, Hans Manfred (1999), "Das 'Junge Europa,' das 'Andere Europa,' und das 'Europa der weißen Rasse.' Diskurstypen in der Europäischen Revue 1925-1939," in: *Le discours européen dans les revues allemandes*

(1933–1939)/Der Europadiskurs in den deutschen Zeitschriften (1933–1939), hg. von Michel Grunewald, in Zusammenarbeit mit Hans Manfred Bock, Bern u.a.: Peter Lang, S. 311–351.

Bock, Hans Manfred (2006), "Der *Abendland*-Kreis und das Wirken von Hermann Platz im katholischen Milieu der Weimarer Republik," in: *Le milieu intellectuel catholique en Allemagne, sa presse et ses réseaux (1871–1963)/Das katholische Intellektuellenmilieu in Deutschland, seine Presse und seine Netzwerke (1871–1963)*, hg. von Michel Grunewald und Uwe Puschner, in Zusammenarbeit mit Hans Manfred Bock, Bern u.a.: Peter Lang, S. 337–362.

Bösch, Frank (2001), *Die Adenauer-CDU. Gründung, Aufstieg und Krise einer Erfolgspartei 1945–1969*, Stuttgart/München: Deutsche Verlags-Anstalt.

Bosmans, Jac (1996), "Das Ringen um Europa. Die Christdemokraten der Niederlande und Deutschlands in den 'Nouvelles Equipes Internationales' (1947–1965)," in: ders. (Hg.), *Europagedanke, Europabewegung und Europapolitik in den Niederlanden und Deutschland seit dem Ersten Weltkrieg*, Münster: Lit, S. 123–148.

Brelie-Lewien, Doris von der (1986), *Katholische Zeitschriften in den Westzonen 1945–1949. Ein Beitrag zur politischen Kultur der Nachkriegszeit*, Göttingen/Zürich: Muster-Schmidt Verlag.

Brelie-Lewien, Doris von der (1990), "Abendland und Sozialismus. Zur Kontinuität politisch-kultureller Denkhaltungen im Katholizismus von der Weimarer Republik zur frühen Nachkriegszeit," in: Detlev Lehnert und Klaus Megerle (Hg.), *Politische Teilkulturen zwischen Integration und Polarisierung. Zur politischen Kultur in der Weimarer Republik*, Opladen: Westdeutscher Verlag, S. 188–218.

Brockmann, Stephen (2002), "Germany as Occident at the Zero Hour," *German Studies Review*, vol. 25, no. 3, pp. 477–496.

Buchstab, Günter (Hg.) (2006), *Eugen Gerstenmaier (1906–1986). Kirche – Widerstand – Politik*, Sankt Augustin: Konrad-Adenauer-Stiftung.

Conway, Martin (1997), *Catholic Politics in Europe 1918–1945*, London: Routledge.

Conze, Eckart (2003), "Staatsräson und nationale Interessen. Die ‚Atlantiker'-‚Gaullisten'-Debatte in der westdeutschen Politik- und Gesellschaftsgeschichte der 1960er Jahre," in: Ursula Lehmkuhl, Clemens A. Wurm, und Hubert Zimmermann (Hg.), *Deutschland, Großbritannien, Amerika. Politik, Gesellschaft und Internationale Geschichte im 20. Jahrhundert. Festschrift für Gustav Schmidt zum 65. Geburtstag*, Stuttgart: Steiner, S. 197-236.

Conze, Eckart (2006), ""Atlantiker" und „Gaullisten": eine Kontroverse zur deutschen Außenpolitik aus den 1960er Jahren," in: Ulrich Schlie (Hg.), *Horst Osterheld und seine Zeit (1919-1998)*, Wien/Köln/Weimar: Böhlau, S. 99-124.

Conze, Eckart (2009), *Die Suche nach Sicherheit. Eine Geschichte der Bundesrepublik Deutschland von 1949 bis in die Gegenwart*, München: Siedler.

Conze, Eckart, Gustavo Corni, Paolo Pombeni (A cura di) (2005), *Alcide De Gasperi: un percorso europeo*, Bologna: Il mulino.

Conze, Vanessa (2005a), *Das Europa der Deutschen. Ideen von Europa in Deutschland zwischen Reichstradition und Westorientierung (1920-1970)*, München: R. Oldenbourg.

Conze, Vanessa (2005b), "Abendland gegen Amerika! „Europa" als antiamerikanisches Konzept im westeuropäischen Konservatismus (1950-1970)," in: Jan C. Behrends, Árpád von Klimó, und Patrice G. Poutrous (Hg.), *Antiamerikanismus im 20. Jahrhundert. Studien zu Ost- und Westeuropa*, Bonn: Dietz, S. 204-224.

Conze, Vanessa (2010), "»Zum Europäer bin ich in Amerika geworden.« Zum Zusammenhang zwischen Europabewusstsein und biographischen Erfahrungen in der Bundesrepublik der Nachkriegszeit," in: Volker Depkat und Piero S. Graglia (Hg.), *Entscheidung für Europa. Erfahrung, Zeitgeist und politische Herausforderungen am Beginn der europäischen Integration/ Decidere l'Europa. Esperienza, mentalità e sfide politiche agli albori dell'integrazione europea*, Berlin/New York: Walter de Gruyter, S. 43-60.

Conze, Vanessa (2011a), "»Gegen den Wind der Zeit«? Emil Franzel und das »Abendland« zwischen 1930 und 1950," in: Alexander Gallus und Axel Schildt (Hg.), *Rückblickend in die Zukunft. Politische Öffentlichkeit und intellektuelle Positionen in Deutschland um 1950 und um 1930*, Göttingen: Wallstein, S. 181-199.

Conze, Vanessa (2011b), "Zwei Europas und ein Kanzler. Europabewegungen in

den 50er Jahren und ihr Verhältnis zu Konrad Adenauer," in: Michael Hoch-
geschwender (Hg.), *Epoche im Widerspruch. Ideelle und kulturelle Um-
brüche der Adenauerzeit*, Bonn: Bouvier (Rhöndorfer Gespräche: Bd. 25),
S. 234–255.

Conze, Vanessa (2013), "Vielhalt ohne Einheit. Deutsche Europaideen im 20.
Jahrhundert," in: Ulrich Lappenküper und Guido Thiemeyer (Hg.), *Europä-
ische Einigung im 19. und 20. Jahrhundert. Akteure und Antriebskräf-
te*, Paderborn: F. Schöningh, S. 45–68.

Conze, Vanessa (2015), "Facing the Future Backwards: 'Abendland' as an Anti-
liberal Idea of Europe in Germany between the First World War and the
1960s," in: Dieter Gosewinkel (ed.), *Anti-liberal Europe: A Neglected Sto-
ry of Europeanization*, New York/Oxford: Berghahn, pp. 72–89.

Delbreil, Jean-Claude (1993), "Les Démocrates d'inspiration chrétienne et les
problèmes européens dans l'entre-deux-guerres," in : *Le MRP et la con-
struction européenne: Actes du colloque organisé les 18 et 19 janvier
1990 au Sénat, par le Centre d'Histoire de l'Europe du vingtième siècle
et l'Amicale du MRP*, sous la direction de Serge Berstein, Jean-Marie May-
eur et Pierre Milza, conclusions de René Rémond, Bruxelles: Editions Com-
plexe, 1993, pp. 15–39.

Delbreil, Jean-Claude (2004), "Christian Democracy and Centrism: The Popular
Democratic Party in France," in: Wolfram Kaiser and Helmut Wohnout
(eds.), *Political Catholicism in Europe 1918–45*, Vol. 1, London/New
York: Routledge, pp. 116–135.

Deuerlein, Ernst (1972), *Föderalismus. Die historischen und philosophi-
schen Grundlagen des föderativen Prinzips*, München: Paul List.

Dirsch, Felix (2012), *Authentischer Konservatismus. Studien zu einer klassi-
schen Strömung des politischen Denkens*, Münster: LIT (v.a.: "Individuali-
sierung und Traditionsbewahrung. Das katholische Milieu der 1950er-Jahre
und die Zeitschrift *Neues Abendland*," S. 201–225).

Doering-Manteuffel, Anselm (1994), "Rheinischer Katholik im Kalten Krieg. Das
„Christliche Europa" in der Weltsicht Konrad Adenauers," in: Martin Gre-
schat und Wilfried Loth (Hg.), *Die Christen und die Entstehung der Eu-
ropäischen Gemeinschaft*, Stuttgart: W. Kohlhammer, S. 237–246.

Domarus, Max (1988), *Hitler. Reden und Proklamationen 1932–1945, Kom-
mentiert von einem deutschen Zeitgenossen, Teil II: Untergang, Bd. 4:*

1941-1945, 4. Aufl., Leonberg: Pamminger & Partner.

Dornheim, Andreas (1993), *Adel in der bürgerlich-industrialisierten Gesellschaft. Eine sozialwissenschaftlich-historische Fallstudie über die Familie Waldburg-Zeil*, Frankfurt a.M. u.a.: Peter Lang.

Durand, Jean-Dominique (1995), *L'Europe de la Démocratie chrétienne*, Bruxelles: Editions Complexe.

Elvert, Jürgen (1999), *Mitteleuropa! Deutsche Pläne zur europäischen Neuordnung (1918-1945)*, Stuttgart: Franz Steiner.

Faber, Richard (2002), *Abendland. Ein politischer Kampfbegriff*, 2. Aufl., Berlin: Philo (zuerst 1979).

Gehler, Michael (1993), "„Politisch unabhängig", aber „ideologisch eindeutig europäisch". Die ÖVP, die Vereinigung christlicher Volksparteien (NEI) und die Anfänge der europäischen Integration 1947-1960," in: Michael Gehler und Rolf Steininger (Hg.), *Österreich und die europäische Integration 1945-1993. Aspekte einer wechselvollen Entwicklung*, Wien: Böhlau, S. 291-326.

Gehler, Michael (2001), "Der "Genfer Kreis": Christdemokratische Parteienkooperation und Vertrauensbildung im Zeichen der deutsch-französischen Annäherung 1947-1955," *Zeitschrift für Geschichtswissenschaft*, Jg. 49, Heft 7, S. 599-625.

Gehler, Michael (2004), "The Geneva Circle of Western European Christian Democrats," in: Michael Gehler and Wolfram Kaiser (eds.), *Christian Democracy in Europe since 1945*, Vol. 2, London/New York: Routledge, pp. 207-220.

Gehler, Michael (2010), "On the Long and Winding Road to European Union Membership: Austrian Party Elites in Transnational Political Networks," in: Wolfram Kaiser, Brigitte Leucht and Michael Gehler (eds.), *Transnational Networks in Regional Integration: Governing Europe 1945-83*, Basingstoke: Palgrave Macmillan, pp. 199-220.

Gehler, Michael (2013), "Adenauer's Ideas on Europe and Western European Integration Policy within the Context of Private and Political Networks," in: Jean-Dominique Durand (ed.), *Christian Democrat Internationalism: Its Action in Europe and Worldwide from post World War II until the 1990s. Volume II: The Development (1945-1979): The Role of Parties, Movement, People*, Bruxelles: Peter Lang, pp. 201-241.

Gehler, Michael, and Wolfram Kaiser (2001), "Transnationalism and Early European Integration: The Nouvelles Equipes Internationales and the Geneva Circle 1947-57," *The Historical Journal*, vol. 44, no. 3, pp. 773-798.

Gehler, Michael, and Wolfram Kaiser (2003), "Toward a "Core Europe" in a Christian Western Bloc: Transnational Cooperation in European Christian Democracy, 1925-1965," in: Thomas Kselman and Joseph A. Buttigieg (eds.), *European Christian Democracy: Historical Legacies and Comparative Perspectives*, Notre Dame, Indiana: University of Notre Dame, pp. 240-266.

Gehler, Michael, und Wolfram Kaiser (2004), "Transnationale Parteienkooperation der europäischen Christdemokraten: Nouvelles Equipes Internationales und Genfer Kreis," in: Michael Gehler und Wolfram Kaiser (Hg.), *Transnationale Parteienkooperation der europäischen Christdemokraten. Dokumente 1945–1965/Coopération transnationale des partis démocrates-chrétiens en Europe. Documents 1945–1965*, München: K.G. Saur, S.29-79.

Gehler, Michael, and Wolfram Kaiser (eds.) (2004), *Christian Democracy in Europe since 1945*, Vol. 2, London/New York: Routledge.

Gehler, Michael, und Hinnerk Meyer (2013), "Konrad Adenauer, Europa und die Westintegration der Bundesrepublik Deutschland im Kontext von privaten und politischen Netzwerken," in: Hanns Jürgen Küsters (Hg.), *Deutsche Europapolitik Christlicher Demokraten. Von Konrad Adenauer bis Angela Merkel (1945–2013)*, Düsseldorf: Droste, S. 117-156.

Geiger, Tim (2009), *Atlantiker gegen Gaullisten. Außenpolitscher Konflikt und innerparteilicher Machtkampf in der CDU/CSU 1958–1969*, München: R. Oldenbourg.

Geppert, Dominik (2012), *Die Ära Adenauer*, 3. Aufl., Darmstadt: Wissenschaftliche Buchgesellschaft (zuerst 2002).

Gisch, Heribert (1990), "Die europäischen Christdemokraten (NEI)," in: Wilfried Loth (Hg.), *Die Anfänge der europäischen Integration 1945–1950*, Bonn: Europa Union Verlag, S. 227-236 (org.: "The 'Nouvelles Equipes Internationales' (NEI) of the Christian Democrats," in: *DHEI*, vol. 4, pp. 477-484).

Gosewinkel, Dieter (ed.) (2015), *Anti-liberal Europe: A Neglected Story of Europeanization*, New York/Oxford: Berghahn.

Granieri, Ronald J. (2003), *The Ambivalent Alliance. Konrad Adenauer, the CDU/CSU, and the West, 1949–1966*, New York/Oxford: Berghahn.

Granieri, Ronald J. (2004), "Thou shalt consider thyself a European. Catholic Supranationalism and the Sublimation of German Nationalism after 1945," in: Michael Geyer und Hartmut Lehmann (Hg.), *Religion und Nation/Nation und Religion. Beiträge zu einer unbewältigten Geschichte*, Göttingen: Wallstein, S. 336–363.

Granieri, Ronald J. (2009), "Politics in C Minor: The CDU/CSU between Germany and Europe since the Secular Sixties," *Central European History*, vol. 42, no. 1, pp. 1–32.

Grebing, Helga (1971), *Konservative gegen die Demokratie. Konservative Kritik an der Demokratie in der Bundesrepublik nach 1945*, Frankfurt a.M.: Europäische Verlagsanstalt.

Greschat, Martin, und Wilfried Loth (Hg.) (1994), *Die Christen und die Entstehung der Europäischen Gemeinschaft*, Stuttgart: W. Kohlhammer.

Großmann, Johannes (2010), "Ein Europa der "Hintergründigen." Antikommunistische christliche Organisationen, konservative Elitenzirkel und private Außenpolitik in Westeuropa nach dem Zweiten Weltkrieg," in: Johannes Wienand und Christiane Wienand (Hg.), *Die kulturelle Integration Europas*, Wiesbaden: VS Verlag für Sozialwissenschaften, S. 303–340.

Großmann, Johannes (2014) *Die Internationale der Konservativen. Transnationale Elitenzirkel und private Außenpolitik in Westeuropa seit 1945*, München: Oldenbourg.

Grunewald, Michel (Hg.) (2001), *Le discours européen dans les revues allemandes (1945–1955)/Der Europadiskurs in den deutschen Zeitschriften (1945–1955)*, in Zusammenarbeit mit Hans Manfred Bock, Bern u.a.: Peter Lang.

Grunewald, Michel, und Uwe Puschner (Hg.) (2006), *Le milieu intellectuel catholique en Allemagne, sa presse et ses réseaux (1871–1963)/Das katholische Intellektuellenmilieu in Deutschland, seine Presse und seine Netzwerke (1871–1963)*, in Zusammenarbeit mit Hans Manfred Bock, Bern u.a.: Peter Lang.

Hacke, Christian (2003), *Die Außenpolitik der Bundesrepublik Deutschland von Konrad Adenauer bis Gerhard Schröder*, mit einem Vorwort von Gordon A. Craig, München: Ullstein (zuerst: *Weltmacht wider Willen. Die Außenpolitik der Bundesrepublik Deutschland*, Stuttgart: Klett-Cotta, 1988).

Hanschmidt, Alwin (1988), "Eine christlich-demokratische ‚Internationale' zwischen den Weltkriegen. Das ‚Secrétariat International des Partis Démocratiques d'Inspiration Chrétienne' in Paris," in: Winfried Becker und Rudolf Morsey (Hg.), *Christliche Demokratie in Europa. Grundlagen und Entwicklungen seit dem 19. Jahrhundert*, Köln: Böhlau, S. 153–188.

Hausmann, Frank-Rutger (1993), *"Aus dem Reich der seelischen Hungersnot": Briefe und Dokumente zur romanistischen Fachgeschichte im Dritten Reich*, Würzburg: Königshausen & Neumann.

Hehl, Christoph von (2012), *Adolf Süsterhenn (1905–1974). Verfassungsvater, Weltanschauungspolitiker, Föderalist*, Düsseldorf: Droste.

Herre, Franz (1967), *Nation ohne Staat. Die Entstehung der deutschen Frage*, Köln: Kiepenheuer & Witsch.

Hildebrand, Klaus (1991), *Integration und Souveränität. Die Aussenpolitik der Bundesrepublik Deutschland, 1949–1982*, Bonn: Bouvier.

Hürten, Heinz (1985), "Der Topos vom christlichen Abendland in Literatur und Publizistik nach den beiden Weltkriegen," in: Albrecht Langner (Hg.), *Katholizismus, nationaler Gedanke und Europa seit 1800*, Paderborn u.a.: Schöningh, S. 131–154.

Hürten, Heinz (2009), "Europa und Abendland. Zwei unterschiedliche Begriffe politischer Orientierung," in: Philipp W. Hildmann (Hg.), *Vom christlichen Abendland zum christlichen Europa. Perspektiven eines religiös geprägten Europabegriffs für das 21. Jahrhundert*, München: Hanns-Seidel-Stiftung, S. 9–15.

Jansen, Thomas (1997), "The Dilemma for Christian Democracy. Historical Identity and/or Political Expediency: Opening the Door to Conservatism," in: Emiel Lamberts (ed.), *Christian Democracy in the European Union, 1945/1995: Proceedings of the Leuven Colloquium, 15–18 November 1995*, Leuven: Leuven University Press, pp. 459–472.

Jansen, Thomas (1998), *The European People's Party: Origins and Development*, London: Macmillan (zuerst: *Die Entstehung einer Europäischen Partei. Vorgeschichte, Gründung und Entwicklung der EVP*, Bonn: Europa Union Verlag, 1996).

Jansen, Thomas, and Steven Van Hecke (2011), *At Europe's Service: The Origins and Evolution of the European People's Party*, Berlin/Heidelberg: Springer.

史料・参考文献一覧　235

Joerges, Christian, and Navraj Singh Ghaleigh (eds.) (2003), *Darker Legacies of Law in Europe. The Shadow of National Socialism and Fascism over Europe and its Legal Traditions*, with a prologue by Michael Stolleis and an epilogue by J.H.H. Weiler, Oxford: Hart.

Judt, Tony (2005), *Postwar. A History of Europe since 1945*, New York: The Penguin Press (森本醇・浅沼澄訳『ヨーロッパ戦後史』全2巻，みすず書房，2008年).

Kaiser, Wolfram (1994), "Begegnungen christdemokratischer Politiker in der Nachkriegszeit," in: Martin Greschat und Wilfried Loth (Hg.), *Die Christen und die Entstehung der Europäischen Gemeinschaft*, Stuttgart: W. Kohlhammer., S. 139-157.

Kaiser, Wolfram (2000), "Co-operation of European Catholic Politicians in Exile in Britain and the United States during World War II," *Journal of Contemporary History*, vol. 35, no. 3, pp. 439-465.

Kaiser, Wolfram (2002), "„Überzeugter Katholik und CDU-Wähler": Zur Historiographie der Integrationsgeschichte am Beispiel Walter Lipgens," *Jounal of European Integration History*, vol. 8, no. 2, pp. 119-128.

Kaiser, Wolfram (2003), "Trigger-happy Protestant Materialists? The European Christian Democrats and the United States," in: Marc Trachtenberg (ed.), *Between Empire and Alliance: America and Europe during the Cold War*, Lanham: Rowman & Littlefield, pp. 63-82.

Kaiser, Wolfram (2004a), "Transnational Networks of Catholic Politicians in Exile," in: Wolfram Kaiser and Helmut Wohnout (eds.), *Political Catholicism in Europe 1918–45*, Vol. 1, London/New York: Routledge, pp. 265-285.

Kaiser, Wolfram (2004b), "Transnational Christian Democracy: From the Nouvelles Equipes Internationales to the European People's Party," in: Michael Gehler and Wolfram Kaiser (eds.), *Christian Democracy in Europe since 1945*, Vol. 2, London/New York: Routledge, pp. 221-237.

Kaiser, Wolfram (2006a), "A Transnational Policy Community in Retreat? The Christian Democratic Network in the EC 1958-72," in: Antonio Varsori (ed.), *Inside the European Community: Actors and Policies in the European Integration 1957–1972*, Baden-Baden: Nomos, pp. 119-134.

Kaiser, Wolfram (2006b), "Von der Isolation im politischen Katholizismus in die (innere) Emigration. Transnationale Kooperation katholischer Volksparteien in Europa 1925-1933/38," in: Jürgen Mittag (Hg.), *Politische Parteien und europäische Integration. Entwicklung und Perspektiven transnationaler Pateienkoorperation in Europa*, Essen: Klartext, S. 215–228.

Kaiser, Wolfram (2006c), "From State to Society? The Historiography of European Integration," in: Michelle Cini and Angela Bourne (eds.), *Palgrave Advances in European Union Studies*, Basingstoke: Palgrave Macmillan, pp. 190–208.

Kaiser, Wolfram (2007), *Christian Democracy and the Origins of European Union*, Cambridge: Cambridge University Press.

Kaiser, Wolfram (2008), "History meets Politics: Overcoming the Interdisciplinary Volapük in Research on the EU," *Journal of European Public Policy*, vol. 15, pp. 300–313.

Kaiser, Wolfram (2009a), "Bringing People and Ideas Back in: Historical Research on the European Union," in: David Phinnemore and Alex Warleigh-Lack (eds.), *Reflections on European Integration: 50 Years of the Treaty of Rome*, New York: Palgrave Macmillan, pp. 22–39.

Kaiser, Wolfram (2009b), "Transnational Networks in European Governance: The Informal Politics of Integration," in: Wolfram Kaiser, Brigitte Leucht, and Morten Rasmussen (eds.), *The History of the European Union: Origins of a Trans- and Supranational Polity 1950–72*, New York/London: Routledge, pp. 12–33.

Kaiser, Wolfram (2010a), "From Isolation to Centrality: Contemporary History Meets European Studies," in: Wolfram Kaiser and Antonio Varsori (eds.), *European Union History: Themes and Debates*, Basingstoke: Palgrave Macmillan, pp. 45–65.

Kaiser, Wolfram (2010b), "Informal Politics and the Creation of the European Community: Christian Democratic Networks in the Economic Integration of Europe," in: Wolfram Kaiser, Brigitte Leucht and Michael Gehler (eds.), *Transnational Networks in Regional Integration: Governing Europe 1945–83*, Basingstoke: Palgrave Macmillan, pp. 85–107.

Kaiser, Wolfram, and Antonio Varsori (eds.) (2010), *European Union History: Themes and Debates*, Basingstoke: Palgrave Macmillan.

Kaiser, Wolfram, and Helmut Wohnout (eds.) (2004), *Political Catholicism in Europe 1918–45*, Vol. 1, London/New York: Routledge.

Keller, Thomas (2012), *Emil Franzel (1901–1976). Biografie eines sudetendeutschen Intellektuellen*, Hamburg: Diplomica Verlag.

史料・参考文献一覧　237

Klöckler, Jürgen (1998), *Abendland – Alpenland – Alemannien. Frankreich und die Neugliederungsdiskussion in Südwestdeutschland 1945–1947*, München: Oldenbourg.

Koch, Roland (Hg.) (2004), *Heinrich von Brentano. Ein Wegbereiter der europäischen Integration*, München: R. Oldenbourg.

Koenen, Andreas (1995), *Der Fall Carl Schmitt. Sein Aufstieg zum „Kronjuristen des Dritten Reiches"*, Darmstadt: Wissenschaftliche Buchgesellschaft.

Köhler, Henning (1994), *Adenauer. Eine politische Biographie*, Berlin/Frankfurt a.M.: Propyläen.

König, Mareike, und Matthias Schulz (2004), "Die Bundesrepublik und die europäische Einigung: Trends und Kontroversen der Integrationshistoriographie," in: ders. (Hg.), *Die Bundesrepublik Deutschland und die europäische Einigung 1949–2000. Politische Akteure, gesellschaftliche Kräfte und internationale Erfahrungen. Festschrift für Wolf D. Gruner zum 60. Geburtstag*, Wiesbaden: Franz Steiner, S. 15–36.

Kroll, Frank-Lothar (2004), "Heinrich von Brentano. Ein biographisches Porträt," in: Roland Koch (Hg.), *Heinrich von Brentano. Ein Wegbereiter der europäischen Integration*, München: R. Oldenbourg, S. 25–65.

Kroll, Frank-Lothar (2010), "Epochenbewusstsein, europäisches Einigungsdenken und transnationale Integrationspolitik bei Heinrich von Brentano," in: Volker Depkat und Piero S. Graglia (Hg.), *Entscheidung für Europa. Erfahrung, Zeitgeist und politische Herausforderungen am Beginn der europäischen Integration/Decidere l'Europa. Esperienza, mentalità e sfide politiche agli albori dell'integrazione europea*, Berlin/New York: Walter de Gruyter, S. 189–204.

Laughland, John (1997), *Tainted Source: Undemocratic Origins of the European Idea*, London: Little, Brown.

Lehmann, Walter (2006), *Die Bundesrepublik und Franco-Spanien in den 50er Jahren. NS-Vergangenheit als Bürde?* München: R. Oldenbourg.

Lipgens, Walter (1982), *A History of European Integration. Vol. 1: 1945–1947: The Formation of the European Unity Movement*, with contributions by Wilfried Loth and Alan Milward, translated from German by P. S. Falla and A. J. Ryder, Oxford: Clarendon Press (org. 1977).

Loth, Wilfried (1986), "German Conceptions of Europe during the Escalation of the East-West Conflict, 1945–1949," in: Josef Becker and Franz Knipping (eds.), *Power in Europe? Great Britain, France, Italy and Germany in a Postwar World, 1945–1950*, Berlin/New York: Walter de Gruyter, pp. 517–536.

Loth, Wilfried (1990), "Die Europa-Bewegung in den Anfangsjahren der Bundesrepublik," in: Ludolf Herbst, Werner Bühler, und Hanno Sowade (Hg.), *Vom Marshallplan zur EWG. Die Eingliederung der Bundesrepublik in die westliche Welt*, München: R. Oldenbourg, S. 63–77.

Loth, Wilfried (1995a), "Rettungsanker Europa? Deutsche Europa-Konzeptionen vom Dritten Reich bis zur Bundesrepublik," in: Hans-Erich Volkmann (Hg.), *Ende des Dritten Reiches – Ende des Zweiten Weltkriegs. Eine perspektive Rückschau*, München: Piper, S. 201–221.

Loth, Wilfried (1995b), "Von der „Dritten Kraft" zur Westintegration. Deutsche Europa-Projekte in der Nachkriegszeit," in: Franz Knipping und Klaus-Jürgen Müller (Hg.), *Aus der Ohnmacht zur Bündnismacht. Das Machtproblem in der Bundesrepublik Deutschland 1945–1960*, Paderborn: Schöningh, 1995, S. 57–83.

Loth, Wilfried (2006), "Walter Lipgens (1925–1984)," in: Heinz Duchhardt u.a. (Hg.), *Europa-Historiker. Ein biographisches Handbuch*, Bd. 1, Göttingen: Vandenhoeck & Ruprecht, S. 317–336.

Matl, Saskia (2006), "Europäische Christdemokraten auf dem Weg zur transnationalen Zusammenarbeit? Von den Nouvelles Equipes Internationales zur Europäischen Volkspartei," in: Jürgen Mittag (Hg.), *Politische Parteien und europäische Integration. Entwicklung und Perspektiven transnationaler Pateienkoorperation in Europa*, Essen: Klartext, S. 289–312.

Mayer, Tilman (Hg.) (2009), *Medienmacht und Öffentlichkeit in der Ära Adenauer*, Bonn: Bouvier (Rhöndorfer Gespräche Bd. 23).

Meier, Kurt (1994), "Sowjetrußland im Urteil der evangelischen Kirche (1917–1945)," in: Hans-Erich Volkmann (Hg.), *Das Rußlandbild im Dritten Reich*, 2. Aufl., Köln: Böhlau, S. 285–321.

Mitchell, Maria D. (2012), *The Origins of Christian Democracy: Politics and Confession in Modern Germany*, Ann Arbor: University of Michigan Press.

Mittag, Jürgen (Hg.) (2006), *Politische Parteien und europäische Integration. Entwicklung und Perspektiven transnationaler Pateienkoorperation in Europa*, Essen: Klartext.

Möller, Horst（1991）, "Die Politik Konrad Adenauers im Spannungsfeld von Westintegration und „Deutscher Frage"," in: Hartmut Boockmann und Kurt Jürgensen（Hg.）, *Nachdenken über Geschichte. Beiträge aus der Ökumene der Historiker in memoriam Karl Dietrich Erdmann*, Neumünster: K. Wachholtz, S. 613-631.

Möller, Horst（2009）, "Das Institut für Zeitgeschichte 1949-2009," in: Horst Möller und Udo Wengst, *60 Jahre Institut für Zeitgeschichte. München – Berlin. Geschichte – Veröffentlichungen – Personalien*, München: Oldenbourg, S. 9-100.

Müller, Guido（1997a）, "Katholische Akademiker in der Krise der Moderne. Die Entstehung des Katholischen Akademikerverbands im wilhelminischen Deutschland zwischen bildungsbürgerlichen Reformbewegungen und Laienapostolat," in: Michael Graetz und Aram Mattioli（Hg.）, *Krisenwahrnehmungen im Fin de siècle. Jüdische und katholische Bildungseliten in Deutschland und der Schweiz*, Zürich: Chronos, S. 285-300.

Müller, Guido（1997b）, "Der »Katholische Akademikerverband« im Übergang von der Weimarer Republik ins »Dritte Reich«," in: Dieter Breuer und Gertrude Cepl-Kaufmann（Hg.）, *Moderne und Nationalsozialismus im Rheinland. Vorträge des Interdisziplinären Arbeitskreises zur Erforschung der Moderne im Rheinland*, Paderborn: Ferdinand Schöningh, S. 551-576.

Müller, Guido（2004）, "Anticipated Exile of Catholic Democrats: The Secrétariat International des Partis Démocratiques d'Inspiration Chrétienne," in: Wolfram Kaiser and Helmut Wohnout（eds.）, *Political Catholicism in Europe 1918-45*, Vol. 1, London/New York: Routledge, pp. 252-264.

Müller, Guido（2005）, *Europäische Gesellschaftsbeziehungen nach dem Ersten Weltkrieg. Das Deutsch-Französische Studienkomitee und der Europäische Kulturbund*, München: R. Oldenbourg.

Müller, Guido, und Jürgen Mittag（2006）, "Im Zeichen der Diktatur: Parteienkontakte und Europakonzeptionen des christdemokratischen Exils," in: Jürgen Mittag（Hg.）, *Politische Parteien und europäische Integration. Entwicklung und Perspektiven transnationaler Pateienkoorperation in Europa*, Essen: Klartext, S. 251-269.

Müller, Guido, und Vanessa Plichta（1999）, "Zwischen Rhein und Donau. Abendländisches Denken zwischen deutsch-französischen Verständigungsinitiativen und konservativ-katholischen Integrationsmodellen 1923-1957," *Jour-

nal of European Integration History, vol. 5, no. 2, pp. 17–47.

Müller, Jan-Werner (2003), *A Dangerous Mind. Carl Schmitt in Post-War European Thought*, New Haven: Yale U.P. (中道寿一訳『カール・シュミットの「危険な精神」――戦後ヨーロッパ思想への遺産』ミネルヴァ書房, 2011年).

Müller, Johann Baptist (2000), "Der abendländische Topos in der konservativen Denkfamilie der Vor- und Nachkriegszeit," in: Reinhard Meier-Walser und Bernd Rill (Hg.), *Der europäische Gedanke. Hintergrund und Finalität*, München: Atwerb (Sonderhefte Politische Studien), S. 133–154.

Müller, Johann Baptist (2001), "Abendland - ein Identitätskonzept, das neu entdeckt zu werden verdient?" in: Paul-Ludwig Weinacht (Hg.), *Wohin treibt die Europäische Union? Grundlagen und Dysfunktion der Einigungspolitik*, Baden-Baden: Nomos, S. 27–37.

Pape, Matthias (2001), "Lechfeldschlacht und NATO-Beitritt. Das Augsburger „Ulrichsjahr" 1955 als Ausdruck der christlich-abendländischen Europaidee in der Ära Adenauer," *Zeitschrift des historischen Vereins für Schwaben*, Bd. 94, S. 269–308.

Papini, Roberto (1997), *The Christian Democrat International*, trans. by Robert Royal, Lanham etc.: Rowman & Littlefield (org. 1986).

Patel, Kiran Klaus (2009), "Book Review: *Christian Democracy and the Origins of European Union*, by Wolfram Kaiser," *The English Historical Review*, vol. 124, issue 509, pp. 1013–1014.

Plichta, Vanessa (2001a), „"Die Erneuerung des Abendlandes wird eine Erneuerung des Reiches sein…". „Europa" in der Zeitschrift „Neues Abendland" (1946-1957)," in: *Le discours européen dans les revues allemandes (1945–1955)/Der Europadiskurs in den deutschen Zeitschriften (1945–1955)*, hg. von Michel Grunewald, in Zusammenarbeit mit Hans Manfred Bock, Bern u.a.: Peter Lang, S. 319–343.

Plichta, Vanessa (2001b), "Reich - Europa - Abendland. Zur Pluralität deutscher Europaideen im 20. Jahrhundert," *Vorgänge. Zeitschrift für Bürgerrechte und Gesellschaftspolitik. Nr.154: Im Sog des Westens*, Jg. 40, Heft 2, S. 60 –69.

Pöpping, Dagmar (1997), "Giselher Wirsings »Zwischeneuropa«. Ein deutsches Föderationsmodell zwischen Ost und West," in: Reinhard Blomert, Hans Ulrich Eßlinger, Norvert Giovannini (Hg.), *Heidelberger Sozial- und Staats-*

wissenschaften. Das Institut für Sozial- und Staatswissenschaften zwischen 1918 und 1958, Marburg: Metropolis, S. 349–368.

Pöpping, Dagmar (2002), *Abendland. Christliche Akademiker und die Utopie der Antimoderne 1900–1945*, Berlin: Metropol Verlag.

Poppinga, Anneliese (1975), *Konrad Adenauer. Geschichtsverständnis, Weltanschauung und politische Praxis*, Stuttgart: Deutsche Verlags-Anstalt.

Pridham, Geoffrey (1982), "Christian Democrats, Conservatives and Transnational Party Cooperation in the European Community: Centre-Forward or Centre-Right?" in: Zig Layton-Henry (ed.), *Conservative Politics in Western Europe*, London: Macmillan, pp. 318–346.

Repgen, Konrad (2004), "Was war das Abendland? Eine Begriffsgeschichte," *Frankfurter Allgemeine Zeitung*, 23. November 2004 (Vorabdruck aus Art. "Abendland," in: *Enzyklopädie der Neuzeit*, Bd. 1, Stuttgart: J.B. Metzler, 2005, Sp. 1–4).

Reytier, Marie-Emmanuelle (2002), "Die deutschen Katholiken und der Gedanke der europäischen Einigung 1945–1949. Wende oder Kontinuität?" *Jahrbuch für europäische Geschichte*, Bd. 3, S. 163–184.

Risso, Linda (2009), "Cracks in a Façade of Unity: The French and Italian Christian Democrats and the Launch of the European Integration Process, 1945–1957," *Religion, State & Society*, vol. 37, issue 1–2, pp. 99–114.

Sarasin, Philipp (2015), "Die Grenze des „Abendlandes" als Diskursmuster im Kalten Krieg. Eine Skizze," in: David Eugster und Sibylle Narti (Hg.), *Das Imaginäre des Kalten Krieges. Beiträge zu einer Kulturgeschichte des Ost-West-Konfliktes in Europa*, Essen: Klartext, S. 19–43.

Schildt, Axel (1987), "Deutschlands Platz in einem „christlichen Abendland". Konservative Publizisten aus dem Tat-Kreis in der Kriegs- und Nachkriegszeit," in: Thomas Koebner, Gert Sautermeister, und Sigrid Schneider (Hg.), *Deutschland nach Hitler. Zukunftspläne im Exil und aus der Besatzungszeit 1939–1949*, Opladen: Westdeutscher Verlag, S. 344–369.

Schildt, Axel (1995), *Moderne Zeiten. Freizeit, Massenmedien und „Zeitgeist" in der Bundesrepublik der 50er Jahre*, Hamburg: Christians.

Schildt, Axel (1998), *Konservatismus in Deutschland. Von den Anfängen im 18. Jahrhundert bis zur Gegenwart*, München: C.H. Beck.

Schildt, Axel (1999), *Zwischen Abendland und Amerika. Studien zur westdeutschen Ideenlandschaft der 50er Jahre*, München: R. Oldenbourg.

Schildt, Axel (2000a), "Eine Ideologie im Kalten Krieg. Ambivalenzen der abend-
ländischen Gedankenwelt im ersten Jahrzehnt nach dem Zweiten Weltkrieg,"
in: Thomas Kühne (Hg.), *Von der Kriegskultur zur Friedenskultur? Zum
Mentalitätswandel in Deutschland seit 1945*, Hamburg: Lit, S. 49-63.

Schildt, Axel (2000b), "Ökumene wider den Liberalismus. Zum politischen En-
gagement konservativer protestantischer Theologen im Umkreis der Abend-
ländischen Akademie nach dem Zweiten Weltkrieg," in: Thomas Sauer (Hg.),
Katholiken und Protestanten in den Aufbaujahren der Bundesrepublik,
Stuttgart: W. Kohlhammer, S. 187-205.

Schildt, Axel (2001), "Der Europa-Gedanke in der westdeutschen Ideenland-
schaft des ersten Nachkriegsjahrzehnts (1945-1955)," in: *Le discours eu-
ropéen dans les revues allemandes (1945-1955)/Der Europadiskurs in
den deutschen Zeitschriften (1945-1955)*, hg. von Michel Grunewald, in
Zusammenarbeit mit Hans Manfred Bock, Bern u.a.: Peter Lang, S. 15-30
(auch in Schildt 2011: 78-91).

Schildt, Axel (2008), "Zur Hochkonjunktur des „christlichen Abendlandes" in der
westdeutschen Geschichtsschreibung," in: Ulrich Pfeil (Hg.), *Die Rückkehr
der deutschen Geschichtswissenschaft in die „Ökumene der Historiker".
Ein wissenschaftsgeschichtlicher Ansatz*, München: R. Oldenbourg, S. 49-
70 (auch in: Schildt 2011: 92-115).

Schildt, Axel (2009), "Das „christliche Abendland" als Zentrum politischer Inte-
gration in der Frühzeit der Ära Adenauer," in: Tilman Mayer (Hg.), *Medien-
macht und Öffentlichkeit in der Ära Adenauer*, Bonn: Bouvier (Rhöndor-
fer Gespräche Bd. 23), S. 39-54.

Schildt, Axel (2011), *Annäherungen an die Westdeutschen. Sozial- und kul-
turgeschichtliche Perspektiven auf die Bundesrepublik*, Göttingen: Wall-
stein.

Schildt, Axel (2013), "Anpassung und Lernprozesse. Wiederaufstieg und Er-
neuerung des deutschen Konservatismus nach 1945," in: Michael Großheim
und Hans Jörg Hennecke (Hg.), *Staat und Ordnung im konservativen
Deutschland*, Baden-Baden: Nomos, S. 189-209.

Schöllgen, Gregor (2004), *Ulrich von Hassell, 1881-1944. Ein Konservativer
in der Opposition*, Aktualisierte Neuausgabe, München: C.H. Beck (zuerst
1990).

Schwarz, Hans-Peter (1975), "Die Politik der Westbindung oder die Staatsräson der Bundesrepublik," *Zeitschrift für Politik*, Jg. 22, Heft 4, S. 307-337.

Schwarz, Hans-Peter (1979), "Adenauer und Europa," *Vierteljahrshefte für Zeitgeschichte*, Jg. 27, Heft 4, S. 471-523.

Schwarz, Hans-Peter (1980), *Vom Reich zur Bundesrepublik. Deutschland im Widerstreit der außenpolitischen Konzeptionen in den Jahren der Besatzungsherrschaft 1945-1949*, 2. erw. Aufl., Stuttgart: Klett-Cotta (zuerst 1966).

Schwarz, Hans-Peter (1981), *Die Ära Adenauer: Gründerjahre der Republik, 1949-1957*, Stuttgart: Deutsche Verlags-Anstalt (Geschichte der Bundesrepublik Deutschland, Bd. 2).

Schwarz, Hans-Peter (1986), *Adenauer. Der Aufstieg: 1876-1952*, Stuttgart: Deutsche Verlags-Anstalt.

Schwarz, Hans-Peter (1999), "Konrad Adenauer – Abendländer oder Europäer? Zur Bedeutung des Christlichen in seiner auswärtigen Politik," in: Ulrich von Hehl (Hg.), *Adenauer und die Kirchen*, Bonn: Bouvier (Rhöndorfer Gespräche: Bd. 17), S. 95-115.

Solchany, Jean (1996), "Vom Antimodernismus zum Antitotalitarismus. Konservative Interpretationen des Nationalsozialismus 1945-1949," *Vierteljahrshefte für Zeitgeschichte*, Jg. 44, Heft 3, S. 373-394.

Sontheimer, Kurt (1968), "Der Tatkreis," in: Gotthard Jasper (Hg.), *Von Weimar zu Hitler, 1930-1933*, Köln: Kiepenheuer & Witsch, S. 197-228.

Steuwer, Janosch, und Siebo M. H. Janssen (2006), "Die christlich-konservative Volkspartei. Potenziale und Probleme der Zusammenarbeit christdemokratischer und konservativer Parteien in der EVP," in: Jürgen Mittag (Hg.), *Politische Parteien und europäische Integration. Entwicklung und Perspektiven transnationaler Pateienkoorperation in Europa*, Essen: Klartext, S. 579-601.

Stillemunkes, Christoph (1988), "The Discussion on European Union in the German Occupation Zones," in: *DHEI*, vol. 3, pp. 441-457.

Stirk, Peter M.R. (1991), "Authoritarian federalists in Central Europe," in: Preston King and Andrea Bosco (eds.), *A Constitution for Europe: A Comparative Study of Federal Constitutions and Plans for the United States of Europe*, London: Lothian Foundation Press, pp. 199-212.

Strelow, Heinz-Siegfried (1995), "Konservative Politik in der frühen Bundesrepublik. Hans-Joachim von Merkatz (1905-1982)," in: Hans-Christof Kraus

(Hg.), *Konservative Politiker in Deutschland. Eine Auswahl biographischer Porträts aus zwei Jahrhunderten*, Berlin: Duncker & Humblot, S. 315-334.

Strickmann, Martin (2002), "Benedikt Schmittmann (1872-1939) als rheinischer Föderalist zwischen antihegemonialen Reichsneugliederungsinitiativen und sozialethischen Demokratie-Idealen," *Geschichte im Westen*, Jg. 17, Heft 1, S. 48-66.

Uertz, Rudolf (2001), "Konservative Kulturkritik in der frühen Bundesrepublik Deutschland. Die Abendländische Akademie in Eichstätt (1952-1956)," *Historisch-Politische Mitteilungen*, Heft 8, S. 45-71.

Uertz, Rudolf (2005), *Vom Gottesrecht zum Menschenrecht. Das katholische Staatsdenken in Deutschland von der Französischen Revolution bis zum II. Vatikanischen Konzil (1789-1965)*, Paderborn: F. Schöningh.

Uertz, Rudolf (2008), "Gerhard Kroll (1910-1963)," in: Günter Buchstab und Hans-Otto Kleinmann (Hg.), *In Verantwortung vor Gott und den Menschen. Christliche Demokraten im Parlamentarischen Rat 1948/49*, herausgegeben im Auftrag der Konrad-Adenauer-Stiftung e.V., Freiburg i.B.: Herder, S. 218-226.

Weber, Petra-Maria (1992), *Spanische Deutschlandpolitik 1945-1958. Entsorgung der Vergangenheit*, Saarbrücken: Verlag für Entwicklungspolitik.

Weidenfeld, Werner (1976), *Konrad Adenauer und Europa. Die geistigen Grundlagen der westeuropäischen Integrationspolitik des ersten Bonner Bundeskanzlers*, Bonn: Europa Union Verlag.

Winkler, Heinrich August (2002), *Der lange Weg nach Westen*, Bd. 2, Fünfte, durchgesehene Aufl., München: C.H. Beck (zuerst 2000)（後藤俊明・奥田隆男・中谷毅・野田昌吾訳『自由と統一への長い道』第Ⅱ巻，昭和堂，2008 年）.

Ziegerhofer-Prettenthaler, Anita (2004), *Botschafter Europas. Richard Nikolaus Coudenhove-Kalergi und die Paneuropa-Bewegung in den zwanziger und dreißiger Jahren*, Wien: Böhlau.

アーレティン，K.v.（1973）『カトリシズム──教皇と近代世界』沢田昭夫訳，平凡社（世界大学選書）。

石田勇治（2005）「帝国の幻影──神聖ローマ帝国からナチズムへ」同『20 世紀ドイツ史』（シリーズ・ドイツ現代史Ⅰ）白水社，111-124 頁。

板橋拓己（2009）「ドイツ現代史における『ヨーロッパ』理念の諸相」『北大法学論集』第59巻5号，257-264頁。

板橋拓己（2010）『中欧の模索——ドイツ・ナショナリズムの一系譜』創文社。

板橋拓己（2011）「黒いヨーロッパ——ドイツにおけるキリスト教保守派の『西洋』主義」遠藤乾・板橋拓己（編）『複数のヨーロッパ——欧州統合史のフロンティア』北海道大学出版会，81-116頁。

板橋拓己（2012）「『中欧』理念のドイツ的系譜」『思想』（岩波書店）第1056号（特集「『中欧』とは何か？——新しいヨーロッパ像を探る」），107-123頁。

板橋拓己（2014a）『アデナウアー——現代ドイツを創った政治家』中央公論新社（中公新書）。

板橋拓己（2014b）「EUとドイツ」西田慎・近藤正基（編）『現代ドイツ政治——統一後の20年』ミネルヴァ書房，174-197頁。

ヴィノック，ミシェル（2007）『知識人の時代——バレス／ジッド／サルトル』塚原史・立花英裕・築山和也・久保昭博訳，紀伊國屋書店。

上原良子（1994）「フランスのドイツ政策——ドイツ弱体化政策から独仏和解へ」油井大三郎・中村政則・豊下楢彦（編）『占領改革の国際比較——日本・アジア・ヨーロッパ』三省堂，274-300頁。

上原良子（1998）「フランスのキリスト教民主主義勢力とヨーロッパ統合——MRP（人民共和運動），1947年から1950年」『現代史研究』第44号，68-83頁。

上原良子（2014）「ヨーロッパ統合の生成1947-50年——冷戦・分断・統合」遠藤乾（編）『ヨーロッパ統合史［増補版］』名古屋大学出版会，94-130頁。

遠藤乾（2011）「ヨーロッパ統合史のフロンティア——EUヒストリオグラフィーの構築に向けて」遠藤乾・板橋拓己（編）『複数のヨーロッパ——欧州統合史のフロンティア』北海道大学出版会，3-41頁。

遠藤乾（2013）『統合の終焉——EUの実像と論理』岩波書店。

遠藤乾（2014）「ヨーロッパ統合の歴史」遠藤乾（編）『ヨーロッパ統合史［増補版］』名古屋大学出版会，1-19頁。

遠藤乾（編）（2014）『ヨーロッパ統合史［増補版］』名古屋大学出版会（初版2008年）。

遠藤乾・板橋拓己（編）（2011）『複数のヨーロッパ——欧州統合史のフロンティア』北海道大学出版会。

遠藤乾・板橋拓己（2014）「ヨーロッパ統合の前史」遠藤乾（編）『ヨーロッパ統合史［増補版］』名古屋大学出版会，20-53頁。

小野清美（2004）『保守革命とナチズム―― E・J・ユングの思想とワイマル末期の政治』名古屋大学出版会。

蔭山宏（1986）『ワイマール文化とファシズム』みすず書房。

蔭山宏（2013）『崩壊の経験――現代ドイツ政治思想講義』慶應義塾大学出版会。

梶原克彦（2013）『オーストリア国民意識の国制構造――帝国秩序の変容と国民国家原理の展開に関する考察』晃洋書房。

川合全弘（2003）『再統一ドイツのナショナリズム――西側結合と過去の克服をめぐって』ミネルヴァ書房。

河島幸夫（1993）『戦争・ナチズム・教会』新教出版社。

河島幸夫（2006）『ナチスと教会――ドイツ・プロテスタントの教会闘争』創文社。

河島幸夫（2011）『ドイツ現代史とキリスト教――ナチズムから冷戦体制へ』新教出版社。

河島幸夫（2015）『戦争と教会――ナチズムとキリスト教』いのちのことば社。

川嶋周一（2007）『独仏関係と戦後ヨーロッパ国際秩序――ドゴール外交とヨーロッパの構築 1958-1969』創文社。

川嶋周一（2009）「比較・関係・制度――国家を超える政治構造の歴史をいかに叙述するか」『創文』第 516 号，6-10 頁。

北村厚（2011）「『パン・ヨーロッパ』論におけるアフリカ・アジア」『現代史研究』第 57 号，21-36 頁。

北村厚（2014）『ヴァイマル共和国のヨーロッパ統合構想――中欧から拡大する道』ミネルヴァ書房。

葛谷彩（2005）『20 世紀ドイツの国際政治思想――文明論・リアリズム・グローバリゼーション』南窓社。

久保田浩（2014）「〈国民社会主義〉と〈キリスト教〉――オーストリア人司教アロイス・フーダルにおける〈ナツィオーン〉，〈社会主義〉，〈キリスト教〉の関係を巡って」『キリスト教学』第 56 号，21-48 頁。

熊野直樹（2002）「ヨーロッパにおけるドイツの 20 世紀――ある反西欧的近代の政治社会史」『法政研究』（九州大学），第 69 巻 2 号，297-318 頁。

クレスマン，クリストフ（1995）『戦後ドイツ史 1945-1955 ――二重の建国』石田勇治・木戸衛一訳，未來社。

ケルブレ，ハルトムート（2010）『ヨーロッパ社会史―― 1945 年から現在まで』永岑三千輝監訳，日本経済評論社。

近藤孝弘（2005）『ドイツの政治教育――成熟した民主社会への課題』岩波書店。

今野元（2015）『教皇ベネディクトゥス一六世――「キリスト教的ヨーロッパ」

の逆襲』東京大学出版会。

澤田昭夫 (1992)「補完性原理 The Principle of Subsidiarity ——分権主義的原理か集権主義的原理か？」『日本 EC 学会年報』第 12 号, 31-61 頁。

シルト, アクセル (2004)「20 世紀ドイツにおける近代の諸問題」熊野直樹訳,『歴史評論』第 645 号（特集「ナチズムと近代」再考）, 2-21 頁。

スターン, フリッツ (1988)『文化的絶望の政治——ゲルマン的イデオロギーの台頭に関する研究』中道寿一訳, 三嶺書房（原著 1961 年）。

ゾントハイマー, クルト (1977)『ワイマール共和国の政治思想』脇圭平・河島幸夫訳, ミネルヴァ書房（原著 1968 年）。

高津智子 (2015)「欧州政治共同体条約をめぐるトランスアトランティック・ネットワーク——統一ヨーロッパ・アメリカ委員会とヨーロッパ運動」『史林』第 98 巻 5 号, 67-96 頁。

高橋進 (2005)「アルチーデ・デ・ガスペリ——キリスト教徒, 民主主義者, ヨーロッパ人」『日伊文化研究』第 43 号, 66-74 頁。

田口晃 (2008)「キリスト教民主主義の歴史的位相」田口晃・土倉莞爾（編）『キリスト教民主主義と西ヨーロッパ政治』木鐸社, 9-17 頁。

田口晃・土倉莞爾（編）(2008)『キリスト教民主主義と西ヨーロッパ政治』木鐸社。

竹中亨 (2004)『帰依する世紀末——ドイツ近代の原理主義者群像』ミネルヴァ書房。

タロシュ, エンマリヒ, ヴォルフガング・ノイゲバウアー（編）(1996)『オーストリア・ファシズム——一九三四年から一九三八年までの支配体制』田中浩・村松惠二訳, 未來社。

土倉莞爾 (2011)「キリスト教民主主義の全盛と衰退——第 2 次大戦以降の比較政治史的考察」『関西大学法学論集』第 61 巻 4 号, 875-909 頁。

戸澤英典 (2003)「パン・ヨーロッパ運動の憲法体制構想」『阪大法学』第 53 巻 3・4 号, 357-391 頁。

西川知一 (1977)『近代政治史とカトリシズム』有斐閣。

野田昌吾 (1998)『ドイツ戦後政治経済秩序の形成』有斐閣。

野田昌吾 (2008)「ドイツ・キリスト教民主同盟（CDU）」田口晃・土倉莞爾（編）『キリスト教民主主義と西ヨーロッパ政治』木鐸社, 79-102 頁。

野田昌吾・金孔山 (2004)「書評 F・ベッシュ『アデナウアー CDU』」『大阪市立大学法学雑誌』第 51 巻 1 号, 235-249 頁。

ヒューズ, スチュアート (1970)『ふさがれた道——失意の時代のフランス社会思想 1930-1960』荒川幾男・生松敬三訳, みすず書房。

深井智朗（2009）『十九世紀のドイツ・プロテスタンティズム──ヴィルヘルム帝政期における神学の社会的機能についての研究』教文館。

深井智朗（2012）『ヴァイマールの聖なる政治的精神──ドイツ・ナショナリズムとプロテスタンティズム』岩波書店。

福田宏（2014）「ポスト・ハプスブルク期における国民国家と広域論」池田嘉郎（編）『第一次世界大戦と帝国の遺産』山川出版社，106-134 頁。

福田宏（2015）「パン・ヨーロッパとファシズム──クーデンホーフ゠カレルギーとヨーロッパの境界」『地域研究』第 16 巻 1 号，118-136 頁。

細井保（2001）『オーストリア政治危機の構造──第一共和国国民議会の経験と理論』法政大学出版局。

細田晴子（2016）『カストロとフランコ──冷戦期外交の舞台裏』筑摩書房（ちくま新書）。

松本佐保（2013）『バチカン近現代史──ローマ教皇たちの「近代」との格闘』中央公論新社（中公新書）。

三島憲一（1991）『戦後ドイツ──その知的歴史』岩波書店（岩波新書）。

水島治郎（1993）「ヨーロッパ政治の基層──『二つの民主主義』の視点から」樺山紘一・長尾龍一（編）『ヨーロッパのアイデンティティ』新世社，77-94 頁。

水島治郎（2008）「キリスト教民主主義とは何か──西欧キリスト教民主主義概論」田口晃・土倉莞爾（編）『キリスト教民主主義と西ヨーロッパ政治』木鐸社，19-44 頁。

南博方（編）（1987）『条解行政事件訴訟法（初版）』弘文堂。

宮下雄一郎（2011）「戦争のなかの統一「ヨーロッパ」，1940-1945 年」遠藤乾・板橋拓己（編）『複数のヨーロッパ──欧州統合史のフロンティア』北海道大学出版会，45-79 頁。

宮田光雄（2000）『十字架とハーケンクロイツ──反ナチ教会闘争の思想史的研究』新教出版社。

武藤祥（2014）『「戦時」から「成長」へ── 1950 年代におけるフランコ体制の政治的変容』立教大学出版会。

村上信一郎（1989）『権威と服従──カトリック政党とファシズム』名古屋大学出版会。

村松恵二（2006）『カトリック政治思想とファシズム』創文社。

モッセ，ジョージ・L（1998）『フェルキッシュ革命──ドイツ民族主義から反ユダヤ主義へ』植村和秀他訳，柏書房（原著初版は 1964 年）。

山口定（1988）「西ドイツにおけるデモクラシーの再建──戦前・戦後の連続・

非連続問題を中心に」犬童一男・山口定・馬場康雄・高橋進（編）『戦後デモクラシーの成立』岩波書店，1-60 頁。

ル・リデー，ジャック（2004）『中欧論──帝国から EU へ』田口晃・板橋拓己訳，白水社（文庫クセジュ）。

人名索引

【ア行】

アイゼンハワー，ドワイト・D　160
アオエン，ルドルフ・フォン　142
アスムッセン，ハンス　142
アデナウアー，コンラート　序章扉,
　　11, 19-21, 27, 32, 第1章扉, 43, 47,
　　54, 57-66, 105, 110, 131, 140, 143,
　　148, 161, 162, 170-180, 192, 193, 195,
　　196, 207-209
アベレ，テオドール　81
アルトマイアー，ペーター　126
アンジェロス，ジョセフ＝フランソワ
　　143
アンドラエ，アンドレアス　123
イェーガー，リヒャルト　141, 189,
　　193, 202, 203
イェーガー，ローレンツ　142
イーバッハ，ヘルムート　122, 139,
　　158, 169
ヴァイアー，エマ（エマ・アデナウアー）
　　110
ヴァルトブルク＝ツァイル，アーロイス・
　　フォン　196
ヴァルトブルク＝ツァイル，エーリヒ・
　　フォン　132, 138, 139, 196
ヴァルトブルク＝ツァイル，ゲオルク・
　　フォン　139, 144, 194, 196, 201,
　　202
ヴァルトブルク＝ツァイル，フランツ・
　　ゲオルク・フォン　139
ヴィルジング，ギーゼルヘア　99-103
ヴィンクラー，ハインリヒ・アウグスト
　　32, 33, 106, 155
ヴェア，ヴァルター　196
ヴェーバー，アルフレート　100
上原良子　18, 19, 50

ヴェンガー，パウル・ヴィルヘルム
　　126, 127, 155, 181, 193, 199, 200, 202
ヴスト，ペーター　105
ヴュルメリング，フランツ＝ヨーゼフ
　　27, 141, 159, 179, 188, 189, 192
ウーラッハ，エーバーハルト・フォン
　　139, 142
ウルリヒ　181-183
エアハルト，ルートヴィヒ　174, 200
エッシャー，ヨーゼフ　45
エーハルト，ハンス　54
エーベル，バジーリウス　142
エーラース，ヘルマン　27, 180
遠藤乾　17-19
オットー1世　181
小野清美　105
オーバーレンダー，テオドール　141,
　　189
オレンハウアー，エーリヒ　121

【カ行】

ガイガー，ティム　180
カイザー，ウォルフラム　22, 37, 49,
　　50, 62, 63, 66
カイザー，ヤーコプ　43, 54, 63
カイザーリング，ヘルマン　83
ガウプ＝ベルクハウゼン，ゲオルク・フ
　　ォン　140, 194, 202
カース，ルートヴィヒ　71
カール大帝（シャルルマーニュ）　87,
　　161, 184
河島幸夫　106
キューネルト＝レディン，エーリク・フ
　　ォン　160, 166
キュンツァー，リヒャルト　74, 96,
　　104, 110
キルンベルガー，フェルディナント

人名索引　251

122
キント゠キーファー，ヨハン・ヤーコプ
　53, 55, 58, 60
クツィーネ，ヴィクトール　　53, 55,
　56, 60
クーデンホーフ゠カレルギー，リヒャル
　ト　17, 77, 203
クライン，カール　　78
クライン，フランツ（ローベルト・イン
　グリム）　　113, 114, 158, 160, 166
グリアン，ヴァルデマール　　71
グルク，フランツ　　196
クルティウス，エルンスト・ローベルト
　83
クレスマン，クリストフ　　117
グレービング，ヘルガ　　23, 24
グロースマン，ヨハネス　　28, 29, 203
クロル，ゲルハルト　　27, 134-138,
　146-152, 169, 189, 194
ゲッペルス，ヨーゼフ　　第3章扉,
　107, 109, 114
ケーネン，アンドレアス　　71
ゲーラー，ミヒャエル　　37, 63, 66
ゲルステンマイアー，オイゲン　　180,
　181, 190, 191, 197, 198, 203
ゲルデラー，カール　　109
ゲルリヒ，フリッツ　　132
ゲレス，ヨーゼフ　　76
ゲンツ，フリードリヒ　　155
コイデル，ヴァルター・フォン　　142,
　196
コーゴン，オイゲン　　71, 126, 131
ゴーゼヴィンケル，ディーター　　18,
　19
コッホ，ハンス　　162
コッホ，ローラント　　184
ゴビノー，アルテュール・ド　　92
ゴルテ，アルベール　　51
コンツェ，ヴァネッサ（ブリヒタ）
　19, 24-27, 33, 99, 206
コンツェ，エッカルト　　33, 199

【サ行】

ザイペル，イグナツ　　71, 75
サラザール，アントニオ　　167, 168
サンニエ，マルク　　82
シェファー，フリッツ　　54
シェーマン，カール・ルートヴィヒ
　92
シェル，ヘルマン　　82
ジーグル，ルーペルト　　128
ジーベル，ハインリヒ・フォン　　125
ジャット，トニー　　19, 20
シュヴァルツ，ハンス゠ペーター
　32, 208
シュシュニク，クルト・フォン　　40,
　111
ジュスターヘン，アードルフ　　153,
　154
シュタウフェンベルク，クラウス・フォ
　ン　109
シュタットミュラー，ゲオルク　　136,
　139
シュッツ，パウル　　142
シュテッカー，アードルフ　　73
シューテーリン，ヴィルヘルム　　140,
　142, 143, 156, 177, 180
シュテルツァー，テオドール　　111,
　141, 193
シュトッキー，ユーリウス　　74
シュトラッサー，オットー　　129
シュトレーゼマン，グスタフ　　72, 161
シュナイダー，ラインホルト　　126
シュパン，オトマル　　71, 134, 135
シュピーカー，カール　　63
シューベルト，ハンス　　141
シュペングラー，オスヴァルト　　14,
　15, 73, 76, 80
シューマッハー，クルト　　20, 121, 131
シューマン，モーリス　　43
シューマン，ロベール　　序章扉, 19-
　21, 43, 56, 59, 62, 70, 82, 94, 148, 161,

183, 184, 186
シュミッツ，ヴィム　58
シュミッツ，リヒャルト　40
シュミット，ヴィルヘルム　123
シュミット，カール　33, 71, 78, 105,
156
シュミット，ヘルムート　190-192
シュミットマン，ベネディクト　110,
111, 123, 126, 153
シュミットマン，ヘレーネ（エラ）
110, 126
シュライヒャー，クルト・フォン
100, 102
シュライフォーグル，フリードリヒ
77, 96
シュラーメク，ヤン　42
シュレーゲル，フリードリヒ　14
シュレーダー，ゲルハルト　180, 190,
191, 196, 200
シュレファー，ヨーゼフ　142
シルト，アクセル　22, 24-26, 33, 120,
160, 209
ズィーモン，アルベルト　142, 162
ストゥドニッツ，ハンス = ゲオルク・フ
ォン　106, 107
ストゥルツォ，ルイジ　38, 39, 41-43,
71
スパーク，ポール = アンリ　172
セラレンス，ヨス　56
ソルシャニー，ジャン　124
ゾンネンシャイン，カール　82

【タ行】

高橋進　21
ダルクール，ロベール　143
ダルマ，アルフォンス　202
ダレス，ジョン・フォスター　178
タレーラン　148
チェンバレン，ヒューストン・スチュアー
ト　94
ツェプフル，フリードリヒ　122

ツェーラー，ハンス　99, 100, 102, 103
デ・ガスペリ，アルチーデ　19-21, 第
1 章扉, 43, 62, 148
ディルクス，ヴァルター　71, 120, 131
ティルマンス，ローベルト　180
ディンググレーフェ，レオポルト
100
ティンデマンス，レオ　52
デルピングハウス，ブルーノ　27, 37,
53-56, 60
デンプフ，アーロイス　77, 84, 85, 96,
104, 105, 122
ド・ゴール，シャルル　178, 199
ド・シュリヴェール，オーギュスト
42, 47, 57
ドイアーライン，エルンスト　126,
127
トクヴィル，アレクシ・ド　175
ドーデ，レオン　89
ドーファン = ムーニエ，アシル　143
トライチュケ，ハインリヒ・フォン
89, 125
ドルフス，エンゲルベルト　40
ドロイゼン，ヨハン・グスタフ　125
トンベルク，ヴァレンティン　143

【ナ行】

ナウマン，ヨハン・ヴィルヘルム
121, 122, 124-126, 128, 134, 158
ナポレオン・ボナパルト　14
ニーチェ，フリードリヒ　15, 94
ネル = ブロイニング，オスヴァルト・フ
ォン　71, 153
野田昌吾　31, 32

【ハ行】

バイエルレ，コンラート　76
ハイテ，フリードリヒ・アウグスト・
フォン・デア　27, 138, 139, 146,
147, 152, 156, 169, 183, 194, 202
ハイネマン，グスタフ　176

ハイルマン，ヴォルフガング　137，
　139，142，159
ハインリヒ2世　182
パウルス，フリードリヒ　108
ハーゲマン，ヴァルター　122
パスカル，ブレーズ　94
バックレー，ウィリアム　145
ハッケ，クリスチャン　208
ハッセル，ウルリヒ・フォン　109
パーテル，キーラン　22
ハーバーマス，ユルゲン　11
ハプスブルク，オットー・フォン
　114，162-167，201-203，210
パーペ，マティーアス　182
パーペン，フランツ・フォン　74，105
ハーマッハー，ヴィルヘルム　75
バーリング，アルヌルフ　57
バルツェル，ライナー　63
バルデイグレシアス，マルケス・デ
　168
ハルレル，ユゼフ　42
ハーン，ヴィルヘルム　200
ピウス10世　82
ピウス11世　110，153，154
ピウス12世　145
ピカート，マックス　143
ビシェ，ロベール　47
ビスマルク，オットー・フォン　88，
　127，155，176，177
ピッツィオーニ，アッティリオ　51
ヒッペル，エルンスト・フォン　126，
　151
ビドー，ジョルジュ　43，53，56，59，
　60，62
ヒトラー，アードルフ　39，99，104，
　106-109
ピネー，アントワーヌ　28
ヒムラー，ハインリヒ　102
ビュトナー，テオドーラ　196
ヒュールステンベルク，エリマール・フ
　ォン　142，199，200

ヒュルテン，ハインツ　24
ピョートル大帝　87
ヒルシュ，ハンス　129
ヒルデブラント，クラウス　208
ヒルデブラント，ディートリヒ・フォン
　112
フィグル，レオポルト　43
フィヒテ，ヨハン・ゴットリープ　89
フェルバー，ヴァルター　122，125，
　127，128，155，156
フーダル，アーロイス　112，113
フッター，ハンス　196
ブラウアー，テオドール　76，96，104
ブラウアー，マックス　121
ブラッツ，ハインリヒ　81
ブラッツ，ヘルマン　29，71-73，76，
　80-96，104，110，122，123
ブランケンホルン，ヘルベルト　60
フランコ，フランシスコ　167，168
フランツ，コンスタンティン　127，
　128，155
フランツェル，エミール　113，128-
　131，134，139，146-148，150，151，
　155-157，159-162，166，167，169，
　175-177，198，201，202
ブラント，ヴィリー　23
ブリアン，アリスティード　161
フリート，フェルディナント　100，
　103
ブリーフス，ゲッツ　76，96，104
ブリューニング，ハインリヒ　82
ブリンクマン，カール　101
ブリンドウ，フェーリクス　105
フルデス，フェーリクス　51，56
プルードン，ジョセフ　18
ブレンターノ，ハインリヒ・フォン
　27，30，54，66，126，140，184，186-189，
　192
フレンツェル，クルト　122
フロインドルファー，ヨーゼフ　183
フントハマー，アーロイス　141

ベイリー，クリスチャン　27, 28
ベヴィン，アーネスト　20
ベッカー，ヴェルナー　77
ベッシュ，フランク　32
ベッソン，ヴァルデマール　207, 208
ベッピング，ダグマール　69
ヘーディオ，カスパール　14
ベネディクト15世　15, 73
ヘーバー，カール　74
ヘルヴェーゲン，イルデフォンス　104, 105
ベルゲングリューン，ヴェルナー　122
ベルナルドゥス（聖ベルナール）　182, 188
ヘーレ，フランツ　126, 127, 136
ボック，ハンス・マンフレート　73, 75
ポート，ヘルマン　123
ボードレール，シャルル　94
ボニファティウス　182
ホリオン，ヨハネス　75

【マ行】

マイアー，アントン　123
マイネッケ，フリードリヒ　128
マラーレンス，アウグスト　106
マルセル，ガブリエル　143
ミュラー，ギド　41, 72, 74, 206
ミュラー，クラウス　183
ミュラー，ヤン・ヴェルナー　33
ミュラー，ヨーゼフ　54, 63, 64
ミュンヒ，フランツ・クサーヴァー　76
ミルワード，アラン　47, 49
ムッソリーニ，ベニト　39, 153
ムート，カール　82
村松惠二　23
メッテルニヒ，クレメンス・フォン　14, 155

メラー，ホルスト　208
メルカッツ，ハンス＝ヨアヒム・フォン　27, 140, 166, 189, 192, 193, 197, 198, 202, 203
モネ，ジャン　60
モーラー，アルミン　197, 198
モーラス，シャルル　89

【ヤ行】

矢部貞治　135
山口定　209
ヤンガー，ケネス　20
ヤンセン，トマス　30
ユンガー，エルンスト　198
ユング，エドガー・ユリウス　105
ヨルゲ，クリスチャン　17
ヨーン，ローベルト　123

【ラ行】

ラガルド，ポール・ド　91, 92
リシュリュー　88
リッター，カール・ベルンハルト　142
リッター，ゲルハルト　136
リプゲンス，ヴァルター　37, 47
ルター，マルティン　14, 64
ルッソ，ドメニコ　41
ルフェーヴル，テオ　47
ルモール，マリアーノ　52
レヴァンドフスキ，ルードルフ　51
レオ13世　153
レーゲレ，オットー　202
レプケ，ヴィルヘルム　128
レルヒェンフェルト，フーゴー　75, 83
レンツ，オットー　60, 61
ロアン，カール・アントン　72, 77, 79, 80, 91, 105
ローゼンベルク，マルティン　55
ロート，ヴィルフリート　37, 158

事項索引

＊本索引では、本文中の語句が本索引中の項目名と一致しない場合でも、意味が同じであれば当該項目中に含めることとした。

【A〜Z】

ARP　→反革命党［オランダ］

BHE　→故郷被追放者・権利剥奪者連合［ドイツ］

CDU　→キリスト教民主同盟［ドイツ］

CDU/CSU　→キリスト教民主同盟・社会同盟［ドイツ］

CE　→欧州審議会

CEDI　→ヨーロッパ文書・情報センター

CHU　→キリスト教歴史同盟［オランダ］

CSU　→キリスト教社会同盟［ドイツ］

DC　→キリスト教民主党［イタリア］

DP　→ドイツ党

DVP　→民主人民党［ドイツ］

EAK　→福音派作業グループ

ECSC　→欧州石炭鉄鋼共同体

EDC　→欧州防衛共同体

EEC　→欧州経済共同体

EPP　→欧州人民党

EU　→欧州連合

EUCD　→欧州キリスト教民主主義者同盟

FDP　→自由民主党［ドイツ］

ICDU　→国際キリスト教民主同盟

KVP　→カトリック人民党［オランダ］

MOC　→キリスト教労働者連盟［ベルギー］

MRP　→人民共和運動［フランス］

MSEUE　→「ヨーロッパ合衆国のための社会主義者運動」

NATO　→北大西洋条約機構

NEI　→新国際エキップ

OKW　→国防軍最高司令部［ドイツ］

ÖVP　→オーストリア人民党

PCS　→キリスト教社会党［ルクセンブルク］

PDP　→人民民主党［フランス］

PPI　→イタリア人民党

PSC-CVP　→キリスト教社会党－キリスト教人民党［ベルギー］

PSChD　→ポーランド・キリスト教民主党

SIPDIC　→キリスト教民主主義政党国際事務局

SKVP　→スイス保守人民党

SPD　→ドイツ社会民主党

UEF　→ヨーロッパ連邦主義同盟

【ア行】

アイルランド　52

アクション・フランセーズ　89

アデナウアー時代　25, 31, 32, 167

アトランティカー対ゴーリスト論争　180, 199

『アーベントラント』　17, 25, 26, 29, 30, 67, 69-81, 84-87, 89, 91, 95, 96, 104, 105, 110, 120, 122, 123, 135

「アーベントラント・アカデミー」　17, 26, 27, 30, 111, 117, 137, 139-147, 152, 153, 159, 162, 168, 169, 177, 179, 180, 181, 183, 184, 188-200, 202, 203

「アーベントラント・アクション」　17, 30, 117, 136-138, 142, 146, 149-151, 163, 166, 189, 190, 191, 194, 195

アメリカ　18, 20, 24, 41-43, 59, 61, 103, 108, 114, 120, 122, 157, 158-160, 163, 166, 172, 175, 178, 188, 199, 200

アメリカ化　24

アメリカニズム　158, 159

　反――　158

アンシュルス（独墺合邦）　29, 74, 79, 99, 112, 113

イギリス　20, 41, 42, 46, 52, 57-59, 87, 88, 143, 161, 188, 201

イスラム　62, 195, 210

イタリア　19, 38-40, 43, 46, 48, 50-52, 55, 111, 153, 161

イタリア人民党（PPI）　38, 41

イラク戦争　210

ヴァイマル共和国　29, 31

ヴァイマル憲法　76, 89

ヴァチカン（教皇庁）　31, 39, 40, 90, 104, 110, 112

ウィーン体制　76

ヴェルサイユ講和条約　85

ヴェルサイユ体制　39, 73, 100

ウクライナ　162

『ウナ・サンクタ』　90

エキュメニズム　90

エストニア　101

エリゼ条約（独仏友好協力条約）　199

エリート主義　16, 138, 202

欧州議会　52, 141

欧州キリスト教民主主義者同盟（EUCD）　30, 48, 52

欧州経済共同体（EEC）　49-52, 179, 206

欧州原子力共同体　49, 179

欧州審議会（CE）　18, 47, 49, 55, 62, 169

欧州人権条約　170

欧州人民党（EPP）　30, 52

欧州石炭鉄鋼共同体（ECSC）　12, 19, 20, 47, 49, 51, 52, 62, 141, 154, 186, 206

欧州防衛共同体（EDC）　20, 48, 49, 60, 61, 154, 158

欧州連合（EU）　11, 12, 152

オーストリア　29, 40, 41, 43, 48, 51, 71, 73, 75, 77, 79, 99, 111-113, 132, 143, 144, 160, 162, 164-166, 201

オーストリア・キリスト教社会党　40, 75

オーストリア・ナチ党　40, 77

オーストリア人民党（ÖVP）　46, 50, 52, 55, 56

オーストロファシズム　40, 41

「オーネ・ミッヒ」　176

オランダ　19, 48, 51, 52, 55-58, 64, 161

【カ行】

回勅
　「クアドラジェジモ・アンノ」　153
　「深き憂慮に満たされて」　110
　「喜びと希望」　31
　「レールム・ノヴァールム」　153

核　157, 199, 202

価値保守主義　184

カトリシズム　24, 86, 90, 167, 192

カトリック　18-20, 37-42 , 47, 53, 64, 69-74, 76-80, 82-84, 89- 91, 104, 105, 110, 111, 119, 131-134, 136, 138, 142-145, 153, 156, 180, 181, 183, 197, 205

カトリック・アカデミカー連盟　70, 76, 82, 96, 104, 105, 122, 123, 139

カトリック左派　40, 76, 82, 119, 120, 126, 129, 131, 132

カトリック人民党（KVP）［オランダ］　46, 55, 64

カトリック保守　14, 134

議会評議会　57, 135, 153

貴族　18, 28, 29, 72, 142, 148, 160, 197, 203

北大西洋条約機構（NATO）　158, 172, 173, 188

機能主義　95

基本法　135, 153, 189, 193, 194

教権主義　50, 53, 120, 189

教権ファシズム　40, 196

教皇庁　→ヴァチカン

共産主義　18, 44, 48, 59, 63, 100, 110, 114, 145, 157-159, 174

共和主義　50, 51

キリスト教社会主義　12, 209

キリスト教社会党［ベルギー］　42

キリスト教社会党（PCS）［ルクセンブルク］　46

キリスト教社会党 - キリスト教人民党（PSC-CVP）［ベルギー］　46, 47, 50, 51, 55

キリスト教社会同盟（CSU）［ドイツ］　32, 46, 54, 63, 64, 135, 138, 139, 141, 183

キリスト教保守主義　12

キリスト教保守派　13, 22, 29, 30, 69, 137, 156, 205

キリスト教民主主義政党国際事務局（SIPDIC）　30, 37, 39-41, 74

キリスト教民主党（DC）［イタリア］　45, 46, 50, 52, 55

キリスト教民主同盟（CDU）［ドイツ］　27, 32, 43, 46, 47, 52-54, 57, 62, 63, 65, 66, 111, 126, 140, 141, 170, 171, 176, 178-180, 184, 195-197

キリスト教民主同盟・社会同盟（CDU/CSU）［ドイツ］　32, 49, 50, 55, 64, 140, 142, 153, 174, 177, 195, 196, 200, 209

キリスト教歴史同盟（CHU）［オランダ］　46

キリスト教労働者連盟（MOC）［ベルギー］　38

近代
　反──　11, 12, 16, 63, 66, 69, 93, 95, 180, 205, 206
　ポスト──　11, 12, 205, 206
　──化　25, 91

近代主義　11, 82, 206
　反──　11, 124, 125

「クライザウ・サークル」　111, 141

クロアチア　164

君主主義　113, 146, 166, 189, 192

『ゲルマーニア』　74

『ケルン人民新聞』　74

ゲレス協会　76, 93

「ゲレス・サークル」　78, 153

権威主義　20, 39, 40, 150, 168, 175, 200

『高地』　82, 119

故郷被追放者・権利剥奪者連合（BHE）［ドイツ］　141

国際キリスト教民主同盟（ICDU）　42, 43

国際連盟　72, 75, 78

国防軍最高司令部（OKW）［ドイツ］　103

国民国家　11, 12, 16, 18, 88, 148, 155

国民保守派（国民保守主義）　197, 198, 209

個人主義　124
　──化　12, 16, 91

国家理性　208

コーポラティズム　16, 18, 178

【サ行】

再軍備［ドイツ］　58, 60, 176

宰相民主主義　175

再統一［ドイツ］　57, 61, 170, 199, 209

ザールラント　46, 53, 93, 143

自然法　151

『時代の声』　119

資本主義　12, 53, 100, 102, 120

社会契約論　150, 151

社会主義　51, 53, 59, 118, 120, 121, 127, 131, 132, 148, 149

社会的市場経済　131

社会民主主義　119, 122, 129, 130, 131, 134

ジャコバン主義　161

宗教改革　14, 15

十字軍　188, 193

自由主義　12, 16, 17, 32, 63, 66, 120,

132, 140（→「リベラリズム」も参照）
――化　25
「集団的罪責」　63, 64, 119, 126
シューマン・プラン　60, 160
自由民主主義　19, 23-25, 69, 205, 209
自由民主党（FDP）［ドイツ］　120,
　141, 174, 195, 196
主権　48, 61, 152, 155, 188
――国家　153
ジュネーブ・サークル　37, 44, 45, 53-
　58, 60-62
ジュネーブ首脳会談　188
『シュピーゲル』　189-193
シュピーゲル事件　139
小ドイツ　89, 127（→「大ドイツ」も
　参照）
――主義　155, 177
職能代表制　18
職能身分制国家　40, 150, 167
職能身分制秩序　16, 153
植民地　88
「シヨン」運動　82
親衛隊（SS）　75, 96, 103, 104, 108
人権　51, 169
新国際エキップ（NEI）　11, 42, 44-53,
　55-57 , 63-66 , 171, 187, 205
人種　88, 92, 103, 113, 120
神聖ローマ帝国　16, 105, 164, 168,
　169, 181, 182
『新秩序』　119
人民共和運動（MRP）［フランス］
　42, 45-47, 49-51, 55, 56, 59, 66
「人民と自由」グループ　42, 43
人民民主党（PDP）［フランス］　38,
　39, 41
スイス　28, 48, 52-54, 122, 143, 201
スイス保守人民党（SKVP）　45, 46,
　50, 55,
スウェーデン　201
スターリン・ノート　61
ズデーテン・ドイツ人党　130

スペイン　22, 143, 144, 151, 161, 167,
　168, 195, 200, 201
西欧化　24-26, 87, 88
政教条約　40, 104
政治的カトリシズム　12, 44, 78, 93
「青春の泉」運動　84
『西洋の没落』　15, 73, 76
『世界政治・経済週報』　147, 201
世俗化　12, 31, 88, 91, 124, 159, 210
世俗主義　51
全体主義　126
相対的安定期　72, 85
ソ連　18, 58, 61, 62, 99, 106-109, 114,
　118, 142, 156, 157, 159, 163, 164, 172,
　173, 188

【タ行】

第一次世界大戦　14, 15, 37, 70, 73, 82,
　83, 94, 100, 124
大西洋主義　43, 199, 200
大ドイツ　75（→「小ドイツ」も参照）
――主義　112, 129
第二ヴァチカン公会議　31
第二次世界大戦　12, 17, 21, 25, 26,
　28-32, 41, 44, 45, 52, 53, 62, 63, 69,
　94, 95, 99, 103, 106, 111, 113, 114,
　117, 118, 120, 121, 124, 129, 130, 135,
　156, 168, 178, 182, 203, 205-209
第二次ベルリン危機　174, 178, 200
多元主義　24, 25, 145, 196
「タート・クライス」　99, 100, 103
チェコスロヴァキア　42, 46, 101
地政学　101
中欧　74, 101, 103, 114, 118, 127, 132,
　147, 162, 165, 178, 207, 208, 210
中央党［ドイツ］　38, 39, 41, 63, 74,
　75, 78, 84, 89, 121, 132
中世　16, 130, 168, 169, 182, 193
朝鮮戦争　60
帝国主義　18, 114, 118, 196
デンマーク　52

典礼運動　70. 82
ドイツ・キリスト教民主・社会同盟の作
　業協同体　53
ドイツ社会民主党（SPD）　20, 23, 59,
　121, 129-131, 134, 189, 190, 195
ドイツ党（DP）　140
「ドイツ特有の道」　25
ドイツ福音主義協会聖職顧問会議
　106
ドイツ問題　155
ドイツ連邦主義者全国作業共同体
　126
ドイツ連邦主義者同盟　126, 127
同郷会連盟　142, 162
東西ドイツ統一　26, 32
東方　14, 16, 63, 165, 168, 187, 188
独墺関税同盟計画　75
独仏協調　17, 23, 39, 55, 56, 61, 110,
　160, 161, 205
独仏枢軸　200
独仏和解　62, 74, 177
ドナウ連邦　166
ドルフス＝シュシュニク体制　40,
　112

【ナ行】

ナショナリズム　39, 72, 85, 86, 88, 89,
　93, 95, 118, 124, 148, 198
ナチ　18, 40, 41, 74, 93-96, 99, 102-
　106, 109, 110, 112, 114, 118, 121, 130,
　132, 135, 139, 145
ナチズム　30, 64, 65, 95, 96 104, 105,
　110-112, 117, 118, 124-126, 158
ナチ政権　29, 93, 96, 99, 102, 106, 110,
　111, 121
ナチ体制　29, 31, 41, 96, 99, 102-104,
　106, 107, 110, 111, 114
ナチ党　93, 100, 129
西側結合　57, 59, 61, 62, 156, 170, 177,
　178, 180, 198, 207-209
『ノイエス・アーベントラント』　17,

30, 33, 113-115, 117, 119, 121-124,
126, 127, 129-134, 136, 138, 141, 146,
147, 155, 158, 160, 162, 166, 177, 179,
180, 189, 192, 195, 198, 201

【ハ行】

バイエルン人民党　75, 76, 121, 132
陪臣化　132
ハーグ・ヨーロッパ会議　47
バスク　46
ハプスブルク　72, 113, 162, 166, 192
「ハプスブルクの使命」　113
反革命党（ARP）［オランダ］　46
ハンガリー　46, 101, 164, 182, 210
反共産主義（反共主義、反共）　17,
　23, 44, 50, 62, 63, 133, 156, 168, 174,
　175, 177, 187, 198, 200, 205
反米　156, 178, 200, 210
――主義　199
反ユダヤ主義　109
パンヨーロッパ　18, 118, 203
「パンヨーロッパ・ピクニック」　210
パンヨーロッパ連盟　77, 141, 203
反リベラル　206
東ドイツ　196, 210
被追放者（被追放民）　130, 132, 135,
　142, 162, 183, 196
ヒトラー暗殺未遂事件　74, 104
ファシズム　18, 19, 39-41, 44, 105,
　111, 153, 203
フィンランド　201
フェルキッシュ　91-93
『フォアヴェルツ』　193
福音主義　73, 106
福音派　53, 103, 110, 137, 140, 142-
　144, 156, 159, 180, 181, 196
福音派作業グループ（EAK）　180,
　200
武装親衛隊　108
物質主義　64, 65, 158, 159, 177, 178
物象化　88

『フランクフルター・アルゲマイネ新聞』
　192
『フランクフルター・ヘフテ』　120,
　126, 131
『フランクフルター・ルントシャウ』
　192
フランス　19, 20, 28, 39, 41, 43, 46-53,
　55-60, 66, 79, 81-86, 88, 89, 94, 95,
　107, 108, 122, 124, 143, 144, 158, 160,
　161, 165, 171, 183, 188, 199, 201
フランス革命　14, 76, 100, 124
ブルガリア　46, 101
ブルージュ・マニフェスト　49
プロイセン　47, 64, 73, 89, 92, 113,
　126, 129, 161, 177
プロテスタンティズム　73
プロテスタント　20, 32, 52, 69, 73, 90,
　106, 119, 140, 145
ベネルクス　41, 56
ベルギー　19, 38, 42, 46-48, 50-52, 55,
　57, 201
亡命　38, 41-43, 46, 51, 53, 55, 99, 104,
　112, 122, 160, 166
亡命者　29
補完性原理　23, 150, 152-154, 156,
　205
保守　30, 156, 180, 197
「保守革命」　72, 78, 101, 103
保守主義　13, 14, 18, 23, 24, 28, 32, 52,
　160, 198, 203, 209
保守的近代化　33
保守派　22, 28, 69, 100, 103, 106, 109,
　111, 114, 119, 158, 198
ポーランド　42, 46, 79, 101
ポーランド・キリスト教民主党（PSChD）
　38
ポーランド労働党　42
ポルトガル　40, 151, 161, 167, 168,
　201

【マ行】

マーストリヒト条約　152
マリア・ラーハ（ベネディクト会修道院）
　70, 82, 104, 105, 139, 142
ミュンヘン現代史研究所　136
民主主義　12, 23, 25, 28, 31, 38, 40, 41,
　48, 51, 63, 66, 69, 86, 132, 145, 150,
　155, 172, 189, 205
　議会制——　18, 28, 191, 193
　大衆——　16, 150, 169
民主人民党（DVP）［ドイツ］　120
無神論　156, 159
『モナート』　197, 198

【ヤ行】

宥和政策　42
ユーゴスラヴィア　46, 101
ユネスコ　141
「ヨーロッパ運動」　47, 172
ヨーロッパ合衆国のための社会主義者運
　動（MSEUE）　50
ヨーロッパ文化同盟　41, 72, 77, 79
ヨーロッパ文書・情報センター（CEDI）
　22, 28, 143, 147, 180, 201-203
『ヨーロッパ・レヴュー』　72, 79, 80
ヨーロッパ連邦主義同盟（UEF）　126
ヨーロッパ連盟　25, 143

【ラ行】

「ライヒ」　91, 95, 103, 105, 106, 114,
　118, 130, 139, 168, 169, 192, 193
『ライニッシャー・メルクール』　171,
　181, 192, 199, 202
ラインラント　19, 84-86, 165, 177
ラトヴィア　101
「理性の共和国派」　72
リトアニア　46, 101
リヒテンシュタイン　201
リベラリズム　73, 149, 168（→「自由
　主義」も参照）
ルクセンブルク　19, 46, 48, 51, 63-65,
　93

ルーマニア　　46, 101
冷戦　　17, 23, 44, 57, 62, 114, 133, 156, 160, 162, 203, 206, 210
レジスタンス　　29, 43, 74, 96, 99, 104, 109, 111, 114
列国議会同盟　　172
レヒフェルトの戦い千年祭（聖ウルリヒ千年祭）　　181-183, 187, 188
連邦主義　　16, 18, 23, 43, 110, 122, 126, 127, 129, 155, 156, 160, 168
『連邦主義冊子』　　126
連邦政治教育センター　　145
連邦祖国奉仕センター　　145, 189, 190
労働党［イギリス］　　59
ロシア　　58, 87, 88, 101, 143, 163, 175
ローマ条約　　49, 50, 179
ロマン主義　　14, 87, 92

著者紹介

板橋 拓己（いたばし・たくみ）

成蹊大学法学部教授。

1978年栃木県生まれ。2001年北海道大学法学部卒業、08年北海道大学大学院法学研究科博士後期課程修了。博士（法学）。成蹊大学法学部准教授などを経て2016年4月より現職。

専攻は国際政治史、ヨーロッパ政治史。2016年9月よりケルン大学歴史学科歴史教授学・ヨーロッパ統合史講座客員研究員。

主な著書に『中欧の模索──ドイツ・ナショナリズムの一系譜』（創文社、2010年）、『アデナウアー──現代ドイツを創った政治家』（中公新書、2014年）、『複数のヨーロッパ──欧州統合史のフロンティア』（共編著、北海道大学出版会、2011年）、『ヨーロッパ統合史』〔増補版〕（共著、名古屋大学出版会、2014年）、『現代ドイツ政治』（共著、ミネルヴァ書房、2014年）、訳書に、アンネッテ・ヴァインケ著『ニュルンベルク裁判──ナチ・ドイツはどのように裁かれたのか』（中公新書、2015年）など。

黒いヨーロッパ
ドイツにおけるキリスト教保守派の「西洋（アーベントラント）」主義、1925〜1965年

2016年9月9日　初版第1刷発行

著　者		板 橋 拓 己
発 行 者		吉 田 真 也
発 行 所		_{合同会社} 吉 田 書 店

102-0072　東京都千代田区飯田橋2-9-6 東西館ビル本館32
TEL：03-6272-9172　FAX：03-6272-9173
http://www.yoshidapublishing.com/

装丁　奥定泰之　　　　　　　　　　　　印刷・製本　シナノ書籍印刷
DTP　閏月社
定価はカバーに表示してあります。
©ITABASHI Takumi 2016
ISBN978-4-905497-44-8

───── 吉田書店刊 ─────

ミッテラン──カトリック少年から社会主義者の大統領へ

M・ヴィノック 著　大嶋厚 訳

2期14年にわたってフランス大統領を務めた「国父」の生涯を、フランス政治史学の泰斗が丹念に描く。口絵多数掲載！　　　　　　　　　　　　　　　3900円

サッチャーと日産英国工場──誘致交渉の歴史　1973-1986年

鈴木均 著

日産がイギリスへ進出した背景にはなにがあったのか。日英欧の資料を駆使して描く。「強い指導者」サッチャーが、日本に見せた顔は……。　　　　　　　　2200円

イギリス近世・近代史と議会制統治

青木康 編著

15世紀末から19世紀前半の英国議会の動きを専門家が多角的に分析。
執筆＝青木康、仲丸英起、松園伸、辻本論、薩摩真介、一柳峻夫、金澤周作、川分圭子、水井万里子、君塚直隆、ジョナサン・バリー　　　　　　　　　　　　4000円

フランスの肖像──歴史・政治・思想

M・ヴィノック 著　大嶋厚 訳

政治史・思想史学の泰斗がやさしく書き下ろした全30章。　　　　　　　3200円

ジャン・ジョレス　1859-1914──正義と平和を求めたフランスの社会主義者

V・デュクレール 著　大嶋厚 訳

「フランス史の巨人」の生涯と死後の運命を描く決定版。口絵多数掲載！　3900円

21世紀デモクラシーの課題──意思決定構造の比較分析

佐々木毅 編

日米欧の統治システムを学界の第一人者が多角的に分析。執筆＝成田憲彦、藤嶋亮、飯尾潤、池本大輔、安井宏樹、後房雄、野中尚人、廣瀬淳子　　　　　　　　3700円

現代ドイツ政党政治の変容──社会民主党、緑の党、左翼党の挑戦

小野一 著

現代政治において、アイデンティティを問われる事態に直面している "左翼"。左翼の再構築、グローバル経済へのオルタナティヴは可能かを展望。ドイツ緑の党の変遷も紹介！　　　　　　　　　　　　　　　　　　　　　　　　　　　　　1900円

定価は表示価格に消費税が加算されます。
2016年9月現在